满族（清代）历史文化研究文库

八旗十论

张佳生 著

辽宁民族出版社

© 张佳生 2008

图书在版编目（CIP）数据

八旗十论 / 张佳生著. —沈阳：辽宁民族出版社，2008. 6（2013.3重印）
（满族（清代）历史文化研究文库）
ISBN 978-7-80722-609-3

Ⅰ. 八… Ⅱ. 张… Ⅲ. 八旗制度—文集 Ⅳ. D691.2-53

中国版本图书馆CIP数据核字（2008）第068221号

八旗十论

BAQI SHI LUN

出版发行者：辽宁民族出版社
地　　址：沈阳市和平区十一纬路25号　邮编：110003
印 刷 者：沈阳市北陵印刷厂有限公司
幅面尺寸：145mm×210mm
印　　张：10⅞
字　　数：300千字
印　　数：1501-3000
出版时间：2008年11月第1版
印刷时间：2013年3月第2次印刷
责任编辑：吴昕阳　李　璜
封面设计：杜　江
责任校对：徐　力

标准书号：ISBN 978-7-80722-609-3
定　　价：38.00元

法律顾问：陈　光
版权专有　侵权必究　　举报电话：024-23284336
如有印装质量问题，请与出版社联系调换　　联系电话：024-23284340
http://www.lnmzcbs.com

目　录

重读甲申

——写在八旗入关360周年

八旗入关是在公元1644年的甲申年，甲申以来所发生的一系列重大历史事件，确定了中国历史发展的基本走向，并深刻影响了中国社会的种种方面。在这一过程中，八旗起到了至关重要的作用，此文从“八旗入关”角度解读甲申。

郭沫若先生解读甲申，从总结李自成失败教训入手，故有《甲申三百年祭》问世。2004年亦为甲申之年，有人仍从此角度解读甲申，然似无超越郭老之见者。另有人从“清军入关”角度解读甲申，然“清军”应指“清朝军队”，此处之“清军”指入关前耶？或入关后耶？因两者之内涵并不相同。清初向无“清军”之称，有之，实后人强加之耳。当时入关之初，是以八旗为主力，辅之以恭顺王孔有德、怀顺王耿仲明、智顺王尚可喜、续顺公沈志祥等汉兵军队。八旗分为满洲、蒙古、汉军，三顺王及续顺公兵虽未编入八旗，但其建制与八旗同，仍属八旗范畴。《清太宗实录》载，崇德七年（1642）八月二十七日（9月20日），“恭顺王孔有德、怀顺王耿仲明、智顺王尚可喜、续顺公沈志祥，奏请以所部兵随汉军旗下行走。上允其请，命归并汉军兵少之旗，一同行走。”① 故而此

---

① 《清太宗实录》卷62，第10页。

时之“清军”实乃为八旗。

如以八旗为“清军”，则与入关后“清军”之内涵又有不同。顺治元年以后（甲申以后），吴三桂数万人马以及陆续被收编的明军所建的“绿旗营”，均可一体称为“清军”。不过这已经是八旗入关以后的事情了，而且他们在历史上所起到的作用，显然不能与八旗同日而语，更何况康熙年间的“三藩”成为八旗的敌对势力。

以此而论，重新解读甲申的角度，以“八旗入关”较“清军入关”更为客观。

以“八旗入关”角度解读甲申较为合理的另一个原因，是因为作为统治主宰的清廷一直视八旗为一整体，以八旗为核心与中坚力量，并在此基础上实行了一系列政治、军事、经济、文化、外交政策和措施，并在相当程度上取得了成功，如无八旗作为支撑，能够实现长达 268 年的清朝统治则无法想象。

从这个角度解读甲申还有一个重要原因，这就是作为满洲、蒙古、汉军为主体的多民族联合的社会集团入关之后，不仅对中国历史发展的许多方面都产生了重大影响并起到了重要作用，而且其自身在入关后的二百多年间于政治、军事、文化等等方面，也取得了诸多成就并在种种方面发生了深刻变化。其中许多是以往朝代所未能产生的现象，对我们今天的认识仍有启示作用，这也是“清军入关”这个范畴所难以涵括的。

八旗入关之后，在中国历史发展过程中所起到的作用和他们所取得的成就是多方面的，以一篇文章难以尽述，现仅择其大端，论之如下。

一、八旗入关与大一统局面的初步形成

八旗入关与中国大一统局面的形成以及长久的稳固有着直

接而密切的联系，在实现大一统的局面中，八旗成为支撑与维护大一统局面的核心力量，并在这一过程中发挥了不可取代的作用。

八旗自入关开始就在统一战争中发挥了重大作用。八旗入关之际面临着极为复杂的局势，各种政治和军事势力同时存在。此时李自成起义军已占领北京，张献忠的大西军势力强大，明朝宦绅在南方建立了南明弘光政权（后又有南明隆武政权和浙江政权及永历政权）。而后不久，大西军余部孙可望建“国主”政权，郑成功收复并占据台湾，至于其他反抗活动更是风起云涌。在这种形势下，统一战争历时既长而又艰苦卓绝，八旗成为实现这一历史使命的中坚势力。

在这一过程之中，八旗凭借自己的实力，成为局势发展的主宰。

八旗首先针对的是李自成起义军。甲申（1644）四月八旗入关，四月二十一日至二十六日与李自成在山海关一带展开大战，李自成战败。四月二十九日李自成率部撤离北京，五月初二日摄政王多尔衮率八旗入京，十月初一日顺治帝举行即位大典，“大清”以中央政权面貌登上历史舞台，此时八旗主力及其家眷迁入关内，从此中国局势发生了重大变化。

自此年十月以来，豫亲王多铎、英亲王阿济格率八旗大军追歼李自成军。次年正月占领西安，随后追击李自成至河南、江西、湖北，五月李自成遇害，大顺军势力一蹶不振。

自顺治二年（1645）三月起，豫亲王多铎率八旗大军由河南进军江浙、湖广。五月十五日（6 月 13 日）灭南明弘光政权。自此西北与江南长江中下游均被八旗占领。

顺治三年（1646）正月，肃亲王豪格率军征张献忠于四川，贝勒博托率军征浙东、福建。豪格大军三月至西安，五月破汉中，七月进入四川，十一月张献忠中箭身亡，大西政权瓦解。博托一路三月至杭州，至八月初浙东均被八旗攻占。随后进军福建，如入无人之境，九月福建平定。

顺治四年（1647）春，八旗开始进攻广东、广西、贵州，至顺治十五年（1658）七月悉平。

顺治十六年（1659）正月，大军由信郡王多尼为安远大将军，总统三路大军（贝子洛托与经略洪承畴为一路，平西大将军吴三桂与都统墨尔根为一路，都统卓布泰与提督钱安国为一路）入云南，不数月皆平定。至此，中原、江南、闽浙以及云、贵、川、广、湖五省皆平，大一统局面初步形式。

在清初统一战争中，八旗主力进入关内。1644 年 5 月 14 日，摄政和硕睿亲王多尔衮，“统领满洲、蒙古兵三分之二，及汉军、恭顺等三王、续顺公兵、声炮启行”①，向山海关进军。在入关后的一系列战争中，虽然也有外藩蒙古和被收编的明军参战，但八旗满洲、蒙古、汉军一直是战争的主要力量，所有的重大战役都有八旗官兵参加。

从前面列举的情况可以看出，八旗入关后参与了二十多年的统一战争，以 10 万之众在南征北战中无坚不摧，最终控制了全国的局势，八旗在这统一过程中的作用是显而易见的。那么八旗何以能战胜数十倍的敌对势力而立于不败之地？清人魏源在《圣武记》中给予了评说，“八旗有禁旅，有驻防。禁旅八旗，满洲六万，并蒙古、汉军共十万。其人皆东海、扈伦诸部落，无在黑龙江北、宁古塔东者，其汉军亦无远在山海（关）内者。此周庐执戟之亲兵，势不能尽数以行。若夫驻防之兵，则即八旗佐领中之余丁，佐领外之新附，随时编籍，人

① 《清世祖实录》卷 4，第 9 页。

无定额，散居辽河东西诸城，无事射猎耕屯，有事驰驱介胄。……平地则八旗并驱，险隘则八旗鱼贯，斯其制也。矛盾如墙前进，轻骑傍伺电发，又其制也。前锋火器超鹿角以出阵，反则分前锋之半为殿，又其制也。高宗《实胜寺记》曰：'西师之役，命健锐云梯兵数千为先锋，凡行阵参伍弥缝之际，略觉鼓馁旗靡处，得健锐兵数十屹立其间，则整而复进。斩将搴旗，虽以索伦兵之驰突一往，而知方守节，终不如我满洲世仆，其心定，其气盛。'乾隆尚尔，国初可知，索伦尚不如，绿营可知。"① 由此可知，八旗严整的军纪和强大的战斗力是取胜的关键，倘无八旗，这种初步统一的局面在短时期内无法完成。如无八旗入关，在当时几种势力势均力敌的情况下，历史将如何发展则难以预料。

二、八旗在维护国家统一中的作用

八旗在维护国家统一的过程中发挥了重大作用，这种作用主要表现在平叛方面。

清初，以八旗为主力的统一战争基本结束之后，平西王吴三桂、平南王尚可喜、靖南王耿继茂的"三藩"势力逐渐强盛，有尾大不掉之势。康熙十二年（1673）十一月吴三桂在云贵反叛，次年三月靖南王耿精忠（继茂子）反，平南王尚可喜子尚之信先叛后降，定南王孔有德顺治九年（1652）卒，其部由抚蛮将军孙延龄等统辖，于康熙十三年（1674）二月反。至康熙二十年（1681）十月，"三藩"势力被平定，历时八年之久。

平定"三藩之乱"是维护统一的重大事件。当时"三藩"

① 魏源：《圣武记》卷1，开创，第59页，中华书局1984年版。

及其他反叛势力波及湘、滇、黔、川、闽、桂、陕诸省，且“三藩”之军队多经过清初之战争，战斗力亦属强大，以八年时间始控制局势，足可见平叛之艰难。

在此次平叛过程中，虽有绿旗营兵及蒙古兵参战，然其主力仍为八旗。

吴三桂反叛之初，康熙帝即以八旗和八旗将领为依靠指挥平叛。当反叛消息一传到后，康熙帝立刻调遣八旗：

“选遣都统巴尔布等，率满洲精骑三千由荆州守常德。命都统珠满，以兵三千由武昌赴守岳州。命都统尼雅翰、赫业、席布、根特、穆占、佟国瑶等，分驰西安、汉中、安庆、兖州、郧阳、汝宁、南昌诸要地，听调遣。削吴三桂官爵，宣示中外，下其子应熊及家属于狱。命顺承郡王勒尔锦为宁南靖寇大将军，统师至荆州。又以滇、蜀接壤，命西安将军瓦尔喀率骑兵赴蜀，而大学士莫洛经略陕西军事。”①

随后又任命安亲王岳乐为定远平寇大将军，康亲王杰书为奉命大将军，简亲王喇布为扬威大将军，贝勒尚善为安远靖寇大将军，贝勒洞鄂为定西大将军，图海为定远大将军，率军讨伐。这些统帅都是八旗满洲之亲贵，是各方面军的最高将领。此外担当各地战场统领的也多是八旗将领。如负责取岳州、长沙之镇南将军尼雅翰、都统朱满等，取四川的安西将军赫业等，取福建的平南将军赖塔等，取江西、福建的定南将军希尔根等，取广东的平定将军特巴图鲁、席布等；镇守宜昌的都统宜布理等，镇守郧阳的都统港达礼等，镇守西安的镇西将军卜臣等，镇守汉中的副都统扩尔坤等，镇守山东、河南的镇东将军喇哈达等，镇守京口的安南将军华善等，镇守江宁、安庆一

① 魏源：《圣武记》卷2，藩镇，第63页，中华书局1984年版。

线的扬威将军阿密达等，镇守杭州的浙江将军图喇等，都出身于八旗满洲和八旗汉军。

此外在八旗汉军中最著名者是正白旗汉军人湖广总督蔡毓荣，在平“三藩之乱”中，他被授为绥远将军，总统绿旗营兵，“偕八旗兵进剿”，功劳亦不小。其他如镶红旗汉军福建布政使姚启圣、镶红旗汉军四川总督杨茂勋、正白旗汉军甘肃总兵孙克思、正蓝旗汉军副都统佟国瑶、正黄旗汉军江西巡抚佟国正等，都在平叛中立下了战功。

当然对这次历时八年的战争所取得的胜利，还应看到康熙帝所起到的作用。他以八旗为主力，以绿旗营为辅翼，审时度势，调度有方，成为战争胜利的主要因素。

此后在一系列重大统一平叛战争中，如康熙朝厄鲁特蒙古的噶尔丹之乱，从康熙三十五年（1696）至三十六年（1697），康熙帝三次亲征，以八旗将领为主帅，以八旗为主力，平定了反叛。康熙五十七年（1718）至五十九年（1720）驱逐了准噶尔军稳定了西藏。雍正元年（1723）至二年，以镶黄旗汉军人年羹尧为抚远大将军统率八旗与绿旗营兵平定了厄鲁特蒙古的罗卜藏丹津叛乱。乾隆年间曾多次用兵，平定了大、小金川土司叛乱，征战准噶尔部生擒达瓦齐，平定阿睦尔撒纳叛乱，平定了回部大、小和卓木叛乱等等。在这些战争中，每次都有大批八旗将士参战，如乾隆年间进剿回部大、小和卓木，最多时用兵近2万余，其中八旗兵8000多人，绿旗营兵近万人。绿旗营多为步兵，八旗则多为骑兵并以火器营、健锐营为主力，战斗的机动性和战斗力都很强大，其作用是显而易见的。

八旗在稳定统一局面中的重要作用，还表现在驻防于各地稳定局势方面。八旗入关之初，直省驻防只有江宁、西安两处。“三藩之乱”后，自康熙十九年（1680）始，直省驻防制度开始建立，相继调八旗兵驻防福州、广州、荆州、杭州、京口、张家口、热河、宁夏、凉州、成都、开封、潼关、青州、伊犁、乌鲁木齐、巴里坤、哈密、绥远、归化等等，这些地方都是军事上的“紧要”之处。他们或数百名或数千名，携家带口被派驻各地以维护社会稳定，应该说他们所作出的努力是包含着牺牲精神的。

三、八旗与“大一统”观念的扩展

自春秋之时，南方楚国兴起，屡屡北上，开疆拓土，是以华夏故地不堪其扰，故《春秋》一书提出“华夷之分”说。

清以异族入主中原，汉人多有家国陆沉之痛，随以“华夷之分”为理论旗帜，反抗清朝统治。对汉人的这种思想旗人早有准备。在八旗入关之初，在大批任用明朝降官，大量收编明朝军队的同时，举行仪式安葬崇祯皇帝并封明皇室成员为王公，而且一再声明清之立国非得之于明，乃得之于李自成，是从李自成手中接续了王朝的正统。与此同时，清朝基本上在全国范围内继承了原来的法统与道统。在法律方面，《大清律》与《大明律》甚相仿佛。在思想礼制方面，仍以儒家为正宗，尊孔子为至圣先师，在全国各地广建孔庙，即使八旗驻防之地亦无不修建。此举不仅迎合汉人的历史文化传统，也表现了八旗吸取儒家思想之意。

尽管如此，民族矛盾并非一日可以化解，“华夷之辨”仍是汉人反抗清朝的理论武器，时至雍正朝终于出现了曾静反清案。雍正六年（1728）湖南人曾静投书川陕总督岳钟琪，劝其反清，事发，雍正帝作《大义觉迷录》进行批驳。

曾静写有《知新录》一书，其中最重要的内容就是以

“华夷之辨”诋毁清朝，他认为“中华之外，四面皆夷狄”。“华夷之辨，大于君臣之伦。”这种观点从当时现实社会状况来看，反映了清初矛盾的激烈。而从社会发展角度看，则有固守旧俗之嫌。

“华夷之辨”的思想发端于《春秋》，至战国之际，楚越等国已渐被纳入华夏系统，历史之进展使华夷的内涵发生变化，故孟子顺应时局，提出了“大一统”的新思想，因此“华夷之辨”的思想早在战国时即已落伍，“大一统”应该成为历史发展的主流。

雍正帝的《大义觉迷录》虽然是为镇压汉人反抗所作，有阶级和民族镇压的作用，但是在打破“华夷之辨”的传统思维定式方面，却也有新奇之见。

在这方面雍正帝有两个主要观点：其一是将满洲（八旗）纳入大中华的系统之中，极力表明八旗是大中华的成员；其二是提倡“大一统”思想观念，将各族都纳入到“大一统”的国家之中。

值是注意的是雍正帝在批驳汉人“华夷之辨”思想的时候，也同样以儒家思想作为理论武器。

他在《大义觉迷录》卷一中说：“孔子曰：故大德者必受命。”“夫天地以仁爱为心，以覆载无私为量，是以德在内近者，则大统集于内近，德在外远者，则大统集于外远。”① 而八旗能够定鼎北京，即是因有“大德”之“外远”。进而又借“孟子云：舜，东夷之人也。文王，西夷之人也”② 之语，证明自古以来有德之夷，亦可君临天下。并且清建立全国政权，

① 《大义觉迷录》卷1，第5页。中华书局1983年版。
② 《大义觉迷录》卷1，第22页，中华书局1983年版。

“并非取天下于明也，崇祯殉国，明祚已终”①，是得之于李自成，是以说明清得统之正。在这种情况下，他提出了“本朝之为满洲，犹中国之有籍贯”② 的新颖观点，从而将“满洲（八旗）”纳入到天下一统的大中华系统之中。

对“大一统”的内涵雍正帝也有自己的看法。在《大义觉迷录》卷一中，他认为清之统治是处于“天下一统，华夷一家”的时期。“自古中国一统之世，幅员不能广远，其中有不向化者，则斥之为夷狄。如三代以上之有苗、荆楚、猃狁，即今湖南、湖北、山西之地也，在今而目为夷狄可乎？至于汉、唐、宋全盛之时，北狄、西戎世为边患，从未能臣服而有其地，是以有此疆彼界之分。自我朝入主中土，君临天下，并蒙古极边诸部落俱归版图，是中国之疆土开拓广远，乃中国臣民之大幸，何得尚有华夷中外之分论哉！”③ 在这段话中他阐述了两个观点，其一是“华夷之分”是有时限性的，其二是在“天下一统”的“大一统”时期，“华夷中外之分”已不合时宜，“天下一家”的理念应取代“华夷之辨”，将版图内所有民族视为一体，从而动摇了“华夷之辨”传统的根基，引申扩展了孟子提出的“大一统”思想。

其实在雍正朝之前，以八旗为基本力量和统治根本的清廷，就已经开始经营“大一统”中国的建设了。如从顺治开始即加强了统一全国的战争，并且“尊儒崇道”，举行科举，吸纳汉人进入统治阶层。康熙朝则加强中央集权，改善经济环境，发展以汉传统为主的汉族文化，统一漠北与青海，平定“三藩之乱”，收复台湾，加强对西藏的统治管理，反击沙俄

① 《大义觉迷录》卷1，第20页，中华书局1983年版。
② 《大义觉迷录》卷1，第4页，中华书局1983年版。
③ 《大义觉迷录》卷1，第5页，中华书局1983年版。

入侵等等，都是以“大一统”作为基准点的。这一切的后果是一个幅员广大的强盛帝国出现在东方，民族间的认同感开始增强，不仅促进了民族向心力的发展，而且一个新的“天下一家”的大一统观念逐渐形成，只不过雍、乾以来这条道路被越走越宽罢了。到了乾隆朝，中国的国势达到了封建社会的顶峰，便足以说明问题。

在这个过程中，八旗向以维护“大一统”为己任，他们除了参与了所有维护统一的战争之外，还在其他很多方面作出了牺牲与贡献。正是八旗的这种思想和行为，对国家的统一稳定起到了积极的作用。

四、八旗与八旗意识

八旗是在特定历史条件下产生的，具有行政、军事、社会、生产职能的，由多民族组成的社会集团。八旗具有严密的制度，如八旗兵制、八旗官制、八旗户籍制度、京师驻防制度、直省驻防制度、八旗法规、八旗土田规制、八旗仪制、八旗军礼制度、八旗冠服制度、八旗教育制度、八旗恤典制度、八旗军功制度、八旗俸禄制度等等，这些制度使八旗成为一个组织性很强的具有相对独立性的社会群体。

八旗的民族构成较为复杂，它是以满洲为核心，以蒙古和汉人为主体，兼容了少量锡伯、朝鲜、回、藏以及部分赫哲、达斡尔等民族之人组成的。晚清之际，国子监祭酒盛昱曾对八旗的民族构成有清晰的阐述，说八旗乃“取大兴安岭以南，库页岛以西，松花江、嫩江合流处以东，六甸以北之人百分之一，曰‘满洲旗’。取黄河以东，瀚海以南，嫩江东岸以西，长城以北之人千分之一，曰‘蒙古旗’。取故明辽东都司，以及十三布政司之人万分之一，曰‘乌真超哈旗’，今名‘汉军’。喀尔喀、准噶尔、回部、番子，亦时编入。以黄、白、红、蓝、镶正别之。宗室、觉罗各随其所食采地之户，亦系旗。是曰‘八旗’。凡不入旗之满洲、蒙古曰‘丁’，汉人曰‘民’，番、回仍其称。”①

这段记述可以反映三个事实：一是八旗中有满洲、蒙古、汉军三部分建制；二是八旗并非由单一民族而是由多种民族组成；三是八旗内的民族人口只占本民族的极少部分。汉军的情况自不必说，即使是满洲，还有绝大多数的满洲人不是旗人。而因此认为所有满洲人都是旗人的看法，显然是不确切的。四是旗人与“丁、民、回、番”有着严格的界限。

由此看来，八旗是一个跨越了民族界限组成的社会集团。这主要表现在它并非由单一民族而是打破民族界限由多种民族组成，同时八旗中的民族也并非是这个民族的全部人员。多个民族的部分人口组成了一个严密的政治目标明确的社会群体，这在中国历史上可以说绝无仅有，因此它的存在也就有了重要的历史价值和历史意义。

八旗是一个存在了三百年的社会组织和社会群体，除了对它的发生发展的历史需要研究之外，更应在深层次上对它开展研究，其中主要的问题之一是加强对“八旗意识”的研究，因为八旗的种种表现几乎无不与八旗意识有关。

八旗意识是清代旗人的思想意识中的一种客观存在，它也具备了种种形成的基本条件。如它有比较漫长的发展历史，它有极其严密的管理制度，它规范了旗人的政治生活、经济生活和社会生活，它形成了具有共性的思想文化，它强化了旗人共同的政治利益、经济利益，它具有赖以存在和控制局势的军事

① 盛昱、杨钟羲：《八旗文经》卷60，第478页，辽沈书社1988年版。

实力。更为重要的是，八旗是以旗统人，旗人与丁、民、番、回界限清晰。久而久之，无论是内部还是外部，都视旗人为一种特殊的社会群体，他们有与众不同的社会身份。在这种环境与背景下，八旗意识的产生也就成为自然而然的事情。

八旗意识不仅仅是一种客观存在，认识不能只停留在这个水平上，更为重要的是应该认识到它的作用与价值。

我们知道，国家有国家意识，民族有民族意识，八旗意识应该是介于两者之间的一种意识。它既非国家意识或民族意识，却又与国家意识和民族意识密切相关。应该说中国近代以来国家意识的形成，与八旗意识有千丝万缕的联系，因为八旗一直是支撑国家这个大厦的柱石之一。又因为八旗是由多民族组成，旗人的身份拉开了他们与民族母体的距离，但是源远流长的民族属性又不可能彻底割裂与本民族母体的联系，故而八旗意识从某种角度上说应该是民族意识的提升或变化。在中国这个具有特定条件的大环境中，八旗意识的地位与处境就是如此。

当然，八旗意识的主要内涵还是自我意识、认同意识和自觉维护八旗利益的意识。八旗意识产生与存在的意义相当深远，其中最重要的是展示了中国民族间相互认同的可能性与现实性。八旗不仅可以将不同民族的人组成稳定的整体，而且能够使旗人在思想意识上达到统一。它既是中国民族关系状态的一种缩影，也是中国民族关系进程的一个典型。它的长期存在以及它所发挥的作用，预示了中国民族能够更加和睦相处的前途与未来。

五、八旗与八旗精神

以往对八旗精神并没有人给予特别的关注，晚清以来

“八旗子弟”成为八旗吃喝玩乐纨绔子弟的代名词，八旗精神的实质也因此没有得到充分的认识与阐扬。而实际上八旗在兴盛时期就已经形成的优秀精神，应该成为中华民族文化宝库中的组成部分。

八旗精神表现在众多方面，其中主要有顽强进取精神、自强不息精神、兼容并蓄精神和爱国主义精神。

顽强进取精神。八旗是在顽强进取中发展和壮大的。

八旗的顽强精神，主要表现在军事上的逐渐强大和政治上的逐渐成熟方面。

八旗的建立是以清太祖努尔哈赤起兵作为起点的。努尔哈赤于 1583 年起兵时，只有“遗甲十三副”，人仅数十而已。久之亦不过“兵不满百，甲仅三十副”。此时女真各部各争王称长，互不统属，努尔哈赤同族“子孙对神立誓，亦欲杀太祖”①，可见当时努尔哈赤处于相当险恶之境地。

但努尔哈赤以非凡之毅力，首先征服建州女真和长白山女真各部，而后又相继灭掉扈伦四部之哈达部、辉发部、乌拉部和叶赫部，并征服了部分东海女真。在这一过程中，八旗之建制逐渐形成，1615 年八旗正式建立。

八旗正式建立之后，以“七大恨”为由向明廷宣战，1619 年大败明军数十万于萨尔浒，抚顺及辽东地区尽归其所有。不数年又攻占开原、铁岭、沈阳、辽阳诸城，势力范围向辽沈地区扩展。在此期间，八旗劲旅战无不胜，攻无不克，唯在宁远遭到袁崇焕坚决抵抗，未能成功。虽然如此，在中国战争史上这已经算是一个奇迹了。

清太宗皇太极执政后，经大凌河之战与松锦之战，占据了

① 《清太祖武皇帝实录》卷 1，第 5 页，北平故宫博物院民国 21 年版。

关外之地。同时八旗大军又征服了朝鲜和漠南蒙古，东海女真也在其控制之中。此时大量的满洲人、蒙古人和汉人被编入八旗，八旗成为一个以军事为主的社会集团，它所具有的强大的战斗力和所取得的一系列战果，使这个社会集团具有了旺盛的生命力和不断增进的凝聚力。

八旗入关以后，以很少的兵力在不长的时间里平定了各种反抗力量，建立了大清政权。而且在以后的很长时间里，八旗担负着国家统一与稳定的责任，在这方面八旗的表现也是非常突出的，可以说没有八旗就不会有大清政权的长期稳固之存在。

我们以简略的语言描述大家熟知的历史，不是旨在介绍八旗崛起的历程，而是要通过这段史实说明八旗之所以能够在不长的时间里取得如此辉煌的成绩，顽强的进取精神是八旗迅速壮大的主要原因。当这种精神形成并付诸行动之后，便成为八旗精神的主要内涵之一了。

八旗的自强不息精神，主要表现在政治和策略方面。

在努尔哈赤和皇太极执政时期，进兵关内统一全国的思想并不明确。迨至吴三桂降清，大顺军被击溃，顺利占领北京之后，政治局势发生了巨大变化。以多尔衮为统帅的八旗首领，因势利导，立即将定都北京、统一全国作为政治目标。同时一改以往战争以抢掠人口、牲畜、金银、财物为主要目的的方式，实行以招抚为主的策略，使大批明朝旧官吏和军队成为清政权的有生力量，为在短期内统一全国创造了条件。

此外，八旗入关后并没有被缺乏统治经验而困扰，他们以强烈的自信心开始了清朝的统治。顺治三年（1646）政治制度建设开始全面展开，主要原则是基本遵照明朝制度法制，颁行了明代制定的《赋役全书》，将《大明律》修订为《大清律》，并依明朝制度实行科举等等。

在政权机构建设方面，加强完成六部两院制度和地方政权制度。除任用部分汉人之外，大量旗人被任命为六部两院的主要官员，镇守管理地方的督、抚大员，也一律由旗员担任。后来的事实证明，八旗不仅有建立政权的能力，也有管理和巩固政权的能力，而这一切是建立在自强不息精神基础上的。

建立政权之后，稳固政权是八旗面临的一个重大政治课题。在完成这个课题的过程中，自强不息精神起到了决定性的作用。这种精神突出地表现在两个方面：

其一是坚定地维护大一统局面并明确画定中国版图。在平定“三藩”、收服台湾等重大事件中，八旗表现出了极为坚定的决心，并且完成了这些历史使命。在噶尔丹反叛之时，康熙皇帝三次率军亲征，稳定了漠南和青海。在雍乾时期八旗亦以坚定的决心，加强了对天山南北、青海、西藏和西南地区的统治与管理，并在康熙和乾隆年间完成了《皇舆全览图》和《乾隆十三排地图》的测量绘制工作，中国的版图由此被精准地确定。

版图被精准测定的意义相当重大而深远，这不仅使清政府加强了对版图内地区的统治，而且使版图内的民族与人民逐渐深刻认识到自己是清朝属民，从而促进国家意识与中华民族意识的增强，并且使世界各国对中国有了更为完整而清晰的认识。

其二是不断地、自觉地提高八旗整体的各方面素质。八旗在入关之后，除了重视自身的政治素质、军事素质提高之外，特别注重文化素质的提高，以此来适应社会环境的变化并以此推动社会的发展。

八旗入关不久即开始建立各种学校，至雍正年间，八旗的各类学校已建立得相当完备。其中在北京设有宗室学、觉罗学、八旗官学、景山官学、咸安宫官学等等，在各驻防之地也都设立了八旗官学和八旗义学。相当一批八旗子弟入学读书，培养出了一大批高、中、低各类文化人才。他们中的许多人被充实到政府各级机构中去，从下层的笔帖式一直到上层的大学士，基本上都出身于八旗各类学校，由进士、举人、荫生、官学生身份入仕之人，都有承担各级职务的能力，致使有清一代政权始终掌握在八旗人手中。其中许多人成为清代名臣，如顺治九年进士、文华殿大学士、正黄旗满洲人伊桑阿；康熙十二年进士、内阁大学士、正白旗满洲人徐元梦；由荫生入仕，官文华殿大学士、镶黄旗人马齐；由荫生入仕，官文华殿大学士、镶白旗人萧永藻；康熙三十六年进士、官武英殿大学士、镶白旗人福敏；康熙四十年进士、官协办大学士正蓝旗满洲人阿克敦；由官学生入仕，官河道总督、镶黄旗汉军人靳辅；由举人入仕，官保和殿大学士、镶蓝旗人鄂尔泰；由官学生入仕，兵部尚书兼一等诚勇公、镶黄旗蒙古人班第；雍正元年进士、文华殿大学士兼两江总督、镶黄旗满洲人尹继善；雍正十年举人、协办大学士兼户部尚书、镶黄旗内务府人英廉等等。

除此之外，八旗在军事、学术、文学、书画、艺术、医学、算学、天文、水利等诸多方面，也都潜心钻研，在各个领域都涌现出一批卓有成就的人才（此项内容后面专节介绍），并在清代的政治、军事、经济、文化的各个方面发挥了重要作用。在这种事实中，八旗自强不息的精神得到了充分的体现，并由此而推动了社会各方面的发展。

八旗的兼容并蓄精神除了表现在八旗中满洲、蒙古、汉军的相互认同之外，还主要表现在对中华各民族的认同方面，尤其是对各民族文化的认同上，这种精神的重要作用是维护和促进了各民族的交往与和平共处。

八旗入关之初，面对多民族多种政体多种文化的现实，在顺治二年（1645）就确定了“一切政治，悉因其俗”的统治原则。在地方政权设置上根据不同民族不同地区实行了不同的建制，如在汉族地区实行行省制，在蒙古族地区实行盟旗制，在西南地区实行土司制，在回疆地区实行伯克制，在藏族地区实行政教合一制，在基本遵照原有体制的情况下，酌情选派大臣参与管理。如此一来，既稳定了当地社会，又加强了中央集权的统治管理。

在文化方面，各民族各地区千百年来形成的文化被尊重与保护。如汉族地区的儒家文化和道家文化一直受到提倡，恢复学校，教授课程，举行科举，均以儒家文化为主。不仅如此，旗人也多以学习儒家文化为荣，致使儒家文化在有清一代得到了极大的发展，大量的经学、史学、文字学、文学著作不断涌现，而康熙朝编纂的《古今图书集成》和乾隆朝编纂的《四库全书》，则是八旗尊重儒家文化的最好证明。其他如对喇嘛教文化、伊斯兰文化的尊重，以及对藏族、回族、蒙古族、苗族等各族传统文化的尊重，也多得以实行。对藏族与蒙古族信奉的喇嘛教，在清代已有大量事实证明得到尊重，对伊斯兰教及其民族也是如此。如雍正帝曾针对严禁伊斯兰教的看法提出主张，认为：“直省各处皆有回民居住，由来已久。其人既为国家之编氓，即俱为国家之赤子，原不容以异视也。数年来屡有人具折密奏，‘回民自为一教，异言异服，且强悍刁顽，肆为不法，请严加惩治约束’等语。朕思回民之有教，乃其先代之遗留，家风土俗，亦犹中国人之籍贯不同，嗜好方言亦遂各异。是以回民礼拜寺之外，有衣服文字之别，要以从俗从宜，各安其习。”[①] 在有人提出对苗族风俗实行严禁主张时，乾隆帝认为：“苗人向化日久，耕凿安恬，至其习俗相沿，本无庸琐屑申禁。今内地齐民，地方官尚不能道德齐礼，而于苗疆，乃欲严立科条，纷更滋扰，徒属有声无实，甚无谓也。”[②]

正是在这种思想认识下，有清一代各民族的文化风俗和社会传统得以保存，在文化多元性的基础上促进了民族关系的和谐发展，乃至于对今天中华民族文化的多样性的保存和繁荣昌盛做出了贡献。

八旗爱国主义精神的形成对中华民族爱国主义的发展起到了重要的促进作用，尤其是近代以来反帝国主义侵略斗争中，丰富和升华了中华民族爱国主义精神的内涵。

自八旗入关以来，一直遵循中原王朝的思想文化传统，帝王及八旗上下都对历代的爱国主义代表人物给予极高的评价，如对屈原、岳飞、文天祥、于谦等爱国主义的典型人物，无不极力赞美。在清代“三闾大夫祠”、“岳忠武庙”、“文信国祠”、“于少保祠”的长期存在并受到祭礼的现实，就表明了八旗对于他们爱国精神的尊敬。乾隆朝将明朝降官列入《贰臣传》，则表明了他们对不忠于祖国臣子的鄙视。

正是在这种精神的基础上，自1840年第一次鸦片战争以后，八旗在抗击外强的侵略中表现出了英勇的气概。

由于八旗是清朝军事力量的主体，因此在抵御外辱中他们成为战斗的主力。最能表现八旗爱国主义精神的是道光二十二年（1842）抗击英军的乍浦战役。这次战役八旗兵奋勇抗击，“死天尊庙火者二百人，观山战殁者五十余人，守营阵亡者兴

---

① 《清世宗实录》卷80，第562页。

② 《清高宗圣训》卷21，第142页，见《大清十朝圣训》，北京燕山出版社1998年版。

柱、寿成等二百六十七人。”① 迫使英军退出乍浦。在镇江战役中，英军以数倍于八旗兵的优势进攻，八旗兵寸土必争，城破之后犹与敌巷战，作了最顽强的抵抗，表现出强烈的爱国主义精神，他们不惜牺牲的勇敢和锐气，恩格斯在《英人对华远征》中给予了高度的肯定。

此外，自第二次鸦片战争以来，八旗在对英法联军、法国侵略军、俄国和日本侵略军以及八国联军的战斗中，都表现出了誓死抵抗的决心。如在与八国联军战斗的天津战役中，八旗兵与义和团同仇敌忾，血战八昼夜，虽然抗战失败，但中华民族团结一致共御外辱的爱国主义精神在这个过程中得到升华，其中不乏八旗作出的贡献。

八旗的爱国主义精神不仅表现在行动上，也表现在思想上。在晚清之际，许多八旗大臣力主抗战，以保家卫国为己任，“庚子之变”后，主张抗战的旗人表现出强烈爱国热情，他们的思想与言论给国人以巨大鼓舞。在此阶段许多八旗文人还以诗文表现忧国忧民之心。如满洲旗人毓俊在《醉后放歌》中云：“书生投笔请长缨，愿乘风破浪以灭厥丑虏。……蕞尔小国敢跳梁，一战而捷勇可贾。”《宝剑篇》中云：“吾愿立功海外雪国耻，然后龙鸣虎啸腾天都。”镶红旗满洲人志润的词《满江红·老将》云：“万城穷边，溅不尽，一腔热血。犹记取，干戈影里，雄风飘瞥。叱咤曾摧强虏胆，声名远震妖氛灭。恨年来，壮志半消磨，空凄切！怀旧事，燕然碣。消岁月，南山猎。尽悲歌慷慨，唾壶击铁。剑戟宵腾龙虎气，梦魂夜度关山月。到晓时，起舞听荒鸡，雄心烈。”这首词很有岳

① 《杭州八旗驻防营志略》卷11，筹海志防，第116页，辽宁大学出版社1994年版。

飞《满江红》的气势，报国之心跃然纸上。

晚清之际，八旗中出现了一大批充满爱国思想的官吏与文人，他们的许多奏书和诗文都洋溢着强烈的爱国精神，成为中华民族共同的宝贵的精神财富。

六、八旗和八旗人才

在八旗发展的三百年中，八旗中涌现出了许多各方面的人才，如出现了一批军事家、经学家、文学家、艺术家、史学家、数学家、医学家、音律家、水利家和翻译家等等。他们所取得的成就，既是八旗人所取得的成就，也是中华民族所取得的成就，对促进文明的进步和社会的发展，起到了积极的作用。

在军事方面，八旗入关之前与明廷、蒙古和朝鲜发生过的战争次数之多无法统计，其中对蒙古察哈尔部的战争，对明廷的萨尔浒大战、大凌河之战、松锦大战，对朝鲜的数次大战，都规模很大。在这一系列的战争中，八旗培养出了一批军事家，努尔哈赤和皇太极可称为代表。

八旗入关之后，也发生了许多次重大的战争，如入关之初统一全国的战争，平定“三藩之乱”的战争，统一台湾的战争，统一漠北与青海的战争，平定策妄阿拉布坦的战争，平定大、小金川的战争等等。在这些战争中出现了一批具有统帅才能的军事家，如睿亲王多尔衮、豫亲王多铎、英亲王阿济格、定西大将军何洛会、肃亲王豪格、端亲王博洛、昭勋公图赖、忠义公图尔格、襄毅公准塔、忠襄公陈泰、襄敏公伊尔德、敏壮公李国翰、文襄公图海、敏果公明安达礼、襄壮公费扬古、襄壮公施琅、文忠公傅恒、文襄公兆惠、温悫公傅尔丹、文成公阿桂等，皆在各大战役中统帅一方，为各次战役的胜利起到了决定作用。除此之外，八旗中还涌现出了一大批能攻善守的重要将领，如八旗满洲之图赉、谭泰、阿济格尼堪、穆占、额楞特、希尔根、赖塔、朋春、马斯喀、顾八代、富宁安、萨布素、班第、海兰察、努三等等；八旗蒙古之毕力克图、恩格图、穆赫林、阿南达等；八旗汉军之李率泰、石廷柱、佟养正、金砺、甘文焜、王国光、佟图瑶、华善、偏图等。

这些人都是在统一和平叛过程中成长起来的军事家。如抚远大将军费扬古，正白旗满洲人，顺治十五年（1658）袭父三等伯爵，康熙十三年（1674）随军讨吴三桂，在多次战争中独当一面，屡战皆捷，“三藩”平定之后，被升为领侍卫内大臣。康熙二十九年（1690），参加平定噶尔丹之乱，多次击败噶尔丹军。康熙三十四年授为抚远大将军，驻归化城，防御噶尔丹。康熙三十五年（1696），皇帝率军亲征噶尔丹，费扬古为西路军总帅。其时以计谋诱噶尔丹主力于昭莫多，围而攻之，击败噶尔丹数万之众，从此噶尔丹一蹶不振。平定噶尔丹之后，康熙帝曾评价费扬古说：“费扬古密抒谋略，与朕意合。遂悉以西路官兵令其统领进兵。道路辽远，兼乏水草，乃全无顾虑，直抵昭莫多，奋扬军威，俾奸狡积寇挫衄大败。累年以来，统兵诸将未有能过之者。”① 可知费扬古有统帅三军之才，是可以独当一面的军事家。前面所列举的八旗将帅，也都有这种才能，他们在历次战争中都立下了卓越的功绩。他们的军事谋略与军事思想，丰富了中国兵学的内容，一些战果辉煌的战役，则成为军事史上的典型战例。

在水利方面，尤其是在治理黄河方面，有清一代在八旗中

① 《八旗通志》卷156，名臣列传十六，第3942页，东北师范大学出版社1986年版。

出现了许多著名治河专家。其中可称为治河名家者有：镶白旗汉军杨方兴、正白旗满洲齐苏勒、镶黄旗汉军靳辅、镶黄旗满洲完颜伟、正蓝旗汉军李宏和白钟山、镶黄旗满洲高斌、正蓝旗汉军李奉翰、镶黄旗满洲麟庆等。在这些河道总督中，以齐苏勒、靳辅、高斌最有政绩。

靳辅于康熙十六年（1677）任河道总督，康熙三十一年（1692）卒，在河道总督任上长达14年之久。此间康熙帝以平“三藩”、河务、漕运为第一等大事，可见对靳辅治河能力的相信和对他的倚重。靳辅上任前，黄河屡屡泛滥，并夺淮入海，经其策划修治，不数年黄河归入故道。靳辅采用修筑减水坝，束水冲走淤泥诸法，使黄河多年无大灾害。

康熙四十六年（1707），康熙帝南巡回京后，深感靳辅治河功劳之大，说：“康熙十四、五年间，黄、淮交敝，海口渐淤，朕乃特命靳辅为河道总督。靳辅自受事以后，斟酌时宜，相度形势，兴建堤坝，广疏引河，排众议而不挠，竭精勤以自效。于是淮、黄故道，依次修复，而漕运大通。其一切经理之法具在，虽嗣后河臣互有损益，而规模措置不能易也。”① 评价可谓极高。加太子太保衔，谥文襄。雍正五年追赠工部尚书，七年命于江苏为其建祠，八年以靳辅入祀京师贤良祠，对他的治河功绩给予了充分肯定。

高斌也是治河名臣，他于雍正十一年（1733）十二月署河道总督，至乾隆二十年（1755）卒，其间主要在河道总督任上。高斌治河也颇得其法，在很多方面有所创造，在任河道总督期间，“颇著劳绩”。乾隆帝给他的评价是“本朝河臣中，

---

① 《满汉名臣传》，卷17，第484页，黑龙江人民出版社1991年版。

即不能如靳辅，而较齐苏勒、嵇曾筠，朕以为有过之而无不及也”①，并在乾隆四十四年的御制《怀旧诗》中，将其列入“五督臣”之中。

此外，八旗在水利方面的著作还有：正蓝旗汉军白钟山著《豫东宣防录》《南河宣防录》，镶红旗汉军傅泽洪著《行水金鉴》，镶黄旗满洲麟庆著《黄运河口古今图说》《河工器具图说》等。因有清一代河道总督一职多由旗人担任，所以他们在这方面的功绩也就相对要大一些。

八旗在其他方面还取得了一些汉人无法取代的成就。在翻译方面，如正黄旗满洲阿什坦译有《清文大学中庸》，其子和素译有《清文左传》。此外还译有《清文三国志》《清文聊斋志异》《清文西厢记》等等一大批著作小说。在文字方面，有满洲傅达礼的《清文鉴》，满洲巴尼珲的《清文文海》，蒙古富俊的《清文指要》，满洲培宽的《满汉文养真集》，汉军李铉的《蒙文总汇》，汉军李廷基的《清文汇书》等等。在地志方面，有果毅亲王的《西藏志》，正蓝旗满洲七十一的《异域记》，正红旗满洲和琳的《卫藏通志》，正蓝旗蒙古松筠的《西陲总统事略》《西招图略》，镶黄旗蒙古和瑛的《回疆通志》《三州辑略》，正红旗汉军金德纯的《旗军志》，正黄旗汉军钟方的《哈密志》，正白旗汉军世增的《西藏全图》等等。在算术方面，正黄旗满洲瑞诰有《筹算浅说》，正白旗蒙古明安图有《割圆密律捷法》，镶黄旗汉军年希尧有《视学精蕴》《测算刀圭》《平立方表》《对数广运》《万数》《算法纂要总图》，镶红旗汉军马雄镇有《汇草辨疑》等等。在音律方面，庄恪亲王允禄精天文算法，主持修纂《九宫大成南北词宫谱》

① 《满汉名臣传》卷47，第1380页，黑龙江人民出版社1991年版。

《律吕正义》等书，礼恭亲王永恩有《律吕元音》，正白旗汉军郑文焯有《词源校律》《古今乐律宇谱》《白云歌曲补调》《校乐章集》等等。另外在杂著方面，正黄旗满洲性德的《渌水亭杂识》，其弟揆叙的《隙光亭杂识》，镶蓝旗满洲博明的《西斋偶得》《凤城杂录》，正黄旗满洲麟庆的《鸿雪因缘图记》，礼亲王昭梿的《啸亭杂录》，满洲震钧的《天咫偶闻》，镶红旗汉军刘廷玑的《在园杂志》，正黄旗蒙古法式善的《陶庐杂录》《备遗杂录》，镶蓝旗汉军佟世思的《耳书》《鲊话》等等，都很有名。

总之，八旗在以上各个方面都出现了大量人才，他们在很多方面所取得的成就，是八旗之外的人难以取得的，他们特殊的政治和社会地位，决定了他们有与众不同的社会角色，正是出于这种原因，他们所取得的成就在很大程度上具有了特殊的含义和作用。而八旗在各个方面涌现出的人才，也成为八旗引为自豪的资本。同时应该认识到，八旗各方面的人才和他们取得的成就，并不是孤立存在的事物，与整个社会有千丝万缕的联系。从这个角度思考，八旗人才的大量出现，应该被视为推动社会繁荣进步的一种力量。那么这种现象存在的意义，也就应该不言自明了。

七、八旗与八旗文学艺术成就

从八旗入关到八旗解体的近三百年中，八旗在文学艺术方面取得了相当出色的成就，不仅独具特色成为一支生力军，而且促进了清代文学艺术的发展。

八旗文学自八旗入关之初便开始崛起，至康熙朝而兴盛，乾嘉时达到顶峰，于整个清代呈现出繁荣局面。

在顺治朝，八旗中即出现了一批诗人，其中知名者有：著有《北海集》的八旗满洲诗人鄂貌图，他是被清初文坛领袖王士禛称为“满洲文学之开，始自公始”的人物。汉军诗人佟凤彩，著有《栖友堂集》。汉军诗人下三元，著有《公余诗草》。另外满洲旗人禅岱、费扬古、佟蔼，汉军旗人朱国柱、佟国器、朱昌祚、金世德、张所志、吴兴祚，也都以能诗著称。

在顺治间还有一批科举出身的诗人，他们是顺治九年（1652）进士、正黄旗汉军旗人范承谟，著有《吾庐存稿》《百若吟》《画壁遗稿》。顺治九年进士、汉军旗人丁思孔，《熙朝雅颂集》收其诗8首。顺治十二年（1655）进士、汉军旗人梁儒，著有《徽音集》。顺治十二年进士、满洲人图尔宸，《熙朝雅颂集》收其诗5首。顺治十二年进士、蒙古旗人色冷，《熙朝雅颂集》收其诗2首。他们之中有些人至康熙朝仍活跃在文坛上，不过他们的文学活动是从顺治朝开始的。

进入康熙朝，八旗文学迅速兴盛起来，其诗文家之众多，难以胜数。

正黄旗满洲人纳兰性德，其《饮水词》《通志堂集》享誉天下，被称为“国初第一词人”①。其弟揆叙之《益戒堂诗文集》，亦影响一代。

正蓝旗满洲人巢可托，著有《花雨松涛阁诗文集》。正白旗满洲包衣佐领人曹寅，作有《楝亭诗钞》《诗钞别集》《词钞》《文钞》。正白旗满洲人赫奕，作有《青霭山房诗集》。镶黄旗人法海，作有《悔翁集》；弟夸岱亦善诗，著有《桐轩集》。镶蓝旗满洲人鄂尔泰，作有《西林遗稿》；弟鄂尔奇作有《清虚斋集》。镶黄旗满洲人顾八代，作有《顾文端诗节

① 况周颐：《蕙风词话》卷5，第121页，人民文学出版社1982年版。

抄》；孙顾琮，作有《静廉堂诗文集》。正白旗满洲人徐元梦以诗文称誉当时，惜诗文集不传，《熙朝雅颂集》收诗19首。镶黄旗满洲人吴麟，作有《黍谷山房集》。正白旗满洲人岳礼，作有《兰雪堂集》。镶黄旗满洲人德龄，作有《倚松阁诗》。正白旗满洲人留保，作有《大清名臣言行录》，善诗。正黄旗满洲人何溥，作有《慎余堂诗文集》，其兄何浩亦工诗。

此外，清宗室中也出现了一批很有影响的诗人。如多罗安郡王岳乐子岳端，广交汉族文士，作有《玉池生稿》，因《春效晚眺诗》中有“东风无力不飞花”句，被称为“东风居士”。辅国公拔都海子博尔都，作有《问亭诗集》《白燕栖草》，其诗备受清初诗坛诸名家称誉。辅国将军泰荫布禄子塞尔赫，作有《晓亭诗钞》。沈德潜、王士禛对其诗评价极高。镇国公百绶子文昭，作有《紫幢轩诗》《芗婴居士集》，他的诗被评价为“撷百家之精华”，是一位以毕生精力致力于诗的宗室文人。

在这个时期康熙诸皇子也多以诗著称，其中诗名显赫者有第三子诚隐郡王允祉、第五子恒温亲王允祺、第七子淳度亲王允祐、第十三子怡贤亲王允祥、第十六子庄恪亲王允禄、第十七子果毅亲王允礼。诗名最大者为第二十一子慎靖郡王允禧，他作有《花间堂诗钞》《紫琼岩诗钞》《紫琼岩诗钞续刻》。他的诗多高澹之气，深得郑板桥等人推重。

八旗汉军中出现的诗人为数更多，成就突出者有高其位，作有《韫园遗稿》。刘廷玑，作有《葛庄分体诗钞》。佟世思，作有《与梅堂遗集》。朱伦瀚，作有《闲青堂诗集》。施世伦，作有《南堂诗钞》。高其倬，作有《味和堂诗集》。蔡珽，作有《守素堂诗集》。卓尔堪，作有《近青堂诗集》。佟世南，作有《东白堂词》。英廉，作有《梦堂诗稿》。郎廷槐，作有《江湖夜雨集》。鲍珍，作有《道腴堂诗编》。唐英，作有《陶人心语》等等。

八旗文学到了乾嘉时期达到了异常繁荣的程度，诗词文小说都有长足的发展，涌现出一大批在文坛上产生重要影响的作家。正黄旗满洲人铁保在《选刻八旗诗集序》中总结八旗诗坛盛况时说："本朝自定鼎以来，文教之兴，超越前代。开国之初，达海巴克什、范文程等创为国书，转注协声，成一代文字。其时人才代兴，如敬一主人（高塞）、鄂貌图、卞三元于天聪、崇德间，究心词翰，开律诗先声。厥后源远流长，一倡百和。如高章之（其倬）、梦午堂（梦麟）、塞晓亭（塞尔赫）、李铁君（锴）、英梦堂（英廉），韩潮苏海，宋艳班香，近法三唐，远追两汉，不愧燕许手笔。又有辽东三老、农曹七子，标新立异，叠出不穷。诗学之兴，至此大备，猗欤盛哉!"① 在铁保列举的这些诗人中，高塞、塞尔赫出身宗室，鄂貌图、"农曹七子"出身八旗满洲，梦麟出身八旗蒙古，卞三元、高其倬、李锴、英廉、"辽东三老"出身八旗汉军。铁保以极自得之语气举八旗诗坛之大观，足以见八旗在诗歌方面的自信。

其实，除此之外还有许多铁保没有提到的八旗著名诗家。如满洲诗人赛音布，作有《宜园集》《溯源堂集》。他的诗名很大，沈德潜选《清诗别裁集》收录其诗，认为他的诗可以与崔颢、岑参两位唐代诗人相比。镶黄旗满洲人尹继善，官至大学士，著有《尹文端公集》。他一生致力于诗，好奖掖人才，故影响深远，如清中叶著名汉族诗人袁枚就曾得到过他的

---

① 铁保辑：《白山诗介》自序。清嘉庆六年刻本。

提携。另外如正黄旗满洲人萨哈岱，作有《樗亭诗稿》；镶红旗满洲人常安，作有《受宜堂集》《瀚海前后集》《沈水三春集》《班余剪烛集》《驻淮集》；正白旗满洲人英和，作有《卜魁赋》《恩福堂诗钞》《植杖集》等。还有被称为“八旗三才子”的铁保、法式善、百龄。铁保是正黄旗满洲人，曾任《八旗通志》总裁官，著有《惟清斋集》，他辑选八旗人诗作成134卷之巨的《熙朝雅颂集》，影响极为广泛。法式善隶正黄旗蒙古，有《存素堂集》《存素堂文集》等，另有文史著作多种。百龄隶正黄旗汉军，有《守意龛集》。此三人是八旗在乾嘉年间文学上的代表人物。

此外，这个阶段清宗室中也出现了一些有成就的诗人。如永忠、永憲、书诚、敦诚、敦敏，以及皇子永瑆、永瑢、永理等等。

在这个时期除了诗词成就卓著之外，还出现了正白旗满洲包衣佐领下人曹雪芹写的白话长篇小说《红楼梦》；满洲人和邦额写的文言短篇小说集《夜谭随录》；宗室昭梿写的《啸亭杂录》，皆在文坛产生重要影响。

至道光以后，虽然国势不振，但八旗文学并没有急速衰落。除了诗歌方面出现了宝廷、宗韶、廷奭、奕绘、毓俊等一批有声望的作家之外，特别在词作方面成就突出。

此间在整个词坛上都深有影响的有：被称为清代第一流女词人的顾太清，她的《东海渔歌》深受词坛瞩目。在词坛上被称为“清末四大家”的正白旗汉军人郑文焯，他著有《大鹤山房全书》等。正黄旗满洲承龄的《冰蚕词》，正白旗汉军斌桐的《还初堂诗词钞》，其弟斌敏的《翠鲸词》，镶白旗汉军陈良玉的《梅窝词钞》《虞苑东斋钞》，正黄旗汉军徐同甫的《小南海词》，汉军徐同善的《花影弹雀词》，汉军继昌的

《左庵诗余》，正红旗满洲文辂的《可青诗余》，正黄旗满洲文悌的《绿杉野屋诗词钞》，正白旗满洲英瑞的《未昧斋诗词集》等等，都在词坛上有一定影响。

另外，在小说方面则出现了满洲人文康写的著名的《儿女英雄传》。这是清代唯一一部直接描写旗人社会与生活的长篇小说，可谓弥足珍贵。它的另一个重要价值，是开启了中国情侠小说之先河，其文学贡献不可谓不大。

在戏曲方面，八旗在乾隆年间创造出了新的艺术表演形式——八旗子弟书，丰富了中国戏曲舞台，至今留下了近三百种子弟书唱本，为研究清代戏曲和八旗的思想文化提供了宝贵的资料。与此同时，旗人对京剧的形成发展作出了重要贡献。在旗人的积极参与下，京剧逐渐形成，并出现了京剧改革家德克金（汪笑侬）、架子花脸黄润甫、青衣泰斗陈德霖、老旦领袖龚云甫、丑行名角慈瑞全、著名小生德珺如与金仲仁等等一大批京剧表演艺术家，推动了京剧的繁荣与发展。

在书画艺术方面，自顺治朝开始即重书画，顺治帝之书法绘画已达到相当水平。康熙朝以来八旗中上层家庭无不以书法为重，历代皇帝及皇子的书法都经过长期严格的训练，延续至今已成传统。在乾嘉之际，书坛上有“四大家”，即“成、刘、翁、铁”，“成”为成亲王永瑆，“铁”为正黄旗满洲人铁保。“四大家”之中，旗人占据两位，由此可知旗人书法水平之高。

在绘画方面，康熙朝满洲人唐岱工山水人物，名冠一时，被康熙帝称为“画状元”。其他善画而声名卓著者不乏其人，如镶黄旗汉军高其佩，善指头画，其画人物、鱼龙、花木、鸟兽，天姿超迈，信手而得，其书法亦属上乘。正红旗满洲人西蜜扬阿、镶红旗汉军人于宗瑛、正黄旗汉军人甘运源、满洲人瑛宝等，皆以画名世。其余工书画者《八旗画录》中收录数十人，在清代书画界不乏铮铮有声者。

总之，八旗在文学、艺术、戏曲等等方面都取得了重要成就，不仅丰富繁荣了清代文化，而且在促进民族文化发展和民族文化交融方面作出了重要贡献。

八、八旗制度缺陷的启示

八旗制度在其形成之初，显示出了巨大的作用和威力，八旗以此统一了女真各部，招服了漠南蒙古，臣服了朝鲜，并进而统一了全中国，建立了一个全新的大清王朝。不过随着战争的减少与稳定局面的形成，八旗制度已经渐渐不适应社会发展的要求，其严重弊端逐渐显露。

其一，八旗生计问题。

八旗生计问题自康熙末年就已出现。其时八旗入关已近80年，这一期间有数代人出生，人口增加，然兵额有限，新生之旗人中有不少生活无保障者。至乾隆前期，八旗生计问题已相当严重，此时采取了“汉军出旗”的措施，以减小压力。然而八旗制度规定，旗人只有出仕与当兵两条路可走，不许务工经商，故旗人自谋生路已属不可能。尽管部分汉军被出旗为民，但留于旗内的旗人数量仍是成倍的增长，人口增加成为八旗最为严重的问题，八旗生计问题一直到八旗消亡都没有得到根本解决，这是八旗制度本身的原因，而非人力可以扭转。

其二，八旗制度的长期存在成为富国强兵的障碍。

清廷一直以“八旗为国家根本”，为维护八旗生计和八旗强盛支出了大量经费，然而在八旗兵额和八旗人口大量增加之后，此项支出成为国库的一个巨大负担。与此同时，旗人的生活水平迅速下降，故典房卖地者大有人在，许多旗人失去了生活的基本条件，在这种情况下，强兵之路显然只能是一种空谈。与此同时，八旗中又逐渐形成骄淫之风，酗酒、斗殴、赌博、盗窃、贪黩、钻营、奢侈、结朋党等等渐成风气，清中期以后八旗之雄健之风所剩无几。自平定大小金川起，八旗的战斗力已今不如往昔。迨至道光以后，外国列强大肆入侵，历次战争皆以败北告终，由此也看出八旗战斗力的下降。

其三，八旗制度实行之后期使旗人不思奋进。

八旗兵丁主要是当兵食粮，他们不工不农不商不士，一切依赖于八旗制度，既无谋生手段，也无谋生能力，人身及思想俱受八旗制度束缚。在八旗衰落之时，他们怨声载道而又无自我解脱之能力。到了清末，旗人之处境已相当凄惨，在这个阶段再也没有能出现像清初的一些著名人物了，八旗制度压抑了旗人的英雄主义和创造精神。

其四，八旗制度划定了旗人与民人的界限，使旗、民不能享受同等地位。

从旗人角度看，旗人隶属于八旗，自有俸银粮饷，经济较有保障，不用像民人那样需要自己维持生活。在社会生活中的政治地位，似也较民人为高。

然从民人角度看，旗人隶属八旗，便没有了人身自由。他们一切听命于八旗，不能自由行动，不能随意置产，不能从事其他行业，肉体与精神均受到束缚。

同时八旗有维护社会安定的责任，故各种起义的反抗就成为八旗打击的对象，如嘉道年间的白莲教起义、苗民起义、天地会和天理教起义以及太平天国运动等等，从一定意义上看，都与旗民矛盾激化有关。八旗被强化了的军事职能，成为旗民关系正常发展的严重障碍。

其五，以八旗作为政权支柱，清代的政治和思想发展受到了严重的制约。

以政治而论，清承明制，但在制度、法律等方面较明代更为缜密，在这方面可以说清代将封建制度推向了极致，使清代成为封建社会最为完善的阶段。正是出于这种原因，当西方资本主义制度建立，科学技术得到长足发展之际，中国却正在走向衰落。

以思想而论，康熙朝开始倡导程朱理学，同时采用思想高压政策，康雍乾三朝文字狱大兴，凡诋毁朝廷或发明新思想者，均受到镇压。同时康熙帝颁《上谕十六条》，雍正帝颁《圣谕广训》加以规范，致使全国上下噤若寒蝉，士人潜心于汉宋之学，士子热心于科举八股，眼界被限制，思想被禁锢。虽使学术成果辉煌，却令思想被压抑在坚冰之下，大清帝国的没落，与此有着直接的联系。

究其根本，作为统治工具，八旗在这种局面的形成中起到了一定的作用。

总之，1644 年的甲申年是中国历史上重要的一年，对于它的解读可以是多角度的，从八旗入关角度解读甲申，也许会得到另一种深刻的启示。

“八旗意识”论

每个民族都有自己的民族意识，它包括民族自我意识、民族认同感以及对本民族利益的维护与扩展。那么在特定历史条件下出现的“八旗”，是否也有“八旗意识”呢?“八旗制度”在中国历史上三百多年的历史演进中，“八旗”已经成为具有鲜明独立性的社会群体。它不同于其他社会群体的政治、经济地位与社会生活，以及由此而产生的思想文化体系，形成了极具个性化的特征与属性，一方面成为区别于其他群体的标志；另一方面成为八旗内部相互认同的基础，这种情况的存在使八旗不能不产生一种不同于其他社会群体的自我群体意识，即“八旗意识”。

八旗是以八旗满洲为核心，以八旗蒙古、八旗汉军为主体的多民族组成的社会群体。尽管在这个社会群体中满族占主导地位，但它的利益和形成基础并不仅限于满族，因此“八旗意识”既不可能是一个民族的意识的单纯表现，也不等同于一般意义上的民族意识。但却与民族意识有种种联系。这是因为八旗毕竟是由“民族”组成的，不可避免地在多个方面带有浓厚的民族色彩，“八旗意识”的产生以及它具有的内涵一定会受到这些因素的影响。

从历史角度看，八旗是在特定历史条件下以满族为主的多民族联合而崛起的必然产物。从现实发展看，八旗在政治、军事、经济上的优势使它最终成为占据统治地位的社会集团。从文化演进看，多民族文化的融合促进了八旗文化的形成，并一直被坚守发展着。这一切都与八旗内部民族的政治、经济和思想文化有关。因此说“八旗意识”与民族意识之间既有联系又有区别似乎更符合实际。

八旗制度的存在，对当时中国的政治、经济、文化、军事、社会等各个方面都产生过重大影响，即使在当今也或多或少地感觉到这种影响的存在。面对如此重要的题课，笔者感觉还应系统而深入地挖掘八旗制度的历史作用及对当今思想文化的影响，以丰富中华民族优秀的文化遗产。从这一想法出发，本文试图从一个新的角度进行探讨，以期推动对八旗研究的深入开展。

一、八旗意识的主要表现

（一）八旗自我意识

八旗的自我意识鲜明而强烈，从上层到下层无不视八旗为一整体。

从清代历朝的上谕来看，各朝皇帝无不以“八旗为国家根本”，视为统治全国的核心力量，故给予特别的关切。

康熙四十五年（1706）十一月上谕：“朕念八旗禁旅为国家根本所系，每加恩爱养用，俾生计充盈。或动支公帑数百万，代清积逋；或于各旗设立官库，资济匮绌，所以为众甲兵筹画者甚切。”①

雍正二年（1724）二月上谕：“八旗文武官人等，国家念

① 《驻粤八旗志》卷首，敕谕，清光绪五年刻本。

尔等祖、父皆属从龙旧臣，著有勋绩，故加恩后裔，量才授官，冀收心膂驱策之效，尔等自当恪守官箴，勤劳王事，建股肱之盛烈，垂清白之家声。”①

乾隆七年（1742）四月上谕：“八旗为国家根本，凡有教养之处，朕无时不系于怀。著各旗都统、副都统等悉心筹画，或有益于生计，或有益于风俗者，各抒所见缮写交与大学士。汇齐之后，著大学士会同各都统详加斟酌，择其果有裨益者，公同举出。”②

嘉庆九年（1804）五月就铁保等所编《熙朝雅颂集》所发上谕：“八旗臣仆，涵濡圣化，辈出英才。自定鼎以来，后先疏附奔走之伦，其足任干城腹心者，指不胜屈。而于骑射本务之外，留意讴吟、驰声铅椠者，亦复麟炳相望。”③

以上清代皇帝的上谕，都强烈地表现了视八旗为一整体的思想与观念，也是八旗自我意识的一种典型反映。

八旗的自我意识还表现在思想文化的某些方面。如相关图籍的纂修，从官修图书来看，以《八旗通志》最为宏大，也最有代表性，可以说是八旗自我意识最为鲜明、最为集中的一个例证。

《八旗通志》曾两次编写：初集雍正五年开始纂修，乾隆四年完成，下限至雍正十三年八月二十三日。重修始于乾隆五十一年，完成于嘉庆初。下限延至乾隆六十年。两书在体例、结构和内容方面多有不同，但意在为八旗编写重要志书却是相

① 《钦定八旗通志》卷首9，敕谕三，第172页，吉林文史出版社2002年版。

② 《钦定八旗通志》卷首11，敕谕五，第240页，吉林文史出版社2002年版。

③ 铁保辑：《熙朝雅颂集》序，清嘉庆九年刻本。

同的。雍正五年（1727）十一月初八，上谕中说：“今各省皆有志书，惟八旗未经纪载。我朝立制，满洲、蒙古、汉军俱隶八旗。每旗自都统、副都统、参领、佐领，下逮领催、闲散之人，体统则尊卑相承，形势则臂指相使。其规模宏远，条理精密，超越前古，岂可无以记述之盛？其间伟人辈出，树宏勋而建茂绩。与夫忠臣孝子、义夫节妇，潜德幽光，足为人伦之表范者。若不为之采摭荟萃，何以昭示无穷？朕意欲论编次，汇成八旗志书。”① 将为八旗编写一部志书的原因意义讲得十分明白，其中一个重要的原因是将旗人归为一类，与汉人等民人区别开来。雍正帝曾在《大义觉迷录》中说，“本朝之为满洲，犹中国之有籍贯”②，此处之“满洲”代指八旗，八旗人之旗籍，即同各省民之籍贯。

由于是书“专志八旗”，故涉及八旗的内容较其他任何书籍都更为广泛详细，并不分满洲、蒙古、汉军，都给予同样的重视。如《旗分志》中，分别详细记载了八旗满洲、蒙古、汉军各旗的缘起、规制、方位及户籍管理。《氏族志》则专记八旗姓氏源流及谱系、原居地。其他如《人物志》中的大臣传、忠义传、循吏传、孝义传、列女传，也都以满洲、蒙古、汉军排列。其中《循吏传》因“本朝外吏藩臬大员，满汉参用，道、府、州、县，则汉军人员为多”③，故专为八旗汉军而设。

《八旗通志》对旗人产生重大影响的是《人物志》的内

① 《八旗通志》，“奉敕纂修八旗通志谕旨”，东北师范大学出版社 1986 年版。

② 《大义觉迷录》卷 1，第 4 页，中华书局 1983 年版。

③ 《八旗通志》卷 232，循吏传，第 5269 页，东北师范大学出版社 1986 年版。

容。其中有宗室王公、大臣、忠义、循吏、孝义、烈女等传。入传者既有八旗上层人物，也有大量的八旗中下层人物，其中尤以忠义、孝义、烈女为多。显名于当时又流芳于后世，对家族及个人是一种荣誉。这种做法既是八旗上下自我意识的显现，也是增强八旗凝聚力的一种方式。

在官修书籍中，还有《八旗处分则例》和《熙朝雅颂集》（又名《八旗诗歌总集》）等数种，都是在八旗自我意识的基础上，以八旗为一体思想指导下编纂而成的。

由于驻防八旗与京师八旗多有不同，其规制、事件、人物等在《八旗通志》中多有缺略，于是各驻防八旗亦仿效《八旗通志》体例，编纂志书，如《驻粤八旗志》《荆州驻防八旗志》《杭州八旗驻防营志略》《绥远旗志》《京口八旗志》《福州驻防志》等等。驻防志的纂修意在保存驻防八旗的史实与传统。如《荆州驻防八旗志序》中说："二百余年间，生聚教诲，不惟材官技卒有勇知方，而且户习诗书，家兴仁让，名臣宿将，代不乏人。大政所关，载在国史，而私家著录，迄无成书，父老传闻，久或失实。"[①] 故纂修志书，同时亦可有益于后世。"后之官斯土者，沿流溯源，申明国家教养之恩与操防之义。俾八旗子弟者览是编，鼓舞奋兴，入有以教家，出有以敌忾。"[②]驻防八旗的志书纂修，均是驻防八旗的自发行为，并非出于朝廷的命令，由此也可见八旗人等自我意识的强烈。

八旗自我意识的存在，还表现在本群体中一些个人编辑的一系列文学艺术的图书方面。如满洲旗人伊福纳编有《白山诗钞》、卓奇图编有《白山诗存》、铁保编有《白山诗介》、那清安编有《梓里文存》、盛昱编有《八旗文经》、蒙古恩华编

①②《荆州驻防八旗志》春元序，清光绪九年刻本。

有《八旗艺文编目》、汉军杨钟羲编有《白山词介》，其他还有《八旗书录》《八旗画录》《八旗诗媛小传》等，以及以记录旗人为主的笔记诗话，如满洲旗人昭梿的《啸亭杂录》、蒙古法式善的《八旗诗话》、满洲英和的《恩福堂笔记》、汉军福格的《听雨丛谈》、汉军杨钟羲的《雪桥诗话》、满洲震钧的《天咫偶闻》等等。这些作者也都是将八旗作为整体看待的，在他们看来，旗、民有着鲜明的界限。在旗人心目中，汉、回、番人入旗者即为旗人，虽满洲、蒙古未入旗者亦非旗人，只有称丁、民等，旗、民的区别与界限在他们的认识中相当清晰而明确。

从另一角度看，盛昱致力于《八旗文经》的编选，并非仅仅因为“八旗人为古文词者，未有撰集之本”①，更主要的是，有感于晚清之际八旗之人不重经史，以巧趋避为德，以工钻刺为才的风气已形成。为了振兴八旗文教，规劝旗人“勿汩于时趋，勿惑异说，勿以畛域自封，勿以骄贵而不学”②，从“文章经国之大业”的角度出发，精选人品、道德、学问、功业俱可称为典范的八旗名士文章为一集，作为旗人的思想行为的典范，以期望八旗之人“日从事于学问之中，而以文为表见之资。凡利禄纷华，靡丽之人，不以萌于心而夺其志”③。故盛昱邀其表弟杨钟羲共编是书，以旗人身份为入选标准，凡道德学问优长者，不分满洲、蒙古、汉军皆可入选。从中不仅可以看出作为旗人的编选者对整个八旗现状的忧患意识，更可以看出旗人强烈的八旗自我意识。

以上所列举的其他旗人的著述，都以八旗的著作、规制、

①② 盛昱：《八旗文经·叙录》卷60，第2~3页，辽沈书社1988年版。

③ 盛昱：《八旗文经·叙录》卷60，第4页，辽沈书社1988年版。

事件、人物、掌故为主要内容。如汉军人福格所著《听雨丛谈》，全部内容均写八旗，其中有八旗源起、八旗方位、八旗科目、八旗直省督抚大臣考、八旗直省巡抚考、八旗姓氏等等。震钧的《天咫偶闻》和敦崇的《燕京岁时记》，主要记述了八旗的历史、风物、民俗、掌故和人物。《天咫偶闻》以北京皇城、南城、东城、北城、西城、外城东、外城西、郊坰、琐记各为一卷，详记八旗的各种情况。其中如记八旗妇女能诗者、八旗能书画者、八旗品行高洁者、八旗之大文学家、藏书家、书法家，以及名臣才子，都意在极力表彰八旗中的杰出人物。在记八旗之风范、八旗之功业、八旗之风节之时，无不饱含感情，充满旗人自豪之感。

杨钟羲原隶满洲旗，他的祖上因不熟悉满语而被乾隆帝下令拨入汉军旗，尽管如此，他的八旗自我意识仍极为强烈，毕生留心于搜集整理八旗文献。他除与盛昱合编了《八旗文经》之外，还编辑校刻了八旗词人总集《白山词介》，刊印了其高祖虔礼宝的《椿荫堂存稿》，蒙古博明的《西斋偶得》，汉军姚斌桐的《还初堂词钞》，满洲盛昱的《意园文略》《郁华阁遗集》。其成就影响最大的是他以毕生精力完成的《雪桥诗话》，是书共四集40卷，百数十万言。缪荃孙序是书言："此虽名诗话，固国朝之掌故书也。由采诗而及事实，由事实而详制度，详典礼，略于名大家，详于山林隐逸，尤详于满洲。直与刘京叔之《归潜志》，元遗山之《中州集》相埒。"① 此书之中，作者对于旗人，虽为蒙古、汉军，他都以"我乡"之称，故缪荃孙所言"满洲"实代指八旗。

对于八旗诗人，杨钟羲给予了特别关注，从"满洲文学

① 缪荃孙：《雪桥诗话·序言》，北京古籍出版社1989年版。

之开，始自公始”[①] 的鄂貌图，直到清末之宗室、王公、官吏、布衣、妇女诗人，凡目力所及，均收录评介，保存了大量不见于他书的旗人文学资料。从其收录满洲铁保所作《读乡前辈遗诗十二首》、蒙古法式善所作《奉校八旗人诗集题咏五十首》之中，可知清中叶以前八旗诗坛成就之大略。而对其他数量众多的名不见传的八旗诗人的论述，更生动地反映出八旗文坛的繁荣，实际已勾勒出八旗文学的盛况。

（二）八旗的认同意识

从根本上说，自我意识与认同意识在本质上密切关联，互为表里，不过在表现上尚有细微的差别。自我意识侧重于对本民族、本群体、本国家自觉与自我觉醒，个人和群体的主观认识占主导地位。而认同意识则以自我意识为基础，是本民族、本群体、本国家内部的相互理解与认识。从这个角度出发，可以看出八旗认同意识也是一种客观存在。

八旗内部认同意识在他们的政治、经济、文化生活中都有表现，本文之中所论述的大量事实史料，有很多与八旗认同意识有关。此处再举较为典型的证据如下。

在婚嫁方面，八旗内部的限制逐渐消除。乾隆二年（1737）四月谕：“向来包衣管领下女子不准聘与包衣佐领下人，包衣佐领下女子不准聘与八旗之人。盖因从前包衣佐领下户口尚少，且男妇俱各当差，恐人生规避之心，是以定例如此。今国家教养休息百有余年，生龄繁庶，若嫁娶仍遵旧制，则待字逾期在所不免。今包衣佐领下妇人俱已免其当差，并无可规避，则嫁娶自毋庸分别。八旗暨包衣佐领下人等俱朕之臣

① 王士禛：《居易录》。

庶，嗣后凡经选验未记名之女子，勿论包依佐领、管领暨旗下，听其互相结姻。”① 也就是说八旗为一体，可自由通婚。而且“凡兵丁娶媳嫁女，无论长次，均许邀恩”②，即给予婚嫁所用之银两，八旗满洲、蒙古、汉军，一视同仁。

除婚姻外，清政府对八旗的抚恤政策也不偏不倚。康熙年间规定凡阵亡卒孀妻，永给食一半俸饷。乾隆年间又规定八旗无钱粮可依赖为生者，以及八旗之孤女，俱加恩给钱粮以为养赡。

八旗认同意识还表现在许多具体的认识方面。

如铁保的《白山诗介序》中说：“余性嗜诗，尝编辑八旗满洲、蒙古、汉军诸遗集，上溯崇德二百年间，得作者百八十余人，古近体诗五十余卷，欲效《山左诗钞》《金华诗粹》诸刻，为《大东诸家诗选》。”③ 山左即山东，金华在浙江。而长白、大东则言长白山、东北，八旗兴起于斯地，故以此名之。他认为八旗诗歌内容、风格、感情相通，自有面目，故可自成一集。他的认识是：“及观诸先辈所为诗，雄伟魂琦，汪洋浩瀚，则又长白、混同磅礴郁积之余气所结成者也。余尝谓读古诗不如读今诗，读今诗不如读乡先生诗。里井与余同，风俗与余同，饮食起居与余同，气息易通，瓣香可接。其引人入胜，较汉魏六朝为尤捷，此物此志也。”④对八旗的认同意识可谓表达得极为具体而深刻。

八旗意识在小说等文学作品中也有表现。如满洲文康写的

① 《钦定八旗通志》卷首11，敕谕五，第233页，吉林文史出版社2002年版。

② 《钦定八旗通志》卷首11，敕谕五，第235页，吉林文史出版社2002年版。

③④ 铁保：《白山诗介》自序，清嘉庆六年刻本。

小说《儿女英雄传》，男女主人公都是旗人，作者在整部小说中都反映出了八旗非亲即友的观念。书中第三十四回写主人公安骥参加科举考试，入场之际，一位旗人帮他拿东西入考场，安公子要送他银两表示感谢，这位旗人说：“好兄弟咧，咱们八旗哪不是骨肉？没讲究。”① 这虽是小说中语，却来自于八旗实际生活，生动而具体地表现出八旗的认同意识。

（三）八旗意识中的“大一统”思想与爱国主义精神

八旗入关之后，大一统思想便开始成为清朝的治国方针。自康熙朝与沙俄的雅克萨战争开始，八旗的爱国主义精神逐渐发扬。自顺治元年（1644）八旗先后占领北京及京畿地区，攻占西安，击溃大顺政权；进入四川消灭了大西政权；进兵中原、江南消灭了南明政权。自康熙初，先后平定“三藩之乱”，重新统一台湾。康熙二十九年（1690）至乾隆二十四年（1759）统一了漠北、青海、西藏和天山南北，加强了对西北的统治，同时平定了西南大小金川土司的反叛，对西南边疆地区的管辖也得到加强，大一统的局面得到巩固。

促进大一统局面的稳固，需要思想、文化等等方面的支持。这方面也多有表现。

八旗占据北京之后，广泛宣传大清“得统之正”的观点，以求得汉人的认可。如睿亲王多尔衮《与明福王史相书》云：“国家抚定燕京，乃得之于闯贼，非取之于明朝也。”② 以此来证明继承明朝大统的合理性，并以此坚定八旗内部的自信心。

---

① 文康：《儿女英雄传》第34回，第453页，上海古籍出版社1992年版。

② 盛昱、杨钟羲：《八旗文经·书信甲》卷32，第1页，辽沈书社1988年版。

儒家思想是中国社会的核心思想，根基既深，影响亦远。八旗在入关前就已崇祀孔子，从天聪年间清太宗祭祀孔庙开始，清朝历代皇帝均尊孔崇儒，以汉人之传统儒家思想作为大一统的统治思想。与此同时，康雍乾三朝大兴文字狱，凡反抗与诋毁清政权者，或监或斩或流放。最有代表性的是雍正六年发生的吕留良、曾静案。曾静借吕留良反清思想，企图策反川陕总督岳钟琪，被告发逮捕。吕、曾的反清思想主要是汉族传统的“华夷之分”，视“满洲”为“夷狄”，为异类，即“夷狄异类，詈如禽兽”①。雍正帝对此案十分重视，作《大义觉迷录》予以辩解，驳斥曾静的言论，其根据皆取之《尚书》《论语》《诗经》《孟子》，从旗人之角度，给予“华夷”全新的解释，从而打破“华夷之分”的固定思想模式。

《大义觉迷录》称：“盖从来华夷之说，乃在晋、宋、六朝偏安之时，彼此地丑德齐莫能相尚。是以北人诋南为岛夷，南人指北为索虏。在当日之人，不务修德行仁，而徒事口舌相讥，已为至卑至陋之见。”②并指出：“自我朝入中土，君临天下，并蒙古极边诸部落俱归版图，是中国之疆土开拓广远，乃中国臣民之大幸，何得尚有华夷中外之分论哉！”③故他认为华夷之分在于是否为一统，而不在于是否为异族，“惟有德者可为天下君，此天下一家，万物一体，自古迄今，万世不易之常经”④，并借用孔子的话“大德者必受命”来证明清统一中国的合理性。

正是在这打破“华夷之分”，扩大和重新树立“大一统”内涵的认识基础上，清朝统治者实行了一系列适宜的民族政策，稳定了东北、北方、西北、西南和广大汉族地区的政治局

①②③④ 《大义觉迷录》卷1，第4~10页，中华书局1983年版。

面，使具有更为深刻意义上的大一统“中国”的观念深入人心，国家意识被赋予新的内涵。在这种国家意识的基础上，中华民族的整体意识和民族间的相互认同观念也开始出现。不仅八旗人等将自己自觉地纳入中华大一统之中，其他民族也均如此，为近代以来的中华民族爱国主义精神的新发展奠定了思想基础。

八旗入关以后，一直自视为“国家根本”，或留守京师，或驻防各地，担负着维护大一统国家的重任。近代以来，帝国主义瓜分中国，发动侵华战争，也正是从这个时期开始，中华民族近代意义上的爱国主义精神空前高涨，八旗官兵以他们浴血奋战、为国捐躯的实际行动对此作出了重要贡献。

如在道光二十二年（1842）英军进攻乍浦的战役中，驻防八旗在副都统长喜率领下，于天尊庙、观山一带阻击英军，与之殊死战斗，佐领隆福、额特赫，防御贵顺相继战死。乍浦城破后，长喜与协领该尔杭阿等率兵巷战，亦为国捐躯。

在镇江战役中，京口驻防副都统海龄率八旗将士抗击英军。“迨番舶入境，公亲冒矢石，率兵堵御七昼夜。及城北十三门已破，犹率众死占三时之久。力竭回署，夫人及次孙业已投缳，公喝令举火，将尸焚毁，遂向北谢恩，跃入烈火，亦自焚死。”① 此次战役八旗之人无一人退缩，如防御尚德，“壬寅城陷，身受重伤，至五条街遇贼，犹负痛挺矛刺杀多人，力竭被害。妻那氏闻之，与幼子万昌执刃奔赴，见夫血淋遍体，身首异处，抚尸大恸，自刺而死，幼子万昌亦自刺死”②。据统

---

① 《京口八旗志》卷上，《职官志 · 名宦》，第484页，辽宁大学出版社1994年版。

② 《京口八旗志》卷上，《人物志 · 忠节》，第491页，辽宁大学出版社1994年版。

计，此次战役除阵亡八旗官兵之外，以死抗争而自尽的妇女达623人①。在这两次战役中，八旗的爱国主义精神得到了充分的体现。对八旗官兵抵抗外辱的英勇表现，恩格斯曾给予了高度评价，说他们“决不缺乏勇敢和锐气”，“殊死奋战，直到最后一人”②，八旗兵的这种表现震撼了世界。

正是八旗将士包括他们妻子儿女这种为国家为民族宁死不屈的英雄气概和大无畏精神，不仅鲜明而强烈地表现出了八旗意识中的爱国主义内涵，而且促进了中华民族爱国主义精神的极大发展。面对帝国主义列强的入侵，从第一次鸦片战争开始，中华民族就已经表现出团结一致、共同抵抗外辱的民族思想与精神。从这个意义上说，八旗意识中的爱国主义精神既在八旗中普遍存在，又成为中华民族国家意识中的重要组成部分。他们为中华民族留下了宝贵的精神财富，对此应该给予充分的认识和肯定。

二、八旗意识产生的条件

（一）八旗制度

八旗制度是八旗意识产生的最根本条件。

1583年努尔哈赤起兵之后，1615年“太祖削平各处，于是每三百人立一牛录厄真，五牛录立一扎拦厄真，五扎拦立一固山厄真。固山厄真左右，立美凌厄真。原旗有黄白蓝红四色，将此四色镶之为八色，成八固山”③。固山有“旗”之义。

① 《京口八旗志》卷下，《烈女志·孝列》，第525页，辽宁大学出版社1994年版。

② 《马克思恩格斯全集》卷12，《英人对华的新远征》。

③ 《清太祖武皇帝实录》卷2，第9页，北平故宫博物院民国21年版。

在这个阶段，随着战事的发展，被征服人口日益增多，其中一部分被编入八旗。此时满洲、蒙古、汉、朝鲜、锡伯等民族之人，混编于八旗之中。此后于1635年3月，编审内外喀喇沁蒙古壮丁，合原八旗内一部分蒙古，另建“八旗蒙古”。1642年7月，将八旗内汉人与被征服之汉人壮丁另编成“八旗汉军”。自此，八旗中有了“八旗满洲”、“八旗蒙古”、“汉旗汉军”三大部分。不过在八旗满洲中仍保留了为数不少的蒙古人和汉人，以及锡伯、高丽等民族之人，而在八旗蒙古和八旗汉军中，也有少量的满洲人。

八旗中虽有满洲、蒙古、汉军三种建制，但在管理上却并不完全独立成军，而是混编。如正黄旗下，分别统辖正黄旗满洲、正黄旗蒙古、正黄旗汉军。驻防、出征皆依旗行走，而户籍、人丁之管理则依本旗。这种分别编建统一管理的方式，使八旗合中有分，分中有合，简言之仍为一整体。

八旗制度的确立对关外社会的发展来说是一大进步。原关外各地各族不相统属，互相征战，社会状况杂乱无序，自八旗制度建立之后，情况大为改观。努尔哈赤曾对诸贝勒大臣说：“推尔等之意，以为国人众多，稽察难遍。不知一国之众，以八旗隶之，则为数少矣。每旗下以五甲喇而分隶之，则又少矣。每甲喇以五牛录而更分隶之，则又少矣。今自牛录额真以至什长，递相稽察，各于所属之人。自膳夫牧卒以及仆隶，靡不详加晓谕，有恶必惩，则盗窃奸宄，何自生哉。”① 由此可知，八旗建立之初管理已很严密，凡八旗之人俱受约束。

八旗入关之后，制度更加缜密。

在八旗人丁管理方面。雍正五年规定，除八旗佐领下兵丁

① 《清太祖武皇帝实录》卷2，第9页，北平故宫博物院民国21年版。

严格管理之外，对闲散人丁加强详查。严格执行三年编审一次的制度，遇编审之年，凡十五以上、身高至五尺者，各佐领均查明并登记造册。同时满洲、蒙古旗下家奴及八旗家下壮丁，也俱列名册。一册保存于本旗，一册送户部存档。雍正七年又规定，以后八旗人等所生子女，满月后需报佐领注册，十岁时呈报本旗都统。凡抱养之子女也按此规定执行。如此以来，八旗之中几乎所有人丁均被造册入档，这样做虽然重在管理，但它产生的更为重要的后果是增强了旗人的自我意识，旗民之界限更为清晰。

此外，八旗还有一系列严密的制度。如在八旗土地制度方面，有“八旗土田规制”，包括畿辅、奉天、直省驻防等土田规制。在兵制方面，有“八旗甲兵规制”，包括在京、守陵、畿辅驻防、奉天驻防、各省驻防等甲兵规制。在八旗职官制度方面，有八旗官制、诸王属下官制、守陵武职官制、八旗驻防官制、八旗部院官制、盛京八旗官制等等。在学校制度方面，有国子监、八旗官学、宗室学、觉罗学、咸安宫官学、景山官学、八旗义学、盛京八旗官学、黑龙江两翼官学等等。在营建方面，有诸王府第规制、八旗都统衙门规制、八旗驻防衙门营房规制、八旗房屋规制等等。另外还有八旗俸禄制度、八旗军礼制度、八旗婚礼制度、八旗丧礼制度、八旗官员品级制度以及缺除授升补制度、八旗法律制度、八旗军令制度、八旗军功制度等等，可谓详备。

以上这些制度产生的一个重要后果，是强化了旗人对八旗的人身依附。每一个旗人都在八旗制度的严格管理之中，他们无法摆脱这种束缚，同时他们如果脱离八旗则又难以生存。

八旗制度对上层、中层、下层旗人的管理都极严密。除上文所举对旗人有严格的户籍人丁管理制度之外，其他方面的束缚也所在多多。以宗室王公而论，宗室王公亦分隶各旗，并设宗人府管理，有相应的册封、俸禄、朝仪、仪仗、服饰等制度。而宗人府专为管理宗室而设，其职责为主掌有关宗室之政令、玉牒纂修、封爵、议叙、惩罚、教育以及族务诸事，有关宗室事务几乎无所不包，故宗室成员均在八旗控制之中。

八旗中的各级官员是维系八旗正常运转的关键阶层，所以相关管理制度极为缜密。《钦定八旗通志》等史籍中，详细记载了六部、府衙、部院以及八旗都统以下，笔帖式以上各级官吏的设置、升转、题补、候补、补放、开缺、降级、议叙、违限等规定，八旗驻防之地亦不例外。由是八旗各级官吏各司其职，环环相扣，使八旗成为严整而细密之整体。

八旗的官制既如此严密，对八旗兵丁之管理自然也就非常周全。“本朝兵制，各旗官员、兵丁户口属籍，无不隶于都统。至于简用充补，自骁骑营而外，则各该管大臣分领焉。”①以京师八旗为例，设有领侍卫府、骁骑营、护军营、圆明园护军营、步军营、火器营、健锐营、虎枪营等等，各旗也均有划定的驻防居住之地，不得擅离本旗。盛京、吉林、黑龙江、直隶、山东、山西、河南、浙江、福建、广东、湖广、四川、陕西、甘肃、伊犁、西北各处驻防，皆有详细规定之各级官员数额及兵丁数额，设置既细，管理亦严。同时还规定了各种恩恤政策，如养廉、封荫、叙功、受伤、阵亡、休退、赏恤等皆有细致规定。以此八旗各级官员、各类兵丁无不在八旗制度的统辖之中，即其家眷子女亦不例外，旗人在人身方面依附于八旗，是他们自身无法选择的一种历史现实。

对下层旗人的控制也极严密，除八旗佐领下人之外，地位

① 《钦定八旗通志》卷32，兵制一，第562页，吉林文史出版社2002年版。

更低的是八旗满洲包衣佐领下人、包衣管领下人和户下人。包衣佐领和管领下人多是被俘之人和罪犯以及买入之人口，是本旗旗主之私属，因此除了朝廷规定的制度之外，旗主对他们的管理更为严酷。上三旗包衣佐领下披甲之人主要承担内廷守卫、扈从出行职务，男妇则主要担任尚膳茶、鹰狗房、行宫管理、御药、造办等差使。管领下人主要工作是分管承应供用等事，凡内廷洒扫糊饰，及三仓出纳酒菜器皿，皆司之。包衣管领下人地位不如包衣佐领下人，包衣佐领下人地位不如八旗佐领下人。故乾隆朝以前规定包衣管领下女子，不准聘与包衣佐领下，包衣佐领下女子，不准聘与八旗佐领之人。在这当中，上三旗之包衣佐领、管领地位又高于下五旗，因上三旗包衣主要为皇帝服务，下五旗包衣则为王公旗主服务，不过对有军功劳绩者可拨出归入旗分佐领。至清中叶，皇帝认为包衣佐领、管领下人皆系满洲旧仆，给予他们更多出路与宽松的政策。如乾隆年间，镶黄旗满洲包衣佐领下人英廉，官至刑部尚书、大学士；原隶镶黄旗包衣佐领的高斌，官至河道总督、文渊阁大学士。

包衣佐领、管领下人虽然地位低下，但是他们担任的是直接为皇帝旗主服务的差事，入关之后历经数代，旗主对他们给予了特别的信任，有一种封建社会主与仆的关系与感情，在许多情况下，他们对八旗的依附更为紧密。

户下人的情况有些不同。他们是依附于正身旗人的一个阶层，没有户籍，是旗人的奴婢、壮丁和各种差丁，完全是旗人的私属。他们世代为奴，可以被售卖、责罚，无人身自由。自乾隆元年（1736），凡主人认为效力年久的，可准其开户，即为另记档案人。乾隆三年（1738）同意主人放出契买家人为民。乾隆二十一年（1756）另记档案人可出旗为民。除出旗者之外，留于八旗中的奴婢壮丁情况也有了较大变化。

留下来的奴仆多系"旧人"，与主人关系深远而紧密，地位也在慢慢变化。如乾隆五十五年（1790）上谕："庄头俱系旧人，伊等子弟，亦著考试。"① 另如雍正朝大将军年羹尧因平青海功，封一等公，其家奴魏之耀赏四品顶戴，家产不下十数万金。大学士和珅家奴刘全、呼什图亦有家产数十万金。此外，另记档案人等如有军功亦可奉旨转入正户，成为正身旗人，享受旗人待遇。至于官庄中的壮丁，在清朝末年已被承认为正身旗人。"此项官庄壮丁，既与庄头同册并列，已属册档有名，曾准置买旗地，即与正身旗人无异。"②

从以上情况可以看出，各类旗人在八旗制度约束下，必然产生依附于八旗的后果。他们的生活方式、组织形式、心理状态、道德思想，自然与民人有所不同。在这种情况下，八旗意识的产生也就在自然的情理之中了。

（二）八旗共同的社会生活

八旗的社会生活条件在许多方面与民人有所区别，这也是八旗意识形成的主要因素。

1．八旗特殊待遇。八旗的特殊待遇表现在各个方面。以旗人出路而言，一般旗人可以挑补甲兵，有一定背景的旗人可以通过荫封和挑补专为旗人设置的各种不同官缺，还可以通过科举入仕。同时，朝廷还为旗人在政府机构中设立专门的职位，如六部之中的吏部，从尚书到笔帖式共122人，其中旗人职位104个。其他各部大同小异。另外还有专为旗人设职的内

---

① 《总管内务府现行则例·会计司》卷4。

② 《谕折汇存》光绪十七年十月十八日裕禄奏文。

务府、领侍卫内大臣、步军统领、前锋护军统领、八旗都统等一系列官位和职务，使旗人的出路更为宽广，而民人入仕基本上只有走科举一途。

在法律上也是旗民不同刑。旗人犯罪一般是另行处理，如《大清律》中规定，凡旗人犯罪，笞、杖，各照鞭数责。军、流、徒，免发遣，分别枷号，显然与民人的处理不同。

八旗更为重要的待遇是除分给田亩之外，还有固定的俸饷和粮米，这基本保证了旗人的生活。此外，对八旗之人还有许多特殊的赏赉和照顾。如对“八旗贫苦、孤独无有生业者，每月各给银一两、米一斛”①；“前锋、护军、领催、兵丁阵亡并被伤身故者，其妻支给饷银、饷米”②。对年老或因伤废退休之官员，给予半俸。对于八旗下层官兵的婚丧之事考虑得也很周到。康熙六十一年（1722）决定：“八旗出征满洲、蒙古、汉军兵丁，效力行间，劳苦堪悯，所借银两，尽与豁免。”③ 雍正元年定，“八旗护军校、骁骑校、前锋、护军、领催等，喜事拟给银十两，丧事二十两。马甲等喜事拟六两，丧事十二两。步兵及食一两钱粮执事人等，喜事拟四两，丧事八两。”④ 这种情况在有清一代经常发生。另外对八旗还有各种名目的赏赉，如登极、亲政、万寿、册立、特恩、谒陵、殿工等赏赉。

---

① 《八旗通志》卷53，典礼志四，第1015页，东北师范大学出版社1985年版。

② 《八旗通志》卷54，典礼志五，第1030页，东北师范大学出版社1985年版。

③ 《八旗通志》卷54，典礼志五，第1033页，东北师范大学出版社1985年版。

④ 《八旗通志》卷54，典礼志五，第1034页，东北师范大学出版社1985年版。

以上种种做法和措施增强了旗人的感情和凝聚力，使"八旗禁旅为国家根本所系"的观念深入人心，从而增进了旗人的责任感和旗、民不同的意识。

2. 居处相近。八旗入关之后，呈大分散而小聚居的状态。约半数之人口留驻京城，另半数之人口分驻各地。无论驻扎何地，他们都独立居住，不与民人混杂。

留驻京师者主要驻扎在北京内城，以旗别之不同分驻不同方位。又于畿辅各处分别设立驻防八旗拱卫京城。直省驻防虽规模较小，情况有所不同，但是形式上基本一致。或于原城中圈占民房，或另建新城，均为独立的体系。如《荆州驻防八旗志》载："康熙二十二年，旗兵设防于此，虑兵民之杂而也，因中画其城。自南纪门东，迄远安门西，缭以长垣，高不及城者半，名曰界城。其东则将军以下各官及旗兵居之。迁官舍民廛于界城西。"① 绥远八旗驻防则是在归化（今呼和浩特市西城区）城东北五里处另建的新城。雍正十三年（1735）始建，乾隆初年建成，城内建有各级衙门、关帝庙等，并建教场、演武厅、仓库、粮仓、学校、八旗官兵之住房②，完全是自成体系。其他驻防八旗的情况也基本如此。

有清一代，八旗的完整性和系统性一直被不断加强。各层组织的设立和制度的严密，使八旗一直保持其独立性。京师八旗的情况自不必说，驻防八旗的情况也是如此。其最高长官除负责保卫地方、训练军队外，举凡婚丧、诉讼、教育、救济，乃至生活中种种琐事，均在其管辖之内，但却不参与地方事务。而地方之官员，亦不准干预旗人事务。对于八旗之管理原

① 《荆州驻防八旗志》卷四，建置志第一。城内军事设施、官衙、生活设施乃至学校、庙宇，一应俱备。

② 《绥远旗志》卷2，城垣，第368页，辽宁大学出版社1994年版。

则上也不再分满洲、蒙古、汉军，凡本驻防之旗人，统按八旗规制管理。如此以来，使居处相近的驻防八旗内部关系更加紧密，也更划清了与民人的界限。

3. 相同或相近的生活方式。由于受八旗制度的制约和生活环境的限制，八旗满洲、蒙古和汉军的生活方式总体上是相同或相近的，并且在不断地交融。

以直省驻防八旗为例。驻防八旗的形式分为数种，有仅为八旗满洲者，如成都；有满洲、蒙古合驻者，如江宁、开封；有满洲、蒙古、汉军合驻者，如西安、绥远。有以汉军为主的驻防者，如福州、广州。驻防八旗的组成成分虽然各地有所不同，但是在规制与管理上却是统一的。满洲、蒙古驻防之地自不必说，以单独由汉军驻防的福州而言，也是如此。《福州驻防志》卷一“圣谟”中言：“盛京及各省大小驻防建置之始，虽满洲、蒙古、汉军八旗、四旗之不同（注：福州驻防为汉军镶黄旗、正白旗、镶白旗、正蓝旗），而官员之铨补，甲兵之操演，刍粮之赡给，军械之修整，仰烦历圣诰诫者，莫不恪遵而共戴也。”① 如习射演枪、旗营合操、演放炮位、旗营大点、巡查城门，以及补放官员、挑补甲兵、编审丁册、官兵俸饷、红白事赏银、旌表节孝、官员守服等等，皆与京师及其他驻防八旗相同，八旗之规制传统由此而得以保持。

为了保持八旗的独立性，清廷特别在“国语骑射”和文化教育两方面提出了严格要求。自入关以来，清廷一直强调“骑射国语乃满洲之根本，旗人之要务”，这种要求并非仅对满洲而言，而是针对整个八旗。嘉庆以后对旗人的这种要求也丝毫没有放松。如嘉庆帝《御制八旗箴》就提出“国语勤习，

① 《福州驻防志》卷1，第546页，辽宁大学出版社1994年版。

骑射必强”。道光十八年（1838）五月上谕中说：“各省额设驻防，相沿已久，立意深远，自应以骑射清语为重。”咸丰四年（1854）上谕中说：“八旗人员，骑射清文是其本务。即使于清文义理不能精通，亦岂有不晓清文、不识清字，遂得自命为旗人之理？”① 旗人必须精通“国语骑射”，汉军当然也不能例外。这在雍正五年给福州副都统阿尔赛的一条上谕中说得更为清楚：“尔福建汉军，原是旗下，若不晓满文，即昧根本，尔回去时必教导他学满洲话、满洲书方好。”② 由此国语骑射也成为汉军的本务。

以此相同或相近的生活环境，造成了八旗心理和意识上的接近。

4.“汉军出旗”所产生的影响。由于八旗人口繁衍迅速，自康熙末年始“八旗生计”问题已初现端倪。乾隆七年（1742）始令京师汉军出旗，但效果甚微。于是汉军出旗的重点转向驻防八旗汉军。除东三省和伊犁驻防的汉军，以及驻防福州三江口水师营汉军和驻广州半数汉军未被出旗之外，直省驻防汉军，如驻福州、京口、杭州、绥远、凉州、庄浪、西安等驻防之地的汉军，基本被全数出旗。

除了大批汉军被出旗为民之外，一部分旗下开户和另记档案人也被出旗。乾隆二十一年（1756）下令：“著加恩将现今在京八旗、在外驻防内另记档案及养子、开户人等，俱准其出旗为民。”③ 一部分汉军和开户人等被出旗为民之后，“八旗生计”问题虽未得到彻底解决，但是在一定程度上得到了缓解，八旗的生活条件较以往要相对稳定。“汉军出旗”所产生的另

① 《荆州驻防八旗志》卷3，敕谕，清光绪九年刻本。

② 《福州驻防志》卷9，官学，第625页，辽宁大学出版社1994年版。

③ 《清高宗实录》卷506，乾隆二十一年二月庚子。

一个重要后果，是促进了“只分旗民，不分满汉”观念的形成，无论是旗人还是民人，对此都有一致的认识。

在八旗汉军中的一部分被出旗之前，满洲、蒙古、汉军的区别较为明显。自一部分八旗汉军被出旗之后，关内直省驻防中汉军甚少，驻防之满洲与蒙古成为八旗之代名词。而在京城之中，除另户旗人之外，开户、记档案人及旗人养子被陆续出旗，八旗中所保留的闲杂人员数量减少，成分也相对单纯。从汉军情况看，留于旗内的多为“从龙入关”的“旧汉军”，这部分人一直留在了八旗之中，“旗人”的资历很深。

同时，在八旗满洲中的包衣佐领、管领之内，除有满洲、蒙古人外，还有高丽佐领、回子佐领，以及由原为汉人组成的旗鼓佐领。八旗满洲中，还有由达斡尔、鄂温克、锡伯等组成的“新满洲四十佐领”，以及由蒙古人组成的佐领。可见八旗之中尤其是八旗满洲之中，民族组成成分最为复杂。不过尽管如此，他们仍通称为八旗满洲，相互之间的区别逐渐淡化。

在这种情况之下，随着大量汉军被陆续出旗，强化了留在八旗之内的旗人对自己身份的认识。被出旗为民者也有不少不愿出旗，后又经过经营复入旗档占有兵丁额缺的人。这是因为旗人不善务工经商，世代以来依赖于八旗，旗人的思想和生活已成模式，难以一时改变之故。鉴于这种情况，乾隆二十七年（1762）五月下令再次甄别，“今此等业经为民，复入旗档之人内，如果十五日限其自行出首，不过不治其罪亦不赏赉而已”；“如尚隐忍不肯自行出首，至限期已满，经大臣等查出，从重治罪”①。经过这次大清查，应出旗者基本全被出旗，留于旗内者皆为核心力量。故乾隆二十八年（1763）二月初十

① 《钦定八旗通志》卷12，敕谕六，第252页，吉林文史出版社2002年版。

之上谕中强调“满洲、蒙古、汉军皆朕之世仆”[1]。因此汉军及另记档案人等的出旗不仅是八旗史上的一个重大事件，也是八旗意识被强化的一个因素。自此以后，八旗中满洲、蒙古、汉军的旗别意识有所减弱，而以八旗为整体的旗人意识得到强化。

（三）八旗共同的政治利益

共同的政治利益是维系八旗一体的政治基础，也是八旗意识产生的主要条件之一。

八旗建立之后，始终有着共同的政治利益，而政治利益的不断获得，不仅巩固了八旗的地位，也增强了八旗内部的凝聚力。

政权的建立与巩固扩大是政治利益的依托。努尔哈赤于1583年起兵，1587年在费阿拉“定国政”，1616年在赫图阿拉建立后金政权，1636年皇太极改国号为大清政权，1644年八旗入关，夺取北京成为统治全国的政治中心。在不断发展的过程中，八旗的政治利益也不断扩大。

从八旗内部来看，获得利益最大的是八旗贵族。其一是爱新觉罗家族，具体说便是清太祖努尔哈赤子侄及其后代。自努尔哈赤建立政权，一直到清代末年，爱新觉罗氏一直掌握政权的最高权力，也掌握着八旗的最高权力。其二是满洲贵族。被编入八旗之满洲是八旗的核心力量，其都统、参领都有重要的政治、军事地位自不待言，以佐领而论，八旗佐领大体分为勋旧佐领、世管佐领、公中佐领三种，勋旧、世管基本为世袭，公中佐领则选派有功劳者担任。如此以来，八旗满洲逐渐形成了贵族阶层，成为八旗制度的忠实拥护者与保卫者。其三是蒙

---

① 《钦定八旗通志》卷12，敕谕六，第255页，吉林文史出版社2002年版。

古贵族。八旗蒙古设立之前，已有大量蒙古人被编入八旗，其中蒙古贵族明安、古尔布什、莽果尔代、明安达礼、恩格德尔等，均得到优厚的待遇。八旗蒙古设立之后，一大批蒙古贝勒、台吉成为八旗蒙古的各级长官。与外藩蒙古相比，八旗蒙古的地位自不可与之同日而语，他们是特别受到朝廷善待的群体。八旗满洲与八旗蒙古的广泛通婚，也从一个侧面反映出八旗蒙古特别是蒙古贵族地位在政治上的优越。其四是汉军贵族。汉军贵族主要由三部分人组成，一为原地位低下早年入旗者，如范文程、宁完我、沈文奎等，属于“旧汉军”范畴。一为原在明朝为官身居要位者，如原任明朝总督后任清大学士的洪承畴、尚书率泰、都统左梦赓等，则属“新汉军”范畴。当然还有一部分人，他们原有一定的地位而又入旗较早者，如原为商人的佟养性，任游击世职，首领汉兵一旗。其侄佟图赖官至都统，加太子太保。侄女为康熙帝生母。佟图赖子佟国纲任都统袭一等公，本支由汉军改入镶黄旗满洲。佟氏一族在朝为官者甚多，有“佟半朝”之说。此外王、公、侯、伯、子各级爵位，汉军以及蒙古旗人也为数不少。如异姓王中，正红旗汉军孔有德为“定南王”，正黄旗汉军耿仲明“靖南王”，镶蓝旗汉军尚可喜为“平南王”，正白旗汉军孙可望为“义王”。在公爵中，正白旗汉军沈志祥为“续顺公”，正白旗汉军白文选为“承恩公”。在侯爵中，正白旗汉军朱之琏为一等侯，镶黄旗汉军马得功为一等侯。二等侯中有镶黄旗汉军田雄。正红旗汉军郑芝龙为同安侯，镶黄旗汉军施琅为靖海侯①。

此外，八旗汉军、蒙古中下层也多有被授各等级世职者，

① 《八旗通志》卷78，封爵世表四，第1533～1554页，东北师范大学出版社1986年版。

有轻车都尉、骑都尉、云骑尉等，均为世袭。因人数太多，仅举一例。镶黄旗汉军傅大受，“崇德七年，以军功授牛录章京，恩诏加至二等阿达哈哈番，军功加至一等，又一拖沙喇哈番。今汉文改为一等轻车都尉，又一云骑尉。”① 除此之外，对八旗满洲、蒙古、汉军还有其他表彰形式，如载入《八旗通志》名臣传、勋臣传、忠烈传、循吏传以及儒林、孝义、烈女传，增强了旗人的荣誉感。

政治地位是政治利益的集中体现，除了以上所列举的八旗具有特别的封授之外，八旗在清政府中也设有专门的各级官缺，在科举中设有特设的名额，在出征中有特设之军功，在法律中有特定之律条，在教育中则有特设之八旗各类官学、义学。总之，八旗与民人相比在许多方面都有其特殊性，使八旗的政治地位高于民人，八旗的政治利益也由此得到保障。

当然在八旗之中满洲、蒙古、汉军的政治地位有所不同，汉军的地位稍低，但这仅是八旗内部的差别，汉军也并未因此而减少维护八旗政治利益的热情。如在天聪年间，皇太极还未下决心攻占山海关进而攻取北京之前，一批汉军官员已经开始献策。《天聪朝臣工奏议》便收录了许多这样的奏章，很多都极力主张攻占山海关与北京，其心情较满洲、蒙古更为急迫。这种思想意识既是出自于对本身利益的考虑，也出自于对八旗利益的考虑。如果攻占北京进而夺取全国政权，那么汉军包括八旗的利益就有了更大的保障。

在八旗入关、大清建立全国政权之后，整个八旗仍在各个方面努力为维护八旗的政治利益而奋斗。八旗政治利益的一致

---

① 《八旗通志》卷 103，世职表二十一，第 2443 页，东北师范大学出版社 1986 年版。

性和八旗政治地位的稳固，成为大清政权的根基。

（四）八旗共同的经济利益

共同的经济利益也是维系一个社会群体的基本条件。

八旗在入关之前，主要是通过战争抢掠人口、财物、土地和牲畜，这成为他们的主要经济来源。这些掠获之人畜物品，大部分“八家分取之”，凡出征之甲士也多有收获，这就是当时所说的“抢西边”和“捉生”。此外，抢占的大量土地也按“计丁授田”制度分配给八旗。此时八旗之人已较富裕，故已开始征赋，《满文老档》天命八年（1623）二月初十载，“一年每男丁应纳之赋：官粮、官银、军马饲料，共银三两”。不过此时获得利益最多的是女真（满洲）人，其次是投顺的蒙古人和部分上层汉人。

自天聪朝开始，随着八旗蒙古和八旗汉军的单独编旗，八旗中蒙古和汉人的地位开始上升。八旗入关之后，大清成为全国性政权，“抢掠”已不是八旗进行战争的主要目的，占有更多的土地，开展农业生产成为八旗的主要经济来源。

八旗入关之初便开始圈占土地，至康熙二十四年（1685）才最后停止。据《八旗通志》记载，各旗均占有大量耕地，如镶黄旗满洲、蒙古、汉军三次给“共壮丁地三十九万三千八百九十垧”①，正黄旗满洲、蒙古、汉军“共壮丁地三十九万二千三百九十六垧九亩”②。自诸王贝勒以下至壮丁皆分给土地，顺治二年（1645）定：给诸王、贝勒、贝子、公等，大庄每所地一百三十垧，或一百二十垧至七十垧不等。半庄每

---

①②《钦定八旗通志》卷69，土田志八，第1206、1207页，吉林文史出版社2002年版。

所地六十五垧，或六十垧至四十垧不等。园每所地三十垧，或二十五垧不等[①]。王以下各官所属壮丁给地六垧[②]。除农庄之外，各级官员还拨给园地，顺治五年题准：“亲王给园十所，郡王给园七所，每所地三十垧”，“公、侯、伯、子各三十垧，男二十垧，轻车都尉十五垧，骑都尉十垧”[③]。因为制度规定，旗人不许擅离驻地，不许务工、经商，所以尽管八旗下层兵丁生计较为困难，但还算有基本保障，他们的经济来源几乎全部依靠八旗制度，故这种经济关系对他们来说是至关重要的。

除土地之外，八旗各级官员兵丁皆有固定钱粮收入，且较汉官、绿旗营兵待遇优厚。如王公俸禄，自顺治元年始，定王公俸禄额数，屡有变化，至乾隆末年定例：亲王岁银10000两，米5000石；郡王岁银5000两、米2500石……至最低等级的宗室封爵奉恩将军岁银110两、米55石。另外公主、郡主、县主、县君、乡君及其额驸也都有固定的俸禄[④]。以上为宗室情况，此外之一二三等公、侯、伯、精奇尼哈番、阿恩哈尼哈番、阿达哈哈番等等也有规定的钱粮俸禄[⑤]。

八旗满洲、蒙古、汉军各级官员的俸禄也俱按品级发给。如雍正十年（1732）议准，八旗官员中都统、尚书给银180两、米180斛，副都统、侍郎岁银155两、米155斛，参领、一等侍卫、郎中岁银130两、米130斛。佐领、二等侍卫、员

---

①②《钦定八旗通志》卷62，土田志一，第1112页，吉林文史出版社2002年版。

③《钦定八旗通志》卷62，土田志一，第1115页，吉林文史出版社2002年版。

④《钦定八旗通志》卷78，典礼志一，1343页，吉林文史出版社2002年版。

⑤《八旗通志》卷45，职官志十二，第858页，东北师范大学出版社1986年版。

外郎岁银105两、米105斛。三等侍卫、主事岁银80两、米80斛。护军校、骁骑校、六品官岁银60两、米60斛。七品官岁银45两、米45斛。八品官岁银40两、米40斛①。

八旗兵丁的钱粮自清初以来屡有变化，至康熙九年（1670）题准：前锋、护军、领催，月给饷银4两；甲兵，月给饷银3两②，并给米若干。

八旗官兵除都有俸禄钱粮之外，还有一些特殊的待遇。如官兵之休退、阵亡、受伤都额外加给钱粮。出征作战，各级官兵也都有数额不等之钱粮补贴。如雍正七年（1729）十二月上谕中云："平时因八旗兵丁乃国家根本，所以养之者恩甚高厚。偶有差遣征剿之事，复加意体恤，赏给各项银两、行粮之外，复给坐粮，所以筹画其用度养赡其身家者，至周至渥矣。"③ 此外，八旗在住房、坟地、养老、抚恤、荫叙等等许多方面，都有周密的制度安排。在这种情况下，尽管后来出现了"八旗生计"问题，旗人的生活水平有所下降，但旗人依附于八旗生存的本质没有变，他们依赖于八旗而生存的心理也没有变，八旗制度仍然是旗人经济利益的基本保障。

（五）八旗文化之基础

八旗是一个切实存在的有具体社会属性的群体。它有与"民人"相区别的政治、经济、军事体制，这种区别必然会导致相应文化即八旗文化的产生。

---

① 《八旗通志》卷45，职官志十二，第862页，东北师范大学出版社1986年版。

② 《八旗通志》卷29，兵制四，第550页，东北师范大学出版社1986年版。

③ 《钦定八旗通志》卷首10，敕谕四，第212页，吉林文史出版社2002年版。

八旗文化以八旗制度为制约条件。八旗之中，有共同遵守的政治、经济、法律、军事和等级制度，有共同遵守的社会生活制度和生产制度，有与“民人”相区别的社会地位。故而他们有在共同条件下产生的思想、伦理和道德观念，有在共同利益基础上产生的群体心理，有基本一致的群体性格，有与时代相适应的崇尚追求与目标，有相同或相近的文化（包括文学艺术）风格，有群体内相互认同的浓郁情感，这一切既是八旗文化的本身，也是八旗文化的基本内涵。

在八旗之中，占据核心地位的思想文化是八旗满洲文化，但这并不是八旗文化的全部，同时存在的还有其他民族文化特别是汉族文化和蒙古族文化因素。应该弄清楚的是，八旗文化并不是多民族文化的简单组合，它是在多种文化融合的基础上形成的。它的主要来源，一是女真传统文化，一是汉族儒家文化，一是蒙古传统文化。不过在八旗文化中这三种文化的内涵与样式也都发生了变化。

在八旗中，满洲文化的形成是女真转化为满洲的主要条件。女真向满洲转化过程中，吸收汉族文化和蒙古族文化是一个关键。

在明代中晚期，女真仍处于部落制阶段，不具有高层次成熟的文化传统与结构，从这个时期开始他们大量吸收了汉族文化和蒙古族文化，致使其文化迅速发展。

在满族肇兴时期应该说吸收最多的是蒙古族文化。自古以来女真与蒙古居处相近，习俗相仿，认同感很强。1607 年，努尔哈赤曾向朝鲜表白“我是蒙古遗种”①；1620 年，曾向察

---

① 吴晗辑：《朝鲜李朝实录中的中国史料》，《朝鲜宣祖实录》卷 22，第 2829 页，中华书局 1980 年版。

哈尔林丹汗说："我二国语言相异，然服发亦雷同"①，应结为联盟。1634年，皇太极也对察哈尔诸蒙古说："我与尔两国，语言虽异，衣冠则同。与其依异类之明人，何如来归于我"②，而认为明国、朝鲜属于同类。在事实上，当时也多在语言、制度上模仿蒙古。如汗、巴图鲁、札尔固齐、达尔罕、巴克什等名号皆采自蒙古，并借用蒙古字而创制出满文。在女真三大部中，海西女真与蒙古关系最近。据史书记载，海西女真中之叶赫部、乌拉部、哈达部中，均有蒙古族成分，他们所具有的蒙古族文化一定会影响其他女真各部。

满族文化在形成发展中吸收最多的还是汉族文化。

女真在转化为满族乃至在继续的发展中，一直没有停止对儒家思想文化的吸收。这种吸收经历了一个从不自觉到自觉的过程。努尔哈赤早年曾在汉族地区生活过，并懂汉、蒙古语言，《博物典汇》记载他好看《三国》《水浒》二书。这两部小说主要宣扬忠义思想并表现了大量的军事谋略，而这一切都是以儒家思想文化为出发点。儒家思想道德的推行，对规范归附不久的女真各部及其他人等产生了巨大影响，使八旗社会的社会秩序向有序化发展。

到了皇太极时期，儒家思想和伦理道德得到了进一步推广。在汉官的建议下，皇太极不仅自己学习儒家经典，还下令翻译《通鉴》《六韬》《孟子》《三国志》《大乘经》等典籍，八旗子弟也入学校学习这些汉文典籍，使儒家思想和伦理道德向中、下层渗透。《清太宗实录》天聪六年（1632）七月记："初我国未谙典故，诸事皆以意果行。达海始用满文译历代史

① 《满文老档》上册，第130页，天命五年正月十七日，中华书局1990年版。

② 《清太宗实录》卷18，第27页。

书，颁行国中，人尽通晓。"皇太极本人受汉文书籍影响也有许多例证。如天聪七年（1633）六月："上曰：昔张飞尊上而凌下，关公敬上而爱下，今以恩遇下，岂不善乎？"① 皇太极在沈阳所建宫殿之后宫，其中"关雎宫"、"麟趾宫"皆取自于《诗经》，其影响之深可见一斑。

八旗入关之后对汉文化的吸收更为深广。

首先，建立了正规的学校以教授八旗子弟，八旗官学、宗室学、觉罗学、景山官学、咸安宫官学、八旗义学，以及各驻防八旗学校相继建立，学习的内容主要是满、汉文义和翻译的汉文典籍及原文汉文典籍，致使八旗子弟对儒家思想和伦理道德有了系统深入的领悟。

其次，在学习汉文化的同时，八旗之人对汉族传统的书画和文学产生了浓厚的兴趣，他们不仅熟读了汉族历史悠久的诗词文赋和小说，而且积极参与创作。深厚的汉文化基础和对汉文学的喜爱，使八旗之中许多人走上了文学创作的道路。

第三，入关之后，八旗在汉文化方面不仅达到了进入自由王国的程度，而且能够总结汉文化了。康熙朝编纂《康熙字典》《古今图书集成》《全唐诗》等大型图书；乾隆朝编纂空前规模的《四库全书》，都是他们在汉文化方面达到了相当高的水平和能力的象征。

第四，入关之后，儒家的大一统、仁政勤民等核心思想，也无不成为八旗思想的主体。这既使八旗融入了中国整个的大社会之中，又使八旗在保持自身特点的同时增强了自我认同意识。因此可以说，旗人中普遍存在的思想道德观念既有其特征，又与民人之思想道德观念传统相联系，而这一切正是八旗

① 《清太宗实录》卷14，第11页。

文化产生发展的基础。

另如在制度上依照明朝制度。依照明朝制度是八旗学习汉文化的一个重要方面，这种学习有些是“照搬”，有些则是“参汉酌金”。尽管如此，其本质仍是吸收。

依照明朝制度表现在多方面，如设立政权机构六部，制定等级制度、典礼制度、服饰制度、科举制度等等。在法律方面，《大明律》成为《大清律》的蓝本。这些方面在入关之前已见端倪。入关之后各项制度愈加严密详备，如六部于天聪五年（1631）七月设立之初，官制设置较为简单。八旗贝勒分管各部事，其下每部设满洲、蒙古、汉军承政各一员，参政八员，启心郎一员至三员，笔帖式若干。而入关之后各部官员不仅职位增加，而且八旗满洲、蒙古、汉军以及汉人皆有定员。如六部之中的吏部，设满洲、汉人尚书各 1 人，左右侍郎满洲、汉人各 1 人，文选司郎中满洲、蒙古、汉人各 1 人，文选司员外郎满洲、汉人各 1 人，文选司主事满洲 1 人、汉人 2 人，考功司郎中满洲 3 人、汉人 1 人，考功司员外郎满洲 2 人，蒙古、汉人各 1 人……笔帖式满洲 57 人，蒙古 4 人，汉军 12 人。六部的这种官制虽形式上模仿了明朝式制，但却兼顾了八旗和汉人任职额数，在一定程度上平衡了八旗和汉人的关系。

又如实行科举制度也是从汉人处学来，天聪八年（1634）四月举行第一次科举，崇德三年（1638）八月、六年（1641）七月又相继举行科举，然仅考取秀才、举人。入关之后，顺治元年（1644）在汉人中举行科举，八年（1651）在八旗中举行科举，此时为满、汉分榜。顺治九年（1652）汉军归入汉榜。康熙六年（1667）八旗的文化水平已与汉人相去无几，

“八旗满蒙汉与汉人同场，一体考试”[①]，八旗满洲向汉文化的靠拢，使八旗蒙古对汉文化有了更深层次的认识，使八旗汉军原本就具有的汉文化情结得到舒展。与此同时，八旗蒙古、汉军在八旗制度环境中，也从未停止过吸收满洲文化，这种在同一环境中的文化交融，使八旗整体的思想文化有了共同的基础。但是我们还应看到问题的另一个方面，即八旗从未放弃过坚持继承属于自己的特色文化，如祭祀、风俗、语言、骑射、服饰等等，一直是他们坚守与发扬的文化要素。

以上两方面的因素使八旗的心理、观念、道德、伦理、文化追求与文化特色方面，形成了自身的系统与内涵。这种由特殊群体组成，在特定环境条件下产生的八旗文化，便成为八旗意识形成的最为直接的条件。

余　论

“八旗制度”是中国历史上出现过的一种具有极为特殊意义的社会制度，“八旗”是一种极具创造力的社会组织形式，“旗人”是中国历史上从未出现过的由多民族组成的社会群体。在中国历史、中国文化思想史和中国民族关系史上具有崭新的面貌，并具有深刻的历史与现实意义。它所蕴涵的社会、民族、思想、文化、心理、意识、伦理等方面的内涵，以及由此而产生的对中国历史发展所起到的作用，都非常需要认真对待。

应该承认，八旗制度至清代中后期，表现出种种弊病，但我们应该更多地认识了解它存在的积极内涵和它存在的必然性。从某种角度来看，八旗制度是中国历史和中国民族关系发

① 福格：《听雨丛谈》卷7，第150页，中华书局1984年版。

展到一定程度的必然产物，这种打破民族界限由多民族结成联盟现象的出现，表明中国民族间的认同程度已有所增强，是在中国民族关系出现良性运转的大前提下实现的，因此八旗的出现就有了适应历史发展趋势的合理性，也因之在中国历史的进程中发挥了种种作用。

就八旗意识而言，尽管旗人将八旗之各族人等视为本社会集团群体，而将“民”（汉人）、“丁”（蒙古人）、“回”（维吾尔等人）、“番”（藏人）划出本群体之外，但是在“国家”的大概念下，亦视民、丁、回、番人等为一体，并未将其视为异类。八旗入关面临的最大现实是要建立一个“大一统”的天下，故视天下为一体，统一全国、奠定版图，是八旗的最高目标。在这种认识之下，以八旗为核心建立一个各族共存的一统天下的国家，成为八旗意识中另一个极为重要的内涵。这也是八旗能够长期存在，并在统一中国过程中扮演了重要角色的社会背景与民族背景。雍正帝对此曾有过明确的表述：“我朝肇基东海之滨，统一中国，君临天下，所承之统，尧舜以来中外一家之统也；所用之人，大小文武中外一家之人也；所行之政，礼乐征伐中外一家之政也。内而直隶各省臣民，外而蒙古极边诸部落，以及海澨山陬、梯航纳供之异域遐方，莫不遵亲，奉以为主……总之，帝王承天御宇，中外一家也，上下一体也。”① 从历史事实来看，有清一代在制定各项政策法律，实施各项措施之际，“中外一家，上下一体”的确成为八旗的基准点。而清朝能够实行近三百年的统治，并出现了“康乾盛世”的繁荣局面，以及中华各民族相互认同感和凝聚力较以往朝代的明显增强，都与八旗的这种思想意识有密切的关

① 《荆州驻防八旗志》卷2，敕谕，清光绪九年刻本。

系。

总之，在中国最后一个封建历史时期，八旗在国家统一、经济发展、民族融洽、文化进步等诸多方面，都起到了一定作用，而这种作用的实现，无不与八旗意识相关联。八旗意识不仅表现在对本社会群体的认同感上，也表现在对中华各民族的认同感上，这是八旗意识中不可或缺的两大内涵。因此可以说，八旗意识中所具有的积极意识的内涵，突出表现了中华各民族密不可分的本质关系，从而丰富和巩固了国家意识和爱国主义意识。那么今天对“八旗意识”进行系统深入的理性研究，了解中华民族在最后一个封建时期的走向以及对今天的影响，也就具有了重要的现实意义。

八旗入关前满洲的民族认同意识

自明代中期以来，女真人各部较为分散，由于社会进程缓慢而又生产力低下，政治、经济和文化资源均较贫乏。为争夺资源与利益，各部之间长期处于“强凌弱，众暴寡”的局面之中。虽同族子孙，亦常互相侵害。这一时期的民族整体意识与民族认同意识极为薄弱，民族之自觉意识尚处于蒙昧之时期。这种情况的改变，始自建州女真努尔哈赤起兵后。后金（清）在掌握了足以使其强大的政治的、经济的和文化资源的同时，通过对女真各部的整合，改变了原来女真各部的松散与敌对的局面。八旗制度的建立使女真各部成为一个整体，女真人的民族自我意识与民族认同意识也由此而逐渐增强，而将长白山为发祥地以白山黑水为祖居地的民族意识，成为女真（满洲）自我意识与认同意识的核心内容。这种现象的产生，也成为女真（满洲）登上历史舞台并左右了历史发展的深层原因。

努尔哈赤起兵以来，女真（满洲）迅速崛起并在政治和军事力量强大的同时，满族起源的正统性越来越受到重视。满族入关之前，满族的族源意识逐渐形成为民族意识中的一种自觉意识。这种自觉意识的存在，标志着女真向满洲演变的完成和满族已经逐渐成为一个“自觉”的民族。至康、乾之际，满族对自身民族的族源进行了系统的总结，出现了《盛京通志》《八旗通志》《八旗满洲氏族通谱》和《钦定满洲源流考》这些极具权威性而又影响深远的史书，并成为满族族源意识异常强烈的集中表现。不过，这种表现却是在入关前民族认同意识的基础上实现的。本文仅对满族入关前的民族认同意识作以论述，这种同族之认同意识与认为满族发祥于白山黑水，有着直接而密切的联系。

一、努尔哈赤时代的民族认同意识

明代时期，中国东北主要有汉、蒙古、女真等民族。无论从历史角度还是从现实角度看，当时各个民族对这种情况都是认同并十分清楚的。正是由于这个原因，努尔哈赤起兵之后，重点是将女真各部纳入到势力范围的直接掌控之中。在建州、海西、野人女真各大部之中，他首先重点征服建州女真诸部，次扈伦四部，次东海女真之意图及行动，已表明了他整合女真诸部的战略构想，并以此产生了实际效果。

明代女真追寻民族之历史与源流，是从努尔哈赤时代开始的。努尔哈赤起兵之后势力逐渐强大，随之建立地方政权。政权之建立除了要建立机构、制度、法律以及社会组织之外，作为新兴的政权，还要有自己的太庙、堂子及明确的世系源流，以证来源之正并增强民族内部的凝聚力。

努尔哈赤于1583年起兵之时，任建州左卫都指挥使，起兵之后十多年间统一了建州女真各部。在这段时间里，努尔哈赤开始追寻自己的祖系，他将本族的发源地确定在长白山东俄漠惠之野斡朵里城，最直系的祖先是六世祖猛哥帖木儿，并在明万历二十六年（1598）在赫图阿拉建祖陵。祖陵之中葬有曾任建州左卫督都的六世祖猛哥帖木儿，以及曾祖福满、祖觉昌安、父塔克世等先人，在《清太祖武皇帝实录》中详细记载了其自猛哥帖木儿以下之世系源流及祖先姓名。

对努尔哈赤来说，确认猛哥帖木儿为其祖先自有其道理。猛哥帖木儿属斡朵里女真，原住于三姓之地，这与《三仙女传说》中布库里雍顺在三姓建“满洲国”正好衔接。猛哥帖木儿辗转迁至赫图阿拉，曾任建州左卫都督佥事后升为都督之经历，在当时应该是比较清楚之事实。此时，努尔哈赤自认为是斡朵里部猛哥帖木儿之六世孙，故在与明朝、与朝鲜的公文中称为“佟（童）努尔哈赤”。猛哥帖木儿有时亦书作“童（佟）猛哥帖木儿”或“夹温猛哥帖木儿”，“夹温”汉姓写为“童”或“佟”，女真语中为“金”，这也是后来自称为“爱新觉罗”之所本。

努尔哈赤在建立政权之初，名为“后金”，是有承接前朝完颜部所建“大金”之意，这种意识也出自于认为本族与建“大金”之女真人为同族。对于此种情况史书虽然没有明确记载，但在朝鲜《李朝实录》中却记载“斡朵里乃大金支裔也”①。这种记录既能出现在《李朝实录》中，可以想见努尔哈赤对于本族“乃大金支裔”是相当清楚的，这在乾隆时期清高宗弘历所说的“盖我朝在大金时，未尝非完颜氏之服属”② 的话中也可以得到证明。故而努尔哈赤一再表示与“大金”有着密切关系的思想，也就屡屡出现在《满文老档》一类的史书之中了。

在《满文老档》天命七年（1622）四月档中，就记载了努尔哈赤与前朝大金的民族情感。

---

① 吴晗辑：《朝鲜李朝实录中的中国史料》，《李朝实录·燕山君日记》卷50，第651页，中华书局1980年版。

② 《清高宗实录》卷1039，第5页，中华书局1980年版。

大记天祚帝，强令我金太祖舞，因未从而欲杀之。太祖帝愤而兴兵征之，遂得大辽帝之业。①

在这段话中，努尔哈赤以“我金太祖”称之，即将“大金”王朝视为同族。努尔哈赤的这种认同曾多次申明。天命三年（1618）四月，“汗将金帝往事讲与蒙古贝勒恩格德尔、萨哈尔察部大臣萨哈廉二婿。”② 天命四年（1619），努尔哈赤云：“我大定汗曰：我金国征宋赵徽宗、赵钦宗帝时，朝鲜王不助宋亦不助金，乃公正之国也。”③ 天命六年（1621）五月，有人献“天会汗三年造”之钟，努尔哈赤云：“天会汗乃我先祖金国阿骨达之弟，名乌齐迈，号天会汗。因献我先祖朝古钟，著升官职，赏其送钟之人。”④ 都是将金朝作为同族而一再申明承续之意的。至于将所建政权称为“后金”或“金”，则更是这种民族意识的集中表现。在更深层次上还应该认识到，完颜部是生活在白山黑水间之女真部落，与建州及其他各部同属于肃慎——女真系之女真人，对完颜部之认同，即是对女真各部之认同。这在《清太祖武皇帝实录》中所记载的天命四年（1619）时，“自东海至辽边，北自蒙古嫩江，南至朝鲜鸭绿江，同一音语者俱征服”⑤ 之意完全相同。“同一音语者”，即同为女真人也，而这一地区正是“白山黑水”之区域。

从以上之史实可以看出，在努尔哈赤时代，不仅对同族族

① 《满文老档》上册，第378页，中华书局1990年版。
② 《满文老档》上册，第57页，中华书局1990年版。
③ 《满文老档》上册，第87页，中华书局1990年版。
④ 《满文老档》上册，第206页，中华书局1990年版。
⑤ 《清太祖武皇帝实录》卷3，第9页，北平故宫博物院民国21年版。

属之意识相当明确，而且对其祖先之发展经历以及历史，也都非常清楚。只不过今人由于史料之缺少而觉得模糊罢了，对于努尔哈赤时代的人来说，却应该是非常清晰的事情。努尔哈赤对“大金”的认同意义在于推进了女真各部之间的相互认同，并使女真各部对历史上曾有过的辉煌充满自信。

二、皇太极时代的民族认同意识

迨皇太极时期，发源于白山黑水之女真人为同族，在女真（满洲）人中得到了更为广泛认同。

在增强民族意识并以长白山为民族发祥地方面，皇太极做了三件大事。

其一，仍对前朝“大金”持认同态度。

皇太极时期的天聪初年以“金”自称，对完颜部所建“金”仍持认同态度。天聪三年（1629）七月，在致袁崇焕书中大谈辽金元之史事，与努尔哈赤之见完全一致。如皇太极曾言：“昔大辽为天子，金太祖系大辽之属国也。其后大辽天祚帝不道，金太祖系正直之人，因其不舞而欲杀之。上天鉴谴，以大辽所属辽东地方，赐予金国。”① 此间皇太极喜读辽金元史，对金史更为重视，以金为女真，故多效仿。

皇太极对“大金”太祖完颜旻、世宗完颜雍怀有崇敬之心，天聪三年（1629）十二月征明时，途经金太祖、金世宗陵寝，特别进行了隆重的祭祀，不以金代女真为同族，此事则绝不可能发生。《满文老档》详细记录了此事及祭文。

天聪三年己巳，十二月十一日辛酉。金国汗备陈牛、

① 《满文老档》下册，第937页，中华书局1990年版。

香、布匹，致祭于大金太祖武元、大定二帝神位前，曰：尝闻二帝功高德盛，中心缅怀，梦寐景仰。今统兵至良乡县，知二帝陵寝在焉。虽然时异世殊，而春秋奉祀，至今称颂弗衰，诚所谓德愈久而弥光也。①

此祭文较长，约650字左右，此处仅录开头之数语。其中大段文字乃是向金太祖、世宗说明征明之理由，并“惟乞二帝英明鉴而默佑之”。皇太极的这种举动以及其祭文，颇能反映皇太极之金政权与“大金”的认同关系。

至天聪五年（1631）八月十三日，皇太极又有“我非先金汗之后”之语，今人不知其详，认为是皇太极否认与“大金”的族属关系，殊为不知就里。此语出自皇太极致大凌河城守将之书，《满文老档》记云：

是日，遣人致书大凌河城，其书曰：金国汗致书于大将军。前李喇嘛、方言纳等往来时，我诚心欲和，因尔等一面遣使往来，一面修筑锦州城，故我以书付尔使杜明仲寄尔，言尔等如不罢锦州城工，我将发兵等语。而后我即兴师，往来之使遂绝。其后，获尔哨卒银柱，我仍欲和，释之遣归，并无回报。后进征北京之际，屡致书欲和，而明君臣，惟以前宋帝为鉴，竟无一言回报。然大明帝非宋帝之裔，我又非金先汗之后，彼一时，此一时也，天时人心各不相同。尔大国岂无贤能之士，不随机应变，竟执胶柱鼓瑟之见，可乎？②

① 《满文老档》下册，第965页，中华书局1990年版。
② 《满文老档》下册，第1141页，中华书局1990年版。

以上文而言，皇太极于书中仍自称“金国汗”，并无避讳与“大金国”为同族之意。而在此之前，努尔哈赤、皇太极曾多次表示与“大金国”为同族。此处所言，不过是为驳斥明将领对“大金”虏徽、钦二帝心存余悸之心。言“我非先金汗之后”之意，是说与“先金汗”非为同姓之人，而并无否认为同族之意，即如同“明帝非宋之裔”一样，虽同族而不同姓也。“先金汗”为完颜部人，与建州同属女真，且努尔哈赤时期完颜部属建州五部之一，故以上面所举“我非先金汗之后”为依据，认定皇太极否认与其为同族之看法，实乃望文生义。

对东海女真之瓦尔喀认同问题，进一步表明了与“大金”为同族的关系。皇太极曾于天聪七年（1633），向朝鲜索要进入朝鲜之瓦尔喀部女真人，朝鲜来书中不承认瓦尔喀属女真部人，不予送还，皇太极回书中云：

> 瓦尔喀与我，俱居女真之地。我发祥建国，与大金等。是瓦尔喀人民，原系我国人民也。昔年布占泰侵略我国所遗人民，我两国由此构兵，贵国亦常闻之矣。今索取之由，盖以实系我国所遗向征取时，因地近贵国，系为亲友，有将人畜财物寄留者，亦有私自逗留在后者。所索只此等人耳，岂无故而索取者？乃王又以予偏听小人之言，未能相信，可遣一公直大臣，予亦遣一公直大臣，同抵会宁，各听口词，辨别是非，便可灼然明晰。若谓瓦尔喀与我，非系一国。尔国有孰知典故者，可遣一人来。予将以世系，明告而遣之。尔试再观辽金元三史自晓然，知予索

当索，非强索也。①

以上书中所言，一者表明瓦尔喀部为女真人，一者表示其建国之所属“与大金等”。瓦尔喀部为东海女真三部之一，地在长白山、图们江以北，黑龙江下游乌扎拉地方以南，东则至海。辽金元史中均有记载，属大金统属之地方。皇太极认为“大金”与自建之金，原属同族，故大金所遗之女真人，应属现金之政权人民。皇太极自认为言之有据，故意欲与朝鲜辨明。此书中所言，与大金与女真各部之关系，以及地域之所属，都相当明确。

其二，纂修《满洲实录》与《清太祖武皇帝实录》。

纂修这两种书是中国历史也是满族史上的重大事件。这两种书不仅具有极为重要的历史与学术价值，同时也具有极为重要的民族认识价值。这两种书的内容虽然基本一致，但其价值却不完全相同，相互间并无取代性。《清太祖武皇帝实录》记事翔实，《满洲实录》以图示之，可见当时之具体情势，各有所长。

《满洲实录》成书于天聪九年（1635）八月，《清太祖武皇帝实录》成书于崇德六年（1641）十一月。这两部书在确定满族及爱新觉罗氏族系，以及认为本族发源于长白山方面，具有影响满族认识自身祖源的深远作用。自此以后，满族将长白山视为整个民族发源地的认识更为明确，长白山也成为满族族源意识的象征。

这两部书开篇都叙述了有关产生于长白山地区的《三仙女的传说》，更为重要的是在接下来的叙述中，不仅讲述了其

① 《清太宗实录》卷15，第21页。

始祖布库里雍顺之后代凡察的经历，而且详细追述了其六世祖猛哥帖木儿以来的各代祖先之情况，可以说是一部较为详尽的家谱世系。这份家谱从布库里雍顺记起，其子凡察。凡察之后世孙猛哥帖木儿及其子阿古、充善。充善子妥罗妥义莫、锡宝齐篇古。锡宝齐篇古子福满（追封兴祖直皇帝）。福满生六子，其四子觉昌安（追封景祖翼皇帝）为努尔哈赤祖父。觉昌安生五子，其四子塔克世（追封显祖宣皇帝）为努尔哈赤之父。努尔哈赤修建祖坟时，对此世系即应已很明确，故能于祖坟内葬其上述先祖，以供祭奠，《清太祖武皇帝实录》不过将其记录下来而已。但是从中亦可看出其将猛哥帖木儿视为直系祖先，亦是将满族与金代女真乃至三姓女真联系在一起，从而描述出满族先世形成发展的清晰脉络。满族“起源于长白山之东布库里，山下泊名布儿湖里”①，便成为满族具体的发祥之地，并得了满族广泛的认同。

与此同时，这两部书还对其他女真如扈伦四部（海西女真）、野人女真（包括东海女真）分布及部落情况进行了描述，反映出对女真各部整体的认同。

对海西之扈伦四部乌拉、哈达、辉发、叶赫居处之地及源流都有较为明确的描写。例如对辉发国的描述是：

> 辉发国，本姓益革得里，原系沙哈梁兀喇江尼马谄部人，（原注：沙哈梁兀喇即混同江，一说黑龙江是也，此源从长白山发出。）始祖胜古力移居渣鲁后，投纳喇姓，哈羊干凭、墨兔二人杀七牛祭天，随改姓纳喇。（原注：哈羊干凭、墨兔所地名曰张，亦胡笼（扈伦）国人。）胜

① 《清太祖武皇帝实录》卷1，第1页，北平故宫博物院民国21年版。

古力生二子，长名流陈，次名背陈。背陈生二子，长名纳灵刚，次名耐呼顽。纳灵刚生拉哈都督，拉哈都督生刚哈谄都督，刚哈谄都督生奇内根打喇汉，奇内根打喇汉生往机奴，往机奴征服辉发部，于辉发河边贺贺里气山筑城居之，故名辉发。彼时蒙古插哈拉（察哈尔）国土门渣沙兔汗，自将来围其城，攻不能克，遂回。往机奴卒孙摆银答里，杀其叔七人，自为辉发国王。①

从上面的记录中可以看出，当时至少在努尔哈赤这一时期，已经对女真部的历史源流有了准确的了解与认识，认为他们同为女真人的态度，十分坚定。而对于东海及其他野人女真，其部族分布及村屯情况亦较明确，故自努尔哈赤起兵之后不久，便屡屡征讨东海女真诸部，将俘获人等迁入辽东，以壮大女真人及八旗实力，这也为后来皇太极改女真为满洲奠定了基础。

其三，定族名为“满洲”。

皇太极定族名为“满洲”的意义非常深远。

天聪九年（1635）十月，皇太极下令定族名为“满洲”，不再使用“诸申（女真）”之称呼，女真诸部便以新的面貌出现在历史舞台上。

定族名为“满洲”，有着政治的、军事的、文化的，以及社会成员结构变化的种种原因，并不能因此而否定皇太极在对待大金和女真诸部认同关系上发生的变化。

即使定族名为“满洲”之后，对于认同大金的态度，一直也未变化。如崇德元年（1636）十一月，集八旗王公大臣

① 《清太祖武皇帝实录》卷1，第4页，北平故宫博物院民国21年版。

于盛京翔凤楼，读大金世宗本纪，并谕曰："世宗即位，奋图法祖，勤求治理，惟恐子孙仍效汉俗，预为禁约，屡以无忘祖宗为训，衣服语言，悉尊旧制，时时练习骑射，以备武功。"①并以金世宗之法为榜样，拒绝了"儒臣巴克什达海、库尔缠屡劝朕改满洲衣冠，效汉人服饰制度"②的建议，坚持女真人的语言、服饰和骑射传统。至崇德二年（1637）四月，皇太极再次提出了效法金世宗坚持女真语言、服饰和骑射传统的重要性，并要求满洲乃至八旗，"使后世子孙遵守，毋变弃祖宗之制。"③ 将先世之大金视为本族之"祖宗"，其意自见耳。在这一过程中，还不断将新征服之东海女真和黑龙江女真定为"新满洲"，编入八旗，使"满洲"之群体不断扩大。

关于提出"满洲"为族称，不再使用"诸申"一词，并非否定满洲先世为女真，而是由于时势不同耳。

在天聪九年（1635）十月之前，"诸申"之称一直在使用，这在《满文老档》等书中屡屡出现。天命年间自不待言，即天聪年间，亦屡见不鲜。

如天命十一年（1626）正月初八，"致书大明宁远都堂袁崇焕书"中历数七恨，意欲兴兵。其中第三恨中言："尔虽害我祖父，我仍欲和睦相处。遂于我戊申年立碑于界，刑白马乌牛，誓告天地云：若明人偷越边疆，则杀之；若诸申潜入边界，则杀之等语。"第六恨中言："明又出兵，焚我累世守边诸申房屋，并驱逐居民，不令收刈所耕粮谷，各自建立石碑，置沿边三十里外，抢占诸申疆土。"④ 此时为天命十一年，对明仍自称"诸申"。时至天聪末年，其内部仍以"诸申"、

①②《清太宗实录》卷32，第8、9页。

③《清太宗实录》卷34，第27页。

④《满文老档》下册，第807页，中华书局1990年版。

“金”称之。即汉军人亦以“金”为国名，并为“诸申”之代称，皇太极亦予默认。这种例子在《满文老档》《天聪朝臣工奏议》中比比皆是，以《天聪朝臣工奏议》为例。

如天聪六年（1632）正月，胡贡明、陈言图报奏云：“皇上谕金、汉之人都要读书，诚大有为之作用也。但金人家不曾读书，把读书极好的事，反看作极苦的事，多有不愿的。”①此奏之中，即称诸申为“金”，两者本义相同。

八月，王文奎条陈时事奏，更将完颜部所建之“金”与建州所建之“金”，视为承续关系，此种意识亦应得之于当时女真。如奏书力主攻明，认为出师之时，“集众誓师曰：幽燕本大金故地，吾先金坟墓，现在房山，吾第复吾之故疆耳。”②此语出自天聪六年，在皇太极言“我非先金汗之后”之后，亦可知当时在女真人乃至八旗人中，仍以明代女真与金代女真为同族关系。在其余奏书中，“金”亦屡见，时指“金国”，时指女真。如杨方兴条陈时政奏中言：“我金国虽有榜什在书房中。日记皆系金字而无汉字。皇上即为金汗主，岂所行之事，止可令金人知，不可令汉人知耶？辽金元三史，见在书房中，俱是汉字汉文，皇上何不仿而行之？乞选实学博览之儒公，同榜什将金字翻成汉字，使金、汉书共传，使金、汉人共知。千万世后，知先汗创业之艰难，知皇上续统之劳苦。”③以上汉官所言，亦可旁证皇太极及女真人对族系之清醒认识。

至于皇太极废“诸申”之称，定族名为“满洲”，亦非本质上否认自身为女真人，实出自形势乃至民族发展变化之原因。如仅以是言便认为皇太极与女真人不承认同明代以前女真

① 《天聪朝臣工奏议》第11页，辽宁大学历史系1980年版。
② 《天聪朝臣工奏议》第17页，辽宁大学历史系1980年版。
③ 《天聪朝臣工奏议》第37页，辽宁大学历史系1980年版。

人之关系，是不顾历史真实之妄断。即便如此，皇太极定族名为“满洲”，亦未否认“我原有满洲、哈达、乌喇、叶赫、辉发等名”，而以上所举之五部，在明皆为建州与海西女真，均为一体，“满洲”不过是其中一部而已。并非与女真（诸申）无关，定族名为“满洲”，实为突出建州女真也。

以清初前后而论，三大部分女真之内部部落甚多。建州女真分为五部，另有长白山三部。海西女真分为四部，野人女真分为东海之渥集部、虎尔哈部、瓦尔喀部。黑龙江女真之索伦部、卦尔察部、萨哈连部、使犬部等等。虽均为女真，然分布地域甚广，有大小强弱、先进落后之分，部落星布，称谓繁多。以当时之情况，女真各部之间并不以女真（诸申）呼之，而均言某某部。在皇太极统一女真各部、势力大增之背景下，八旗制度之建立，实际打破了部族之界限，各主要部落之主体已纳入八旗统一管理之中，女真三大部及所属各部，实乃名存实亡，再以建州、海西、东海、黑龙江呼之，已不合时宜，故需有统一之称呼，以囊括三大部之女真人，《三仙女的传说》适时传入，为定族名为“满洲”提供了直接条件。皇太极定族名为“满洲”，无论从时势要求之角度，还是从民族统一之角度，乃至于历史渊源之角度，均属适宜。

至于不用“诸申”（女真）之称，也有多种理由。

一是历史发展变化之理由，女真（诸申）之称始自前代，其称普遍认为起于“肃慎”之音转，《辽史》记为“女真”。辽时即有长白山女真、鸭绿江女真、濒海女真、回跋女真、浦卢毛朵女真、黄龙府女真、北女真、南女真等名，又有生女真与熟女真之别。《大明一统志》载：“其地东面濒海，西接兀良哈，南临朝鲜，北至奴尔干、北海。”① 其地域涵盖极广，包括的部族甚多，是为北方民族之泛称。

以“女真”之意较为切近之族，应为“熟女真”，即主要是建州女真与海西女真，稍扩之则有东海女真。东海女真略知农耕，处于“熟女真”与“生女真”之过渡带。

以此而论，“女真”之内涵外延均较模糊，在明代之际，且为他族之称，非自觉之称也。对此种情况，在女真各部弱小之时，亦无可奈何，只能沿用此称。然至八旗强盛之时，此种他称已不能满足其民族自信心理及民族觉醒意识之需要。如此以来，弃“女真”之称，势在必然。

二是满语“诸申”多有歧义。满语“诸申”乃女真之音转，与女真义同，可视为族称。然“诸申”又有“同一语言之国”含义，凡“同一语言之国”均可称为“诸申”。此外，随着八旗实力之不断增强，“诸申”有时亦专指八旗内部之女真人，或指“熟女真”而言，故有“旧诸申”之称。同时随着后金社会内部阶级与阶层的明显分化，满族中上层贵族往往以官职称呼，“诸申”成为下层满族（女真）的代名词，常与汉人、蒙古之称并列。

如天命三年（1618）四月，努尔哈赤发兵征明，告天之书中说明朝“虽杀我父祖，我仍欲修好，曾勒碑盟誓云：凡明国，诸申人等，若越帝界，见者即杀其越界之人”②。此处“诸申”，则指女真族，乃族称。

天命三年（1618）正月，努尔哈赤论征服虎尔哈部时说：“乃上天为使远居他路同一语言之国收居一处”③，故征讨杀害

① 《大明一统志》卷89，“女真”。
② 《满文老档》上册，第55页，中华书局1990年版。
③ 《满文老档》上册，第52页，中华书局1990年版。

后金前往贸易之人，此处“诸申”，指“同一语言之国”的人，即同族之人。天命四年（1619）六月，在给喀尔喀五部蒙古之书中曾云：“我蒙古、诸申二国，语言各异，然衣饰风俗同也。”① 此处乃对外族自称“诸申”，也是族称之意。

“诸申”有时可指代八旗之女真人。天命六年（1621）十月，努尔哈赤据辽阳城时告诫八旗，“今诸申、汉人统归一汗之国也。我迁户至此，旧诸 申不得视汉人为异国之民，……若尔等作恶，一经伏法，则我旧诸申重受筑城劳役之苦，于国人面前岂不可怜乎！”② “旧诸申”乃入旗已久之女真人。

“诸申”在天命年间已有指为下层人之意。如天命六年闰二月，努尔哈赤降谕，命八旗上下应和睦相处。“贝勒爱诸申，诸申爱贝勒；奴才爱主子，主子爱奴才。……贝勒、诸申，奴才、主子，和睦相处，廉明治事，天佑人安，皆大欢喜。”③ 此处所言“诸申”，已指甲兵、平民之女真人。

以上情况至皇太极时期依然如旧。如天聪六年（1632）四月征察哈尔时，“集诸申、蒙古、汉人众军，诸贝勒大臣及军士等”④，其中所言之“诸申”乃为八旗中之女真人。甚至在天聪九年（1635），皇太极仍然使用“诸申”之称呼。天聪九年二月，“汗谕曰：诸申、尼堪、蒙古诸大臣，凡有远见卓识、堪负职司之贤者，尔等一旦知悉，即当荐举。”⑤ 天聪九年六月档中，亦曾记有“汗传谕：吾与八旗贝勒召各旗新旧诸申、尼堪、蒙古诸臣，及新近来降之蒙古、虎尔哈人、诸摆

① 《满文老档》上册，第99页，中华书局1990年版。

② 《满文老档》上册，第246页，中华书局1990年版。

③ 《满文老档》上册，第165页，中华书局1990年版。

④ 《满文老档》下册，第1275页，中华书局1990年版。

⑤ 《天聪九年档》第25页，天津古籍出版社1987年版。

牙喇，分至各馆中宴之”① 之语。至天聪九年七月，皇太极仍有“诸申”之用语。七月二十五日档中记云：“汗曰：吾待诸申、蒙古、汉人不分新旧，皆视为一体。”② 故“诸申”一词，用之既久，而义多歧变。

三是“满洲”之称亦来之有据。此称最直接的证据是来自《三仙女的传说》，此传说流传于黑龙江下游一带之野人女真诸部之中，后金时期努尔哈赤与皇太极均以野人女真为同族，故取“满洲”为族称，亦属自然。

此外“满洲”之称即如乌拉、哈达、辉发、叶赫一样为部族之名，非专为民族之称，以“满洲”取换“诸申”，亦有彰显建州女真及皇太极及家族之意。从以上所言可以看出，自努尔哈赤至皇太极，从未否认并一直在强调与“同一语言之国”女真人的同族关系，同时将“金”视为同族先祖之意识也相当明确，白山黑水为本族之故土的认识越来越强，以长白山为发祥地的满族族源意识之确立并成为满族的整体意识，不仅对本满族而且对其他民族都产生了深远的影响。

结　语

在努尔哈赤起兵之前，女真各部长期处于分散而又相互争斗的局势之中。这种局面的形成，既与其发展的历史阶段有关，也与其各部未能统一有关。努尔哈赤起兵之后，女真各部的统一与凝聚便成为时代发展的要求，并成为女真崛起和满族形成的基础，故而努尔哈赤起兵之初的目标，便是重在统一女真各部。努尔哈赤在去世之前，不仅对明、蒙古和朝鲜取得了

① 《天聪九年档》第79页，天津古籍出版社1987年版。

② 《天聪九年档》第90页，天津古籍出版社1987年版。

诸多战绩，进入到了辽沈地区，而且相继统一了建州女真、海西女真和一部分东海女真，女真部之主体已经融为一个整体，女真人也由此而以新的面目登上了历史舞台，开始成为左右中国历史发展的一个重要因素。

女真各部的统一，除了需要强大的军事，稳固的政权和适应其发展的社会制度之外，其内部的民族认同意识则是这个民族能够长期稳定，并具有旺盛生命力的内在关键因素。努尔哈赤在起兵后不久便逐渐认识到了这个问题的重要性，并将民族认同意识置于重要地位，这种意识在建立后金政权、创立八旗制度，创制满文，以及重视辽金元史尤其是金史的种种举措方面，都得到了充分的体现。

以建立八旗制度而言，在努尔哈赤时代以至后来，他们将建州女真、海西女真及野人女真之主体部落氏族，均编制入旗，从各部均为同族之意识出发，重新整合了女真各部落，增强了女真各部之间的民族认同性，削弱了部落及氏族之间的敌对意识，八旗制度使女真内部的融合性得到空前增强。而后来的八旗满洲，则成为八旗和满族整体之核心。

以建立后金政权而言，也是具有民族认同意识之重要表现。努尔哈赤将建立之政权称为“后金”，承接女真完颜氏之意甚明，并以此确定“大金”原统辖之各部及地域，即为后金之势力范围，“后金”之扩张也就有了历史及民族的依据。这种认识从一开始就被广泛传播，不仅在女真内部广泛流传，对明、蒙古及朝鲜也产生了影响，女真各部为同族之观念随之深入人心。

以建祖陵而言，亦是民族认同意识之重要表现。努尔哈赤将建州女真之始祖定为原为斡朵里部之猛哥帖木儿，祖陵建于赫图阿拉之地，以此描述出了建州女真及爱新觉罗氏之源流演变的历史轨迹与脉络，从而明确了女真传承有序的发展经历，这无疑对增强女真各部的认同与凝聚产生了巨大的作用。

凡此种种，使得努尔哈赤时期的女真人对发源于白山黑水间的女真各部，有了强烈的亲睦之感，促使女真各部迅速统一强盛起来。

努尔哈赤时期对民族认同的种种做法与认识，对后世满族的形成与崛起起到了重大而深远的影响。

皇太极掌握政权之后，继承了以民族认同作为民族崛起与强盛基本条件的思想，在天聪与崇德两朝更加强化了这种民族意识，通过继续征服黑龙江女真及东海女真，分建八旗满洲、八旗蒙古和八旗汉军，以及在强化民族自我意识和历史与地理两方面寻找民族根源，使这种民族意识更为深化而系统。

以继续征服黑龙江女真及东海女真而言，从天聪元年（1627）直至天聪九年（1635），一直未停止对这些地区女真人的军事征服行动。如天聪三年（1629）七月遣兵征瓦尔喀部，天聪五年（1631）二月获“男子千二百二十九名，妇女千二百八十四口，幼丁六百三名”①。天聪六年（1632）十二月，征兀扎喇，获“男妇幼穉七百名”②。天聪八年（1634）五月征虎尔哈部，获“男子五百五十人，妇女幼小共一千五百人”③。此年九月又获虎尔哈部“男子五百六十六名，妇女幼稚九百二十四口”④。天聪九年四月获瓦尔喀“壮丁二千四百八十有三，人口共七千三百有二”⑤。

---

① 《清太宗实录》卷8，第16页。
② 《清太宗实录》卷12，第41页。
③ 《清太宗实录》卷18，第28页。
④ 《清太宗实录》卷20，第24页。
⑤ 《清太宗实录》卷23，第7页。

崇德年间征服之重点由东海女真转向黑龙江女真各部。如崇德五年（1640）三月，征索伦部，获“男子三千一百五十四人，妇女二千七百一十三口，幼小一千八十九口，共六千九百五十六名口”①。崇德七年（1642）十一月征松阿里虎尔哈部，获“一千四百五十八名口”②。崇德八年（1643）七月，获黑龙江部落“共二千五百六十八名口”③。

在这段时期里，绝大部分黑龙江女真与东海女真部落被征服。在这种情势之下，这一地域的其他部落纷纷前来朝贡。如库尔喀部、虎尔哈部、巴牙喇部、使犬部、使鹿部、萨哈尔察部、索伦部、兀扎喇部等等所属屯寨之人。不断来贡来降，其中崇德六年（1641）五月，“索伦部落一千四百七十一人来降”④，是来降人数最多的一次。

在征服黑龙江女真和东海女真过程中，八旗所到之处皆向该地之人宣传“本皆我一国之人”，致使该地女真人逐渐归服。如天聪八年（1634）十二月，谕往征黑龙江地方之管步兵梅勒章京霸奇兰等云：

> 此地人民，语音与我国同，携之而来，皆可为我用。功略时，宣语之曰：“尔之先世，本皆我一国之人，载籍甚明，尔等向未知，是以甘于自外。我皇上久欲遣人，详为开示，特时有未暇耳。今日之来，盖为尔等计也。”如此谕之，彼有不翻然来归者乎？⑤

---

① 《清太宗实录》卷51，第14页。
② 《清太宗实录》卷63，第34页。
③ 《清太宗实录》卷65，第15页。
④ 《清太宗实录》卷55，第32页。
⑤ 《清太宗实录》卷21，第14页。

正是有这样的思想与认识，故而各部女真逐渐融为一体。

皇太极将被征服和投顺之女真人分为三种方法处理。一是编为牛录或户口，留驻于当地；一是赏给八旗将士；一是设立牛录，编入八旗，或分给各旗人丁缺额者。

如崇德七年（1642）七月，以“所获新满洲壮丁二千七百九人，妇女幼稚二千九百六十四口，共五千六百七十三人，均隶八旗，编为牛录”①。崇德八年（1643）七月，将俘获黑龙江部落之“携来男子，命按丁披甲，编补各旗缺额者”②。至此以后，黑龙江与东海女真均已成为八旗制度控制下的成员，即未编入旗籍之人，亦设佐领统辖，形成为整体之一部分。

在这种种做法的基础上，皇太极时期特别强调了满洲之发源于长白山，故有《三仙女的传说》被记入《天聪九年档》《满洲实录》及《清太祖武皇帝实录》等官修史书中之举措。女真各部同为一族，其满洲始祖发祥于长白山地区，由此深入人心。以今日之调查来看，凡满族聚居之地，均有《三仙女的传说》流传，其各部种版本有数十种之多，虽互有异文，但其核心内容，均甚相一致，均以长白山为发祥之地，以白山黑水为满族故乡，这种民族族源和部族间之认同意识，成为满族由古至今的共同意识。

---

① 《清太宗实录》卷52，第13页。

② 《清太宗实录》卷65，第15页。

八旗入关前民族人口的迁徙集结及其作用

在明朝中晚期，东北地区处于较为混乱之状态中。这一时期生活在东北的女真、蒙古和汉人处于分散与矛盾之中，即使女真和蒙古诸部内部，也互不统属，相互征伐。努尔哈赤起兵，建立后金政权，创立八旗制度，并将大量各族人口迁徙集中在辽沈一带，从而增强了军事和政治实力。至皇太极时期，随着被征服民族人口的激增，八旗制度和政权建设不断完善，不仅使东北地区的政治局势出现了新的局面，而且重新整合了女真（满洲）以及东北地区的部族与民族关系，“满洲”与“大清”的出现，就是这种变化的集中反映。而这种结果实现的一个重要原因，是在八旗制度下对各民族人口的大量征服迁徙与集中。八旗制度囊括满洲和蒙古、汉人等外族成员之过程，便是对民族整合的过程。这种作用之重要，形式之特殊，前所未有。它不仅催生了一个新的民族的诞生，而且形成了一个长达三百多年的旗人社会集团的存在，在中国的民族发展史和民族关系史上，具有不可取代的典型性，同时也为多角度研究民族史和民族关系，提供了丰富的内容。因此，从人口的迁徙与集结角度研究后金（清）乃至八旗之崛起，也就有了重要的意义。

一、对女真、蒙古、汉人的迁徙与集结

（一）对女真（满洲）人口的迁徙与集结

八旗制度之建立与东北民族人口前所未有的大集中有着密切的关系。换句话说，即是人口的集中为八旗制度的建立创造了必不可少的条件，而八旗制度的存在也成为大量集中人口的主要条件。

从努尔哈赤起兵到八旗入关的60多年时间，是八旗人口集中与整合的主要时期。八旗入关之后虽有调整与变化，但均已无碍大局，故暂且不论。

在这个时期，努尔哈赤首先将建州女真统一并将人口集中，其次征服了扈伦四部和一部分东海女真部落，亦将大部分人口迁入赫图阿拉。与此同时，漠南蒙古之部落、辽东汉人以及部分朝鲜人，也被以武力及其他形式迁至赫图阿拉，并随后迁至辽阳和沈阳。皇太极时期的重点征服对象是东海女真和黑龙江女真，以及整个漠南蒙古与山海关外之地区，这项战略目标也都基本实现，东北各民族主体和多数人口被集中于辽沈地区，被隶于八旗制度管理之下，八旗制度也就成为人口管理的基本形式。

努尔哈赤时期东北女真人口被迁徙集结的过程。

努尔哈赤起兵之后，首先统一建州女真。

统一建州女真从1583年征讨苏克苏浒河部图伦城尼堪外兰开始。次年正月攻取兆佳城，六月攻取马儿墩寨，九月攻下董鄂部齐吉答城。1585年春征哲陈部，秋攻苏克苏浒河部安土瓜尔佳城。1586年攻浑河部播一混寨和哲陈部托漠河城。1587年攻哲陈部阿尔泰寨及浑河部把尔达城、洞城。1588年

克五甲城。是年苏完部主索尔果，率本部军民来归。董鄂部何和里，率本部军民来归。雅尔古寨扈喇虎亦率军民来归。至此，“环满洲而居者，皆为削平，国势日盛”①。建州诸部已成一体。

自1591年开始，征长白山之鸭绿江部、朱舍里部与纳殷部，至1593年，长白山部尽被取之。至此，建州女真人口被集中起来，为创建八旗制度创造了条件。

与扈伦四部之战争自1593年开始，至1599年秋，灭哈达部，是年“尽服哈达属城，器械财物无所取，室家子女完聚如故，悉编入户籍，迁之以归”②。在扈伦四部中，哈达部原本势力最强，人口亦多，“悉编入户籍，迁之以归”之人口，当有数万之众。

在此之前一年即1598年，开始征东海瓦尔喀部之安褚拉库路，“取屯寨二十余，所属人民尽招来之”③。

人口数量的迅速增加，使八旗制度的建立提到日程上来。至1601年，八旗制度的雏形开始出现。

是年，“上以诸国来服人众，复编三百人为一牛录，每牛录设额真一。先是，我国凡出兵校猎，不计人之多寡，各随族党屯寨而行。猎时每人各取一矢，凡十人设长一人领之，各分队伍，勿敢紊乱者，其长称为牛录额真。至是，遂以官名。”④从前面介绍的情况可以看出，此时之牛录组成，主要由建州各部、哈达部和瓦尔喀部之安褚拉库路成员组成，而尤以建州为核心。

---

①《清太祖武皇帝实录》卷1，第9页，北平故宫博物院民国21年版。
②《清太祖高皇帝实录》卷3，第3页。
③《清太祖高皇帝实录》卷2，第21页。
④《清太祖高皇帝实录》卷3，第6页。

自1604年开始，努尔哈赤重点征讨扈伦四部中之叶赫、辉发、乌拉三部，以及东海瓦尔喀、渥集诸部。

1604年正月，征叶赫部，克二城，取七寨，“俘二千余人而还。”① 1607年，兵至东海瓦尔喀部蜚悠城，“尽收环城屯寨，凡五百户。”② 此年五月，“往征东海渥集部，取赫席黑，俄漠和苏鲁佛讷赫托克索三路，俘二千人而还。”③ 是年九月，征辉发部，“歼其兵，招抚其民，乃班师。”④ 辉发部人口被迁徙，其部乃灭。

1608年春，以五千兵征乌喇部。“斩千人，获甲三百，俘其众以归。”⑤ 1609年冬，“征东海渥集部所属滹野路，取之，收二千户而还。”⑥ 1610年，“上命巴图鲁额亦都，率兵千人，往东海渥集部之那木部鲁、绥分、宁古塔、尼马察四路，招其路长康古礼、喀克笃礼、昂古、明噶图、乌路喀、僧格、尼喀里、汤松噶、叶克书等，令其家口前行。额亦都回师至雅揽路，遂击取之，俘万余人而还。”⑦1611年8月，征东海渥集部之乌尔古宸、木伦二路，取之。1612年1月，征渥集部虎尔哈路，“俘二千人，其环近各路，尽招抚之。令土勒伸、额勒伸二人，卫其民五百户而还。”⑧ 1613年2月，击败乌喇兵三万，尽收其所属城邑，编户万家。灭乌喇部。

此年10月攻叶赫部，攻陷大小城寨19处，收降众300户而还。1614年12月，征东海渥集部，“收抚其居民，编户口

① 《清太祖高皇帝实录》卷3，第8页。
② 《清太祖高皇帝实录》卷3，第10页。
③ 《清太祖高皇帝实录》卷3，第12页。
④ 《清太祖高皇帝实录》卷3，第14页。
⑤ 《清太祖高皇帝实录》卷3，第15页。
⑥⑦ 《清太祖高皇帝实录》卷3，第16页。
⑧ 《清太祖高皇帝实录》卷3，第18页。

五百，乃班师。”①

据以上统计，最保守的数字是在1615年之前，后金收抚的女真部人丁，应有十多万人。至1615年八旗制度正式设立，八旗之基本形式正式出现。

以八旗建制统计，八旗应有甲士约6万人左右，而家属及旗下人丁尚不在此数之内。

在天命年内（1616—1625），重点在收取东海女真和蒙古人口以及汉族人口，十余年间所获各部各族人口虽无法精确计算，也应超过数十万之众。对女真各部之征服情况大致如下。

天命元年（1616）七月，征东海萨哈连部，攻取屯寨36处。八月取黑龙江南岸之萨哈连部11寨，又招服使犬路、诺洛路、石忻路路长40人。

天命二年（1617）二月，“时东海沿边散居诸部多未归服，上遣兵四百往取之，悉收其散处之民，其岛居负险不服者，乘小船尽取之而还。”②

天命三年（1618）十月，“东海虎尔哈部长纳喀答率民百户来归。”③

天命四年（1619）正月，“上命大臣穆哈连，率兵千人，尽收东海虎尔哈部散处遗民。”④ 六月，征东海虎尔哈部，“收所遗居民千户，壮丁二千以还。”⑤ 八月征叶赫部，“俱徙其人而还。”⑥ 也就是说叶赫部被整体迁徙至后金所在地域，其主要家族均被编入八旗，人口之多可以想见。叶赫部从此灭亡，

① 《清太祖高皇帝实录》卷3，第18页。
② 《清太祖高皇帝实录》卷5，第8页。
③ 《清太祖高皇帝实录》卷5，第26页。
④ 《清太祖高皇帝实录》卷6，第2页。
⑤ 《清太祖高皇帝实录》卷6，第18页。
⑥ 《清太祖高皇帝实录》卷6，第28页。

原所居之处，一片荒凉。

天命五年至天命九年，努尔哈赤将主攻目标转向明朝与蒙古。至天命十年才又重点征服东海女真。

天命十年（1625）四月，“征东海瓦尔喀部，俘获甚众。”① 八月，“征东海南路虎尔哈部，降其五百户而归。”② 又“征东海北路卦尔察部，获其人二千以归”③。十月，“征东海北路虎尔哈部，分二路进兵，俘其众千五百人归。”④ 次年十一月，“往征卦尔察部落大臣达朱户，俘获人口及马牛以归。”⑤

至皇太极天聪、崇德年间，一直未曾间断对东海及黑龙江女真的征服活动。

天聪三年（1629）七月，命大臣孟阿图等往征东海瓦尔喀部，至天聪五年二月方回师。俘获人数：“男子千二百十九名，妇女千二百八十四口，幼丁六百三名。”⑥

天聪六年（1632）十二月，征兀扎喇部，于黑河一带“获男妇幼稚七百名”⑦。

天聪八年（1634）五月，往征东海一路虎尔哈部落，“俘男子五百五十人，妇女幼小共一千五百人。”⑧

天聪九年（1635）四月，往征瓦尔喀、虎尔哈共获“壮丁二千四百八十三人，已分与新编牛录。此番招降虎尔哈内幼

---

① 《清太祖高皇帝实录》卷9，第11页。
② 《清太祖高皇帝实录》卷9，第12页。
③ 《清太祖高皇帝实录》卷9，第13页。
④ 《清太祖高皇帝实录》卷9，第18页。
⑤ 《清太宗实录》卷1，第15页。
⑥ 《清太宗实录》卷8，第17页。
⑦ 《清太宗实录》卷12，第42页。
⑧ 《清太宗实录》卷18，第28页。

小甚多，每牛录给不入册之幼丁约二百人，共计户口七千三百二。”① 同月，“往征东海瓦尔喀吴巴海、荆古尔代，自宁古塔遣噶尔珠报捷，奏称收抚壮丁五百六十人、妇女五百口、幼稚九十口，又俘获妇女六十六口。”②

天聪十年（1636）二月，“往征瓦尔喀吴什塔等遣人奏言：八旗俘获壮丁一千一百六十名、妇女一百四十口，共计户口一千三百。”③

崇德元年（1636）四月，“往征瓦尔喀落胡辛泰、何尔敦，获壮丁一百十有五名，妇女幼小四百一十口。”④ 同月，“扎福尼、道兰往征瓦尔喀部落，获壮丁二百九十五人，妇女幼小共六百九十三口。”⑤ 五月，俄屯、昂金往征瓦尔喀部落，俘获男子三百六十一，妇女三百六十二，幼稚一百四十七⑥。

崇德二年（1637）七月，出兵四路往征瓦尔喀，十二月共获瓦尔喀新满洲男子六百九十二名，妇人五百五十七口，幼稚二百口⑦。

崇德四年（1639）十一月，派兵往征黑龙江索伦部，于崇德五年（1640）三月，“共获男子二千二百五十四人，后自额苏里屯以西，额尔土屯以东，又获九百人，共获男子三千一百五十四人，妇女二千七百一十三口，幼小一千八十九口，共六千九百五十六名口。”⑧ 同年五月，征虎尔哈，获人口众多，

---

① 《清太宗实录》卷23，第24页。
② 《清太宗实录》卷23，第8页。
③ 《清太宗实录》卷28，第4页。
④ 《清太宗实录》卷28，第17页。
⑤ 《清太宗实录》卷28，第52页。
⑥ 《清太宗实录》卷29，第3页。
⑦ 《清太宗实录》卷41，第23页。
⑧ 《清太宗实录》卷51，第9~14页。

多数留于当地，少数携归辽东。六月，“以多济里、喀柱征兀扎喇氏，获一百一十人至。”① 七月，“以索海、萨穆什喀呈所获新满洲壮丁二千七百九人，妇女幼小二千九百六十四口，共五千六百七十三人，均隶八旗，编为牛录。”② 十二月，征索伦部获男子“二百三十一人见在妇女幼稚七百二十五名口”③。

崇德五年（1640）五月，“索伦部落一千四百七十一人来降。”④ 此年库尔喀部亦被征服。

崇德七年（1642）九月遣兵征虎尔哈部落，崇德八年（1643）二月归，“计获男子妇女幼稚，共一千六百十九名口”⑤。此年八月，另外一军征黑龙江部落，获“男子妇女幼稚共二千五百六十八名口。……又俘获妇女幼稚二百九十四口”⑥。

至崇德末年，东海与黑龙江女真诸部多被征服，此后没有再发生大规模的征伐行动。

女真人的人口迁徙与集中对这个民族来说具有历史性的意义。首先，通过对女真人口的集中与管理，使女真人在这个时期成为相互联系密切，而又相互认同的民族实体。分散局面的结束，使女真人有了共同的认知，民族的整体性和凝聚力都得到了空前的增强，逐渐形成了以建州女真为核心，以扈伦四部和部分东海女真为主体，吸纳和凝聚了大量野人女真的民族内部格局，并且以此为基础完成了由女真向满洲的转化。其次，女真人口的大量迁徙与集中，对建州、海西、野人女真之间的

① 《清太宗实录》卷52，第6页。
② 《清太宗实录》卷52，第13页。
③ 《清太宗实录》卷53，第10页。
④ 《清太宗实录》卷53，第20页。
⑤ 《清太宗实录》卷64，第5页。
⑥ 《清太宗实录》卷65，第15页。

相互了解，有着意义深远的推进作用。尤其是对东海女真和黑龙江女真更是如此。通过对这一地域各部的不断征讨，其各部人口被大量迁入辽沈，融入女真之主体之中。即未被武力征服之各部，也逐渐对崛起于辽沈的女真本部有了归属之感，这从一直延续到康熙初年索伦部、虎儿哈部、使犬部、使鹿部等不断来朝贡的事实中，能够看到这种状况的存在。第三，女真人口的迁徙与集中，影响了女真人原有的人口分布。相对而言，在明朝时期，海西女真及野人女真之地区，人口较多。而后金和清的战略目标是占据辽沈地区并向西扩展，故而人口迁徙之后，海西女真及野人女真之地，人口逐渐稀少，使这些地区的社会发展处于停滞状态。与此同时，辽沈地区的女真人则由于人口增加而得到了快速发展。第四，女真人口的集中与整合，促进了女真社会政治、军事实力的迅速壮大。纵观女真（满洲）之发展史，努尔哈赤与皇太极建立后金及大清政权，占据辽沈并基本控制了整个东北，其根本原因是女真（满洲）集中了足够数量的人口。因为这个时期的女真（满洲）建立的政权，是以军事为主的政权，它所面对的明朝、蒙古和朝鲜势力均属强大。在军队数量对抗中的成败起决定作用的当时，人丁之多寡便有了决定性的意义。八旗于当时之所以能所向披靡，由人口数量决定的军事力量的规模，也就具有了不可忽视的作用。

以上述情况而言，女真（满洲）人口在集中与整合过程的意义应该得到重视。

（二）对蒙古人口的迁徙与集结

女真所居之地与漠南蒙古最为接近，故在入关之前与漠南蒙古和右翼三部蒙古的接触最为频繁。

努尔哈赤起兵之后，为了壮大势力，除了征服掳掠女真人外，亦征服招纳漠南之蒙古人。蒙古人进入后金社会，一则为主动投顺之人，一则为通过战争掳掠之人，尤以后一种形式为多。这种大规模的对蒙古人口的集中与迁徙，直至入关之前方结束。

最先与女真正面接触的，是北嫩河蒙古科尔沁部。1593年，扈伦四部联合科尔沁贝勒瓮阿代、莽古思、明安等，组成九部联军，攻打努尔哈赤而败北。

至1612年年初，努尔哈赤娶科尔沁贝勒明安之女。自此之后，科尔沁部与努尔哈赤家族联姻不断。自科尔沁部与其联姻以后，蒙古之敖汉部、巴林部、奈曼部、翁牛特部，以及喀喇沁蒙古、土默特蒙古等等，均与努尔哈赤家族有姻亲关系，其中以科尔沁部关系最为密切。

努尔哈赤起兵之后，主要征讨对象一为女真各部，一为明朝辽东之地，极少用兵于蒙古，而多采用盟誓的方法处理两者关系。蒙古人投顺最早见于记载的是天命六年（1621）二月，蒙古喀尔喀之“扎鲁特部钟嫩贝勒属下蒙古二十六户，八十人，携其妻子畜产来归”①。随后“蒙古扎鲁特地方内齐汗属下有逃民二十七户来归”②。此年又有内齐汗下八户蒙古人来归，科尔沁孔果尔贝勒属下五男四女来归，喀尔喀贝勒卓里克图属下五人来归，巴噶达尔汗属下七户来归。天命六年四月，“蒙古巴林部贝勒杜楞属下九十八户，一百二十男丁”③ 来归。天命六年五月，蒙古巴岳特部蒙果尔台吉率子女及三十户来归。天命六年六月，“巴林部贝勒之子阿玉希及古尔布什、萨

① 《满文老档》上册，第16页，中华书局1990年版。
② 《满文老档》上册，第162页，中华书局1990年版。
③ 《满文老档》上册，第193页，中华书局1990年版。

特塔尔三台吉所属蒙古一百六十户来归。"① 天命六年十一月，"北蒙古五部落台吉古尔布什、莽果尔率民六百户，并驱畜产来归。"② 在天命六年来投顺之蒙古人还有广宁蒙古人，兀鲁特部之15户蒙古人，喀尔喀之60户蒙古人，希尔胡纳克杜楞属下50户蒙古人，巴岳特部47人以及巴岳特额依色贝勒之子古尔布台吉率80户，115名男丁来投。另外还有"八旗于沈阳、辽东之所获及由明归来者共一千六百六十五人"③。以上统计并不完全，不过仅在天命六年，来归之蒙古人应在数千左右，而且这种主动投顺之蒙古人在八旗入关之前未曾间断。其间亦有一次而归顺之人口众多者。如天命七年（1622）二月，"蒙古兀鲁特部落明安，兀尔率图、镇诺木、绰乙喇札尔、达赖、密赛、拜音代、噶尔马、昂坤、多尔济、顾禄、绰尔齐、奇笔他尔、布彦代、伊林齐、特灵、石里胡那克，凡十七贝勒，及喀尔喀各部落台吉，各率所属军民三千余户，并驱其畜产来归附。……时蒙古喀尔喀五部落民一千二百户，并来归。"④ 天命八年（1623）正月，"蒙古喀尔喀五部落台吉，拉巴西希璧、镇诺木、塔布囊莽古、鄂博和及台吉达赖等，各带所属人民畜产并他处蒙古，凡五百户来归。"⑤

努尔哈赤时期，也曾偶尔征讨过蒙古。如天命八年（1623）四月，令阿巴泰率军征蒙古喀尔喀扎鲁特贝勒昂安，"尽获其妻孥军民畜产"⑥，据《满文老档》记载，此次共获1280人⑦。

① 《满文老档》上册，第212页，中华书局1990年版。
② 《清太祖高皇帝实录》卷8，第10页。
③ 《满文老档》上册，第283页，中华书局1990年版。
④ 《清太祖高皇帝实录》卷8，第15页。
⑤ 《清太祖高皇帝实录》卷8，第19页
⑥ 《清太祖高皇帝实录》卷8，第20页。
⑦ 《满文老档》上册，第479页，中华书局1990年版。

至皇太极时期，加强了对蒙古诸部的控制。

皇太极执政后的首次军事行动，就是征讨喀尔喀扎鲁特部落。天命十一年（1626）十月，共出兵万人，“喀尔喀扎鲁特部落贝勒巴克与其二子，及喇什希布、戴青、桑噶尔赛等十四贝勒，俱已擒获，杀其贝勒鄂尔寨图，尽俘获其子女人民畜产而还。”①

天聪元年（1627）十一月“察哈尔国管旗大贝勒昂坤杜棱，携妻子人民来降。”② 十二月，“察哈尔国阿喇克绰忒部落贝勒图尔济伊尔登，携妻子人民来降。”③

天聪二年（1628）年二月，征察哈尔部多罗特部落，“俘获万一千二百人，以蒙古、汉人千四百名编为民户，余俱为奴。”④ 又追逃人，“获二百户以归。”⑤

九月又遣大军征察哈尔，追至兴安岭，“获人畜无算，抗拒者杀之，其降者编为户口。”⑥ 其间扎鲁特贝勒色本、马尼、率部来归。

天聪三年（1629）二月，再征察哈尔，“降其边境二千户……俘八千八百三十。”⑦ 九月，“察哈尔国五千人来归。”⑧

天聪五年（1631）十一月，征大凌河城，获1570名蒙古人，“选取精锐者，上与诸贝勒收养之。又以其余，分拨八

---

① 《清太宗实录》卷1，第16页。
② 《清太宗实录》卷3，第38页。
③ 《清太宗实录》卷3，第39页。
④ 《清太宗实录》卷4，第7页。
⑤ 《清太宗实录》卷4，第8页。
⑥ 《清太宗实录》卷4，第21页。
⑦ 《清太宗实录》卷5，第9页。
⑧ 《清太宗实录》卷5，第22页。

旗。”①

天聪六年（1632）四月，征察哈尔，俘获无算，择其获万人以上者列举如下。六月俘获“人一万八千九百一十五。”②阿济格贝勒属下又“俘获人五千五百二十三。”③此役八旗共“俘获人二万一百五十八名……杀男丁一万一千三百八十”，④对其他蒙古之俘获人数尚未计算在内，随时逃来归附之蒙古或数十或数百，则难以统计，大约共获人畜“十万有余”。⑤

天聪八年（1634）五月，以书招察哈尔诸蒙古，来归者络绎不绝，数百户或千人来归附者时见于记载。其中数量较多者有“察哈尔汗高尔土门福金，率一千二百户来降。”⑥“察哈尔国噶尔马济农等……率众六千，并家口来归上。”⑦“察哈尔汗妻窦土门福金，携其国人来降。”⑧又有巴赖都尔莽赖寨桑等，“计五千户，二万口”⑨来降。随后察哈尔汗妻囊囊太后等，“率部下一千五百户来降。”⑩“察哈尔汗妻苏泰太后及其子额哲，及其部众人民，悉已招降归附。”⑪至此，“喀尔喀五部举国来归，喀喇沁、土默特，以及阿禄诸部落，无不臣服，察哈尔汗之弟，其先归服者半，后察哈尔汗携其余众，避我西奔，未至汤古忒部落，殂于西喇卫古尔部打草滩地，其执政大

---

① 《清太宗实录》卷10，第22页。
② 《满文老档》下册，第1292页，中华书局1990年版。
③ 《满文老档》下册，第1294页，中华书局1990年版。
④ 《满文老档》下册，第1314页，中华书局1990年版。
⑤ 《清太宗实录》卷12，第5页。
⑥ 《清太宗实录》卷19，第24页。
⑦ 《清太宗实录》卷20，第3页。
⑧ 《清太宗实录》卷20，第17页。
⑨ 《清太宗实录》卷21，第9页。
⑩ 《清太宗实录》卷23，第17页。
⑪ 《清太宗实录》卷23，第21页。

臣率所属尽来归附。今为敌者，惟有明国耳。”①

至天聪九年，漠南蒙古之察哈尔、科尔沁、喀尔喀三大部均征服，右翼蒙古三部之土默特、喀喇沁、鄂尔多斯，也被征服。

从以上摘录之蒙古诸部之归附情况看，其中大部被编为外藩蒙古旗，划分地界，驻于蒙古地区。也有为数众多之蒙古人被编入八旗，纳入八旗范畴之内，与外藩蒙古已有很大不同。这部分蒙古人大约也有三种去向。

其一是被编入八旗。

将蒙古人编入八旗始于天命年间，史书记载，蒙古扎鲁特部主动来归者较早。在天命元年之前，扎鲁特部已与努尔哈赤家族联姻。《八旗通志》载，镶黄旗满洲第二参领下第十六佐领、第三参领下第五佐领，“系国初以扎鲁特地方来归人丁编立。”② 科尔沁贝勒明安所部之蒙古，被编入正白旗满洲第五参领下之第三佐领。在上三旗中，还有乌鲁特、察哈尔等处蒙古编立之佐领。在天聪朝编立的蒙古佐领约有百数十个之多。在天聪九年分设八旗蒙古时，留在八旗满洲中的蒙古佐领仍为数不少。在1615年努尔哈赤正式编设八旗时，八旗之中已有蒙古人了，《满文老档》天命六年（1621）闰二月二十九日就有“擢三等参将蒙古人阿岱为头等参将”的记载。并于天聪初年设立蒙古二旗，天聪九年（1635）正式设八旗蒙古。《钦定八旗通志》在“蒙古佐领缘起”中载：

天聪八年六月，以和硕贝勒德格类、公吴纳格所获察

---

① 《清太宗实录》卷20，第38页。

② 《钦定八旗通志》卷2，旗分志二，第32页，吉林文史出版社2002年版。

哈尔国千余户分给八旗。九年正月，以察哈尔国来归各官并壮丁三千二百十有一人，均隶各旗。是年二月，编审喀喇沁蒙古壮丁，令旧蒙古固山兼辖。

正黄旗津扎多尔济、布颜、阿玉石、拜都、塔拜、巴布泰、浑齐、吴巴什等之壮丁，及在内旧喀喇沁之壮丁，共一千二百五十六名，合旧蒙古为一固山。以阿代为固山额真。其下设梅勒章京、甲喇章京各二员。

镶黄旗吴思库、拜浑岱等之壮丁，及在内旧喀喇沁壮丁，共一千四十五名，合旧蒙古为一固山。以达赖为固山额真。其下设梅勒章京、甲喇章京各二员 。

正红旗昂阿、甘济泰、喇嘛斯希、库鲁格、巴特玛、海塞、苏班达礼、卜达礼等之壮丁，及在内旧喀喇沁壮丁，共八百七十名，合旧蒙古为一固山。以恩格图为固山额真。其下设梅勒章京、甲喇章京各二员。

镶红旗苏木尔、赖瑚尔、噶尔图、绰思熙等之壮丁，及在内旧喀喇沁壮丁，共一千十六名，合旧蒙古为一固山。以额驸布颜代为固山额真。其下设梅勒章京、甲喇章京各二员。

正白旗布尔哈图、阿玉石、苏班、齐古喇海、莽古尔代、塞内克、什鲁克等之壮丁，及在内旧喀喇沁壮丁，共八百九十名，合旧蒙古为一固山。以伊拜为固山额真。其下设梅勒章京、甲喇章京各二员。

镶白旗喇木布里、诺云达喇、阿兰图、什里得克、桑噶尔寨等之壮丁，及在内旧喀喇沁壮丁，共九百八十名，合旧蒙古为一固山。以额驸苏纳为固山额真。其下设梅勒章京、甲喇章京各二员。

正蓝旗什喇祁他特、喀喇祁他特、靠祁他特等之壮

> 丁，及在内旧喀喇沁壮丁，共八百六十名，合旧蒙古为一固山。以吴赖为固山额真。其下设梅勒章京、甲喇章京各二员。
>
> 镶蓝旗纳木齐、石喇图、纳勒图桑奈、张素、绰克图、诺密、弩木赛、阿衮等之壮丁，及在内旧喀喇沁壮丁，共九百十三名，合旧蒙古为一固山。以扈什布为固山额真。其下设梅勒章京、甲喇章京各二员。
>
> 是年九月，以鄂尔多斯济农处所得察哈尔壮丁八百名，补各旗之缺少者。①

崇德年间以来，直至康熙末年，仍有数量不等之蒙古人被编入八旗蒙古。从上述记载来看，合旧蒙古，八旗蒙古之兵额约为20000人左右，其家属及户下人口尚未计算在内。

其二，将蒙古人丁分给八旗贵族“赡养”。

如《满文老档》天命六年二月载“多铎阿哥属下之七名蒙古人潜逃而去”②。可知当时八旗贵族多有被“赡养”之蒙古人。另如天聪五年（1631）十一月，攻下大凌河城，将所获蒙古壮丁“分拨八旗，令旗下官及诸贝勒所属护卫，并国中富户，量力收养”③。

天聪八年（1634）闰八月，在征察哈尔途中，有察哈尔蒙古来降，“以察哈尔来归各官，分给八旗赡养。分隶正黄旗者：阿牙克喀塔齐木里克喇嘛寨桑、古木德塞臣寨桑，男丁二百四十五名，……分隶镶黄旗者：班班杜棱、布颜代、博尔

---

① 《钦定八旗通志》卷18，旗分志十八，第310页，吉林文史出版社2002年版。

② 《满文老档》上册，第175页，中华书局1990年版。

③ 《清太宗实录》卷10，第22页。

古，男丁二百七十名……”①

在八旗诸王、贝勒、贝子、公等家下者，也为数众多。如“顺治二年十一月，平西王吴三桂奏进所属蒙古壮丁男妇共二千五百八口。”② 以此例推算，在八旗王公家下之蒙古，应不低于数万之众。

其三，将阵获蒙古分与八旗为奴。

如天聪二年（1628）二月，征察哈尔多罗特部落，“俘获万一千二百人，以蒙古、汉人千四百名编为民户，余俱为奴。”③

天聪三年（1629）三月，往征察哈尔蒙古，“上以所俘八千八百三十，赐出征将士有差。”④

天聪六年（1632）六月，征察哈尔汗，“凡军行俘获人口，各按甲士均分。”⑤ 同年掠归化城一带，俘获“人口牲畜十万有余”，“各按品级，以人口牛羊厚赏之”⑥。对蒙古阵获人口的这种分配，其身份地位多为奴仆。而主动来投者则多保持原部落家族形式单独设佐领，有些则单设旗，或者编为外藩四十九旗蒙古。

天聪年间，是皇太极主要征服漠南蒙古和右翼三部蒙古的时期。在十年之中，漠南蒙古和右翼三部蒙古基本归顺，这一过程，也使相当大的一部分蒙古人进入到八旗社会之中，留居辽沈地区者为数众多，已不再受蒙古传统社会结构和贵族的管

---

① 《内国史院档》上册，第104页。

② 《钦定八旗通志》卷18，旗分志十八，第321页，吉林文史出版社2002年版。

③ 《清太宗实录》卷4，第7页。

④ 《清太宗实录》卷8，第17页。

⑤ 《清太宗实录》卷12，第2页。

⑥ 《清太宗实录》卷12，第6页。

辖。即使被皇太极封为王、公、贝勒、台吉之贵族所部，也与过去蒙古社会有了根本不同，他们要受金（清）的辖制，并被确定在一定地域生活。

这种现实，一方面使蒙古各部之分布及隶属关系有了变化；另一方面，由于蒙古人口的迁徙使金（清）的军事力量有所增强，不仅使政权更加稳定，而且有了更大的发展。八旗中蒙古佐领的出现，乃至设置蒙古二旗，又扩展为蒙古八旗，便极有力地证明了蒙古人口向辽沈地区的集中，对当时历史之发展产生了重大而广泛的影响。八旗蒙古的存在成为凝聚外藩蒙古和平衡满洲、汉人关系的力量。清代时期蒙古地区的相对稳定，也与蒙古人口的迁徙与变化有着密切的关系。而八旗蒙古与八旗满洲的关系，随着时间的推移，也似乎比与外藩蒙古的关系更密切了些。因此蒙古人口在辽沈地区的集中，并不简单的是一种人口流动迁徙现象，它对蒙古诸部关系之变化和各部势力之重新调整，乃至满洲的迅速崛起，都产生了影响。

（三）对汉族人口的迁徙与集结

自努尔哈赤起兵以来，招纳和俘获汉人成为他们扩大势力的主要手段之一。

八旗入关之前是后金（清）收拢聚集汉人的主要时期。这一时期被置于八旗管辖之下的汉人，大约分为三种类型。

其一是“辽人”。这部分人“乃辽东、三韩、三卫人民，国初称曰乌真超哈，亦称辽人”①。他们世居辽东，历时久远，与女真（满洲）居处相近，被编为八旗汉军，称“乌真超哈”，也有被编入八旗满洲者，后来成为八旗满洲中之汉姓人。

① 福格：《听雨丛谈》卷1，第6页，中华书局1984年版。

其二，明朝时所置卫所之汉人。明代之时，于辽东广置州卫，以辽阳、广宁、开原为重镇。辽阳，设定辽中卫、定辽左卫、定辽右卫、定辽前卫、定辽后卫、东宁卫、自在州、海州卫、复州卫、金州卫。广宁，设广宁卫、广宁中卫、广宁左卫、广宁右卫、义州卫、广宁后屯卫、广宁中屯卫、广宁左屯卫、广宁右屯卫、广宁前屯卫、宁远卫、沈阳中卫、铁岭卫。开原，设三万卫、辽海卫、安乐州、永宁监。各州卫之下，置所及城堡甚多。

明时所置卫所，多为屯田之制，以军守边而招来民户耕种。据明嘉靖四十四年（1565）年之统计，“辽东都司定辽中等二十五卫、安乐、自在二州，招集、永宁监户九万六千四百四十一，口三十八万一千四百九十六。”① 此地之驻军还有“马军七万三百一十八，步军三万七千四百九十五，屯军一万八千六百三，盐军一千一百七十四，铁军一千五百四十八”②，共计129 138人。

以上虽为额定之数，并非实有之人数，然辽东汉人及家属大约近百万左右，应该没有问题。此外还有一些从关内调来的部队，被俘获之数量亦很可观。这部分人在崇德年间大部被掳掠置于八旗统治之下。

其三，关内汉人。关内汉人被强制迁徙至辽东者数量巨大，自天聪年间开始，八旗大军曾多次大规模入关抢掠，每次抢掠人口都以千万计，这些汉人也被纳入八旗统治之下。

女真崛起之初，以抢掠为主要手段以增强实力，并因此而

① 《全辽志》卷2，赋役志·户口，第1页，《辽海丛书》本，辽沈书社1985年版。

② 《全辽志》卷2，兵政志，第55页，《辽海丛书》本，辽沈书社1985年版。

有了“捉生”的专有名词，其意为捕捉人口为奴。在文献记载中，抢掠汉人及投顺之人数不胜数，故仅举其大端，亦可见当时获汉人数量之巨。

天命三年（1618）四月，以“七大恨”为由伐明，攻下抚顺、马根单、东州三城及台堡寨五百余，“论将士功行赏，以俘获人口三十万分给之，其归降人民编为一千户。”①

天命四年（1619）五月，攻开原城，“上驻军开原三日，籍所俘获，取之不尽。”② 七月，取铁岭，俘获甚多。

天命六年（1621）三月，取沈阳，“驻兵五日，论功行赏，籍所获，分给将士。”③ 随之取辽阳，“生擒御史张铨，其余官民皆剃发归顺。”④ 辽阳既下，附近之河东大小 70 余城寨，官民俱剃发降。

天命七年（1622）正月，攻广宁城，陷之。广宁一带凡 40 余城御官皆降。

天聪三年（1629）十月征明，至天聪四年二月结束，克遵化、通州、顺义，逼燕京，又转攻良乡、固安、永平、滦州、迁安等地。此次出征所获人口，史料没有详载，然出征时间既长，攻占堡亦多，所获人口当不在少数。

天聪五年（1631）五月，举大军伐明，至十月大凌河总兵官祖大寿降，降民 10 682 人。

天聪六年（1632）明将孔有德、耿仲明率部二万余人降清，孔被封为都元帅、耿被封为总兵官。崇德元年（1636），孔被封为恭顺王、耿被封为怀顺王。

---

① 《清太祖高皇帝实录》卷5，第16页。
② 《清太祖高皇帝实录》卷6，第20页。
③ 《清太祖高皇帝实录》卷7，第15页。
④ 《清太祖高皇帝实录》卷7，第20页。

天聪七年（1633）七月，攻陷旅顺口，俘获5302人。

天聪八年（1634）四月，尚可喜归降，来降人数虽无记载，但记载是“率三岛官员兵民”，人数似应在二至三万左右。五月定兵制时，定孔有德之军为天祐兵、尚可喜之军为天助兵，两军人数似不会差别太大。

天聪九年（1635）八月，八旗征明，自平鲁卫入朔州，抵长城，又经宁武关、代州、忻州、崞县、黑峰口、应州而复至平鲁卫，此役共“俘获人口牲畜七万六千二百有奇”①。

崇德元年（1636）七月，阿济格等率军征明，在入长城前，“获人畜共计一万五千二百三十”②。至九月，“直入长城，过保定府，至安州。克十二城，凡五十六战皆捷，共俘获人口、牲畜十七万九千八百二十。”③

崇德二年（1637）四月，攻皮岛。守军及妇幼计约2万人，除被斩杀者外，均被俘获。

崇德三年（1638）二月，明石城岛总兵沈志祥来降，“其来归官员兵民，副将九员、参将八员、游击十八员、都司二十一员、守备三十员、千总四十员、生员二人，带甲兵丁四百四十人，无甲兵丁八百七十九人，水手百七十七名，居民八十六人，并妇女幼小，通计二千四百五十四名口。”④沈志祥于七月方从石城岛到达，实带人口4000人，崇德四年（1639）封沈志祥为续顺公。

此年八月岳托等率军征明，从密云东北之墙子岭口入长城。九月又遣多尔衮等率军征明，由青山关入长城。十月，皇

---

① 《清太宗实录》卷24，第15页。

② 《清太宗实录》卷30，第19页。

③ 《清太宗实录》卷31，第2页。

④ 《清太宗实录》卷40，第25页。

太极亲率大军征明，由义州、锦州至中后所回师，此次征明所获人口史书记载不详。

崇德四年（1639）二月，八旗分三路大军征明，左翼由多尔衮统领，右翼由杜度统领，皇太极自领一军。左、右翼八旗由长城入关，会于通州，左翼军攻入河北、山西、山东，下城40座，“俘获人口二十五万七千八百八十”①。右翼军绕过燕京，西至山西、南至山东，下城21座，“俘获人口二十万四千四百二十有二”②。皇太极一路，攻锦州附近之松山、杏山，虽所获人口不多，但牵制了明朝之军队。此次所俘获人口共约46万之多。

崇德六年（1641）秋征锦州、松山、杏山。崇德七年（1642）二月破松山城，俘获3000余人。三月锦州总兵祖大寿降，共获人口万人。四月破杏山城，获“男子二千五百七十六人，妇女幼稚四千二百六十二口”③。

崇德八年（1643）六月，阿巴泰率军攻山东。此次出征“计攻克三府、十八州、六十七县，共八十八城，归顺者六城。……俘获人民三十六万九千名口”④。

以上记载的俘获及投顺之人数中，明确记为“人口”的大约1 200 000人。人畜合计的约270 000之数，若人口以半数计，则有10多万人。另外还有数次规模巨大的俘掠人口军事行动，未精确地记载人数。如将上述情况合计，从后金天命年至清崇德末年，俘掠汉人人口当不会少于1 500 000之数。

从对汉族人口的迁徙与集中的情况可以看到，在后金

---

① 《清太宗实录》卷45，第22页。

② 《清太宗实录》卷45，第23页。

③ 《清太宗实录》卷60，第17页。

④ 《清太宗实录》卷64，第25页。

（清）的社会结构中，汉人成为人口最多、地位最低下的阶层，但也正是由于汉族人口的大量存在，使整个社会获得了经济基础的保障。而到了皇太极执政时期，汉人的地位处境有所变化，分屯别居以及自由民身份的出现，对汉人封为王公乃至汉军的单独建旗，对汉人文臣的重视及其对政局的影响等等，都并非以往可比，汉人在政治、经济、军事、文化等更多方面发挥了重要作用，以至于在八旗入关之后，成为统一全国、稳定和巩固政权的重要力量。

八旗入关之前是对人口集中与迁徙的主要时期。从上文可见，在这一时期集中与迁徙人口最多的是满族、蒙古族与汉族（锡伯、索伦等被称为新满洲，朝鲜族则人数并不很多）。而对局势影响最大的，也正是这三个被迁徙与集中人口最多的民族。

对这三个民族人口集中与迁徙所产生的后果及作用与影响，有着共同的方面，比如增强了后金（清）的政治、军事、经济、文化实力等等，但是由于被集中与迁徙之民族的不同，其作用与影响也存在差别，故试以下文论之。

二、民族人口迁徙与集结的意义与作用

（一）女真人口迁徙与集结的意义与作用

女真（满洲）人口的迁徙与聚集产生了众多的意义与作用，现择其重要者述之如下。

其一，女真人口的迁徙与聚集为女真部之统一奠定了基础，并成为“满洲”形成的主要条件。

在明万历初年之际，女真各部处于大分散状态，各不统属且又相互征战。建州女真之建州卫、建州左卫、建州右卫，以

及长白山二部，矛盾重重，即各部之内部亦不能形成整体。海西女真之扈伦四部及野人女真之东海部、黑龙江部的情况大致相仿。

后金（清）采取的策略是以建州女真为核心，依次征服海西女真与野人女真。在这个过程中，除重用和依靠建州女真之外，陆续将海西女真与野人女真各部之首领或杀或养，并通过征伐将各部之壮丁迁入本部。如此以来，女真各部之主体基本迁移至辽沈地区，留驻于当地之女真，亦被编为牛录管辖。这一过程在八旗入关前已经基本完成，女真（满洲）各部被纳入到整体统辖之下，女真（满洲）统一的局面由此而形成。

其二，女真（满洲）的统一与人口的集中，促使女真各部之人加强了联系与交流，人口的大量迁徙与集结，使女真由一个“自在”的民族转化成“自醒”和“自觉”的民族。

明代中晚期，野人女真居处分散，生产方式落后，处于一种完全“自在”的状态中。建州与海西女真虽然较为进步，但与中原地区相比则仍显落后，他们在明朝卫所制度管理下，各自都想获得明朝廷的青睐，纷纷朝贡，其民族地位处于一种被羁縻状况，仍属于“东夷”的范畴，其政治地位低下，无法与“华夏”族相比。在相当长的时间里，女真人对这种民族不平等状况是默认的，故而一直依附于明朝。

自努尔哈赤起兵，尤其建立了后金政权和八旗以后，政治和军事实力迅速增强。人口的不断聚集，也使这种实力在迅速扩大。在这个过程之中，女真人逐渐认识到了自己民族崛起的巨大力量，他们不再甘心于不平等的民族处境，民族的“自醒”与“自觉”成为女真在民族意识上成熟起来的标志。

民族的“自醒”与“自觉”自努尔哈赤时期即已显露出来，后金大举进攻朝鲜、蒙古，以“七大恨”誓师伐明等等，都是民族“自醒”的直接表现。而到了皇太极时期，民族“自觉”的意识更向理性化层面发展。他们不再愿意成为明朝的附庸而是有了欲与汉人一争天下的意图。他们除了将政权定名为“大清”以示与“大明”抗衡之外，他们还在民族“自觉”的理性思考中，废弃了以往为“他称”的“女真”民族称谓，而“自称”为“满洲”。这种民族自称出现的现象，反映出他们在民族自省意识下的民族自信自强心理，“满洲”称谓的出现，结束了这个民族长期处于不自醒状态的历史。

在这个时期，民族的自信与自强表现在许多方面，在民族自我认知的层面上，皇太极的认识极具代表性。如崇德元年(1636）四月，皇太极上尊号不久，在给朝鲜王的书中云：“古云：天下者，非一人之天下，乃天下人之天下也。此言诚是。虽素为贫贱，若有大德，其人可为天子。向为帝王者若无德，可为小人。是故，古之大辽乃东北夷，而为天子。金乃东夷，而有大辽之天下，招安宋国。大元乃北方蒙古，而有金之天下。大明洪武乃皇觉寺僧，而有大元之天下。”① 此处所举，皆以不同民族而有天下者，其意可理解为身为东北夷之满洲，亦可得天下也。这种民族自醒之认识，在努尔哈赤起兵之前，是不可想象的。而这一切，都与人口的聚集和实力的增强有着直接而密切的关系。人口的集中和八旗的建立使各部成员之间有了密切接触的机会，增进了各部之间的观念与文化的交流，趋同性因素在不断增加，相互认同感也随之增强。而蒙古和汉人的大量迁入，也促进了民族自我意识的强烈。故而在形式上形成统一局面之后，在更深层次上民族意识的共同性也随之产生，从而完成了形式与内涵两方面的统一，女真也由此走入了

① 《满文老档》下册，第1434页，中华书局1990年版。

向满洲发展的新阶段。因此可以说，女真人口的大量迁徙与集中，是“满洲”形成与出现的最重要的基本条件。

其三，女真（满洲）的聚集，在辽沈地区形成了以女真（满洲）为核心的多民族的社会集团与社会结构。

女真（满洲）人口聚集的时间要早于对蒙古和汉人的迁徙与集中的时间。从整个人口聚集过程看，努尔哈赤时期首先统一的是建州女真和长白山女真。在聚集了相当的人口之后，逐渐征服了海西女真之扈伦四部。与此同时，亦征服并迁徙了一部分东海女真。在这个时期虽然占据了辽沈一带，俘获了大量汉人，但此时之汉人绝大多数被分与旗人为奴，在后金政权中还没有形成一种势力。而此时对蒙古诸部几乎没有开展大规模的军事行动，蒙古人在后金中的比例并不很大，此时的女真人在政治和军事中成为绝对的主要力量。

至皇太极时期，女真各部基本全被征服，并形成一个比较严密的整体，女真的核心作用已经充分显现出来。正是在这种情势之下，皇太极开始了向蒙古和汉人的同时出击。也正是在这个时期完成了对漠南蒙古和右翼三部的征服，以及完成了对辽西的军事扩展。大量蒙古和汉人被置于八旗势力之下。以满洲为核心，以蒙古和汉人为羽翼的八旗社会结构形成，开启了已基本完善的涵有八旗满洲、蒙古、汉军三大部二十四旗的八旗制度三百年的历史。

由八旗满洲、八旗蒙古和八旗汉军三大主力构成的八旗制度，是中国历史上从来没有出现过的由多民族成分组成的长期稳定存在的政治、军事、社会制度。八旗制度形成之后，共同的政治、经济和军事利益，使得八旗内部不同民族的成员产生了共同的思想和行为准则，八旗利益便是所有正身旗人之利益。对旗人利益的保护与追求，超越了对本民族母体的忠诚，八旗也由此成为超越民族界限的一个极具特殊性的社会集团。在这个社会集团中，八旗满洲具有不可取代能够左右形势发展的核心作用。因此可以说，是女真（满洲）人的统一，从根本上决定了这个阶段东北地区的历史走向，并对八旗入关后中国的历史走向产生了影响。

（二）蒙古人口迁徙与聚集的意义与作用

在清代以前，蒙古人口虽然也有过迁徙的历史，但其形式与意义与此迁徙与聚集完全不同。在这个时期，虽然只有部分蒙古人被迁徙集结在辽沈地区，但是他们被编入八旗的现实，仍然对辽沈地区乃至被重新划分领地的蒙古诸部产生了前所未有的影响，这种影响与作用大致有如下数方面。

其一，蒙古人口的迁徙与在辽沈地区的聚集，不仅在一定程度上改变了蒙古诸部原有的结构，而且增强了蒙古向女真（满洲）靠拢的凝合力。

蒙古与女真原有一种天然联系，不仅与女真居处相近，而且“语言虽异，风俗则同”，扈伦四部中之叶赫、哈达二部之祖先即为蒙古人。在努尔哈赤起兵与适逢蒙古诸部纷乱之背景下，蒙古诸部各自开始考虑前途，在后金（清）示好与征伐并举的情势中，蒙古诸部逐渐分裂，并纷纷向后金（清）靠拢，同时被俘掠而进入八旗社会者亦不下数万人之众。而通过联姻形成的姻亲关系，更强化了蒙古归附女真（满洲）的决心。被俘者或投顺者多被编入八旗，留居者亦各自编旗，均纳入统一管理体系之中，蒙古各部之原有格局也因此而被打破。

被迁徙至辽沈地区之蒙古，大多被编入八旗，除八旗满洲中留有部分“旧蒙古”佐领之外，另以蒙古壮丁编为八旗蒙古。从历史与民族发展的角度看，被编入八旗之蒙古与外藩蒙古在许多方面都有了重大区别。八旗蒙古的部落归属意识已渐淡薄，而旗人之归属意识则相当浓厚。八旗蒙古与八旗满洲相似的管理方式和相似的社会环境，以及相互间无限制力的通婚，使被迁徙而编入八旗体制下的蒙古人更倾向于满洲为核心的八旗。从另一个角度看，由于蒙古人口的大量加入，对后金（清）的社会结构及民族构成，也产生了许多重要影响。在后金（清）社会之中，八旗蒙古成为重要的政权支撑力量，也成为八旗社会的主要社会基础。

其二，对蒙古人口的迁徙与征服，重新调整蒙古诸部的势力范围。

从清代史料中可以得知，蒙古诸部人口自天命至崇德年间数百乃至上千人主动投顺之事件，经常发生，人口总计应不下数万之众。

在这个时期后金（清）亦曾多次征讨蒙古，其主要征讨情况如下：

天命八年（1623）四月，征喀尔喀扎鲁特部，斩其贝勒昂安父子，“尽获其妻孥军民畜产”①。

天命十一年（1626）四月，征喀尔巴林部，斩囊奴克寨贝勒，“获人畜五万六千五百”②。十月，又征喀尔喀扎鲁特部，擒其十四名贝勒，“尽获其子女人民牲畜还”③。

天聪二年（1628）二月，征察哈尔多罗特部，“俘获万一千二百人”④。五月，征顾特塔布囊部落，“尽收其人民，俘获

① 《清太祖高皇帝实录》卷8，第20页。
② 《清太祖高皇帝实录》卷10，第10页。
③ 《清太宗实录》卷1，第15页。
④ 《清太宗实录》卷4，第7页。

人口驼马牛羊以万计”①。九月，征察哈尔部，沿途诸部落贝勒来归，并获人口“八千八百三十”②。

天聪六年（1632）四月，征察哈尔部，此役俘获“共计人口牲畜十万有余”③。

天聪八年（1634）五月，再征察哈尔部，此役察哈尔所属诸蒙古部落或来归降，或被征服，察哈尔部至此全数归服，所获人口不可胜数。

崇德三年（1638）二月，征未降服之喀尔喀部落，获“男子六百四十名，家口一千七百二十名”④。而后喀尔喀蒙古诸部落纷纷来降。漠南蒙古之科尔沁、察哈尔、喀尔喀以及右翼蒙古三部之喀喇沁、土默特、鄂尔多斯，至是基本全部被征服。

在征服蒙古诸部过程中，对各部蒙古采取了不同的处理方法。

对被军事征服的部落人口和降而又叛的蒙古人口，一般是分给出征之将士和蒙古诸部贝勒、台吉。或为其属民，或编入八旗。

对主动来归者，或仍以其贝勒、台吉统治，或被编入八旗。

如科尔沁部最先归附，故对科尔沁部基本没有进行武力征讨，并加强与其联姻。科尔沁部除一部分蒙古主动归附八旗之外，基本没有打破原来的格局。

喀尔喀部与后金（清）先盟后叛。又受到察哈尔部林丹

① 《清太宗实录》卷4，第14页。
② 《清太宗实录》卷5，第9页。
③ 《清太宗实录》卷12，第6页。
④ 《清太宗实录》卷41，第7页。

汗重创，其五部之中翁吉剌特、巴约特、乌济业特三部被林丹汗兼并，扎鲁特、巴林二部逃往嫩科尔沁。此后，喀尔喀五部之人或归附后金（清），或投明朝，或被他部兼并，五部蒙古之实力已不复存在。在皇太极基本臣服诸蒙古人后，喀尔喀蒙古一部分被编入八旗，一部分建扎萨克旗，喀尔喀五部之历史至此终结。

察哈尔部是漠南蒙古中实力最强之部，漠南蒙古诸部均在其摄制之下。察哈尔部被征服之后，其部众或分与八旗为奴为仆，或分编入八旗，或自编佐领，另一部分则由林丹汗之子额哲管辖。总之，察哈尔部被整体分解。

右翼三部蒙古在天聪元年被察哈尔部兼并，鄂尔多斯、土默特、喀喇沁三部相继归附于清。此时右翼三部已支离破碎，喀喇沁部之壮丁被分建三个旗，其余壮丁合旧蒙古被编成八旗蒙古。土默特、鄂尔多斯两部之主体仍留居于原地住牧。

在降服蒙古诸部之过程中，皇太极在重新调整外藩蒙古之势力之外，将外藩蒙古设若干扎萨克旗进行管理。并于天聪八年（1634）十一月，重新分划诸蒙古贝勒之牧地。此次分划牧地除八旗之外，蒙古诸部有敖汉、奈曼、巴林、扎鲁特、翁牛特、四子、塔赖、吴喇忒、喀喇沁、土默特。牧地分划之后，不许越界。

同时，又将蒙古诸部按原部落情况分别编旗，以50户为一佐领，将漠南蒙古十六部四十九王公所属编为内札萨克旗，建立会盟制度，设立蒙古衙门（后改为理藩院）管理，这就将蒙古纳入到了满洲制度系统之中。自此以后，漠南蒙古和右翼蒙古之原有分布与格局被重新调整，从而长期地稳定了北疆的安定，并对蒙古诸部乃至历史发展之局势产生了深远影响。

其三，影响了东北地区政治格局与民族关系格局。

在努尔哈赤起兵之前，东北地区大致分为三个地域。即辽沈地区，主要由汉人居住；辽东及吉林、黑龙江与松花江流域，主要由女真人居住；嫩江及以西地区与辽河河套地区，主要由蒙古人居住。汉人地区主要以军垦屯田为主，直接受明朝管辖。女真人地区被明朝设立卫所进行统治。蒙古之兀良哈诸部亦建立卫所，明中期以来，蒙古察哈尔部、喀尔喀部、科尔沁部南迁至东北地区。各个民族大致活动在各自的地域之内。

在后金（清）逐渐强盛之后，随着对辽沈地区的占据和对蒙古诸部的征服，东北地区基本被统一，原来的政治归属关系被打破，后金（清）政权成为这个地区的政治主体，此前东北地区的政治格局出现了新的变化。从另一个角度看，此前东北地区的不同民族各有归属，相互间并无直接的统辖关系，这种情况也因为同样的原因发生了变化，女真（满洲）成为占主导地位的民族，蒙古和汉人及其他民族处于次要和附属地位，并成为后金（清）政权能够巩固和壮大的社会基础。

从女真（满洲）之内部关系看，女真三大部之间原本也并无统属关系，甚至各部之内部也处于相对独立之状态。在蒙古诸部中，察哈尔林丹汗虽名为大汗，对喀尔喀部和科尔沁部也无直接统治之力量，对右翼蒙古三部更是鞭长莫及。而在后金（清）政权建立后，这种情况也随之发生了变化，女真三大部被统一为一体，漠南蒙古和右翼三部蒙古亦被统一在政权势力之下，结束了女真（满洲）和蒙古长期分裂的状态，成为后金（清）政权的属民。而这种结果的产生，与对各族人口的迁徙与集中有直接的关系。

从民族关系的角度看，政治格局的变化对民族关系格局的变化产生了重大影响。在明代东北的民族关系处于动荡的矛盾之中，辽西汉人的主体是军队，担负着维护稳定和镇压反抗的任务。女真（满洲）和蒙古处于被羁縻之地位，而且相互间为争夺利益屡屡发生战争，军事行为成为各民族间主要的交往方式。在后金（清）政权掌握了东北的局势之后，这一切都发生了改变，在同一个政权之下，女真（满洲）、蒙古、汉人有了比较正常的交往方式，尤其是人口的大量集中和八旗制度的建立与强化，使民族相互在深层次上交往成为可能，而八旗满洲、八旗蒙古和八旗汉军政治军事的一体性，更促进了民族交往的发展。从蒙古的角度而言，蒙古人口的大量加入，给后金（清）政权"掺了沙子"，在客观上平衡了女真（满洲）与汉人的民族关系，并成为政权的主要支撑力量之一，后金（清）政权之下女真（满洲）、蒙古和汉人三大民族为主体之格局也因此而形成，并成为影响民族关系的重要因素。

（三）汉人迁徙聚集的作用与影响

在八旗入关之前，被迁徙和集结于辽沈地区的汉人超过百万，这个数量要在当时满洲人口的5倍以上。

在这个时期，汉人的处境大致有三种，其一是被编入八旗（后单设八旗汉军），这部分人主要由原居住于辽东的汉人组成；其二是投顺或被俘之汉人，其中一些被按丁编庄，成为半自由人；其三是攻入关内时所俘获之汉人，大多沦为奴仆，其处境几与牲畜相同。另外还有一部分汉人，即三顺王及沈志祥之兵，其处境大致与八旗汉军相近。

汉人在辽沈地区的聚集产生了多种后果。

其一，增强了后金（清）的政治实力，推进了后金（清）社会的发展速度。

后金初兴阶段几乎没有政治资本和政治实力，被称为"东北夷"的女真人不过是明朝羁縻的对象。后金政权只不过是一个较为原始的带有宗法性质的不成熟的政权而已。皇太极执政之后这种情况才有所改变，而促成这种改变的一个重要原因，便是接受了汉人的建议。下选数种重要之建议，以为佐证。

如天聪五年（1631）七月，正式设立六部之事。金之政权设立六部，实际是向封建政权转化的开始。在此之前，除贝勒之外，只设议政八大臣及佐理国政、审断狱讼之十六大臣和管理出兵驻防之十六大臣，政权机构甚为原始，而六部之设立是出于汉官之请。汉官宁完我曾任职文馆，官参将，曾上疏请设六部，六部既设，宁完我又奏云："臣等公疏，请设六部，立谏臣、更馆名、置通政、辨服制等，疏经数上，而止设六部，余事皆留中不下。"① 由是可知六部之设立实乃汉官之主张也。宁完我于此疏之中再次请求实行他以往奏疏中的建议，皇太极览后谕："此本说得是，朕方裁决几务，俟事毕，以次举行。"② 六部设立后虽然以六名贝勒管各部事，然而政权机构之六部，实与八旗旗务有本质不同。而且自六部设立之后，尤其在崇德年间，六部在政权的权力行使方面发挥了重要作用，旗政之别由此分途。

在六部设立后之数年，汉官之建议大多都得以实行。如相继制定了仪式与仪仗制度、服饰制度、丧葬制度，改文馆为内三院，设立都察院，并确定了六部二院之官员设置制度等等，制度既立，各司其职，八旗贝勒之权渐衰，基本完成了向封建政权的转化。

其二，增强了八旗之军事实力。

---

① 《清太宗实录》卷10，第31页。

② 《清太宗实录》卷10，第36页。

八旗满洲与八旗蒙古虽然骁勇，但长于骑射而短于火器，野战战无不胜，攻坚则常常失利。汉人则正相反，长于火器而短于骑射，八旗汉军之建立弥补了八旗军事上的缺陷，增强了军事实力。

汉军之设立始于天聪五年（1631）正月。此年铸成“红衣大将军炮”，并使额驸佟养性总理汉人军民一切事务。编汉人为汉兵，于八旗每旗之下设随营红衣炮、大将军炮40位，统由佟养性管理。

汉兵设立之初就显示出了战斗威力。天聪五年（1631）八月，征大凌河城。以炮击大凌河附近城台，多下之。如攻陷于子章台（城）即可为汉兵威力的例证。当时《清太宗实录》是这样记载的，“是台峙立边界，垣墙坚固。我军连攻三日，发红衣大将军炮，击坏台垛，中炮死者五十七人。台内明军，惶忧不能支，乃出降。是台既下，其余各台，闻风惴恐，近者归降，远者弃走。所遗粮糗充积，足供我士马一月之饷。至红衣大炮我国创造后，携载攻城自此始。”① 此役以汉兵之红衣炮下大凌河周围百余台，大凌河成为孤城。至十月，大凌河城总兵祖大寿献城降。此后皇太极加强了对汉兵的建设，至天聪七年（1633）汉兵已编建为一旗。崇德二年（1637）七月，汉军分为二旗。崇德四年（1639）七月，汉军二旗又扩为四旗。崇德七年（1642）七月，编汉军四旗为八旗。

汉军自单独编旗以来，参加了征蒙古、征明、征朝鲜的历次战役，都发挥了重要作用。如汉军编为二旗后不久，于崇德三年（1638）十月征明。以岳托、杜度率右翼军，多尔衮、豪格等率左翼军入关征掠。皇太极则自率汉军主力沿锦州一线

① 《清太宗实录》卷10，第5页。

直指出海关，所经过之城台，皆以将军炮攻破之。次年正月征明，攻松山城与锦州城，此次虽未攻陷两城，但两城附近之炮台皆被轰陷。松山城亦屡被轰破城门，此役汉军成为主力。崇德七年（1642）三月，松锦大战历时一年结束，败13万明军，攻陷松山、杏山、锦州三座重镇。攻城之方法是汉军先用红衣大炮坏其城垣，满洲、蒙古兵于城墙倾圮处攻入，每多奏效。在这次战役中，皇太极深深感觉到了汉军攻城之威力，于此年七月将四旗汉军扩编为八旗汉军。自此以后，满洲、蒙古、汉军各编为八旗共24旗之建制最后形成。

其三，稳定了社会基础。

后金政权建立之前后，农耕并不发达，虽然也掠夺了大量金银财物，但缺粮之忧，始终是一大困扰。由于人口开始集聚，粮食之缺乏成为社会稳定的主要不利因素，努尔哈赤曾于荒年下令捕杀无粮之汉人，可见形势之严峻。

至皇太极时期，除山海关外五城未下之外，东北大部被控制于清政权之下，所有耕地皆被占有。这些耕地主要由被征服之汉人耕作，按丁编庄和分给八旗耕地之举措，即是以拥有了大量汉人劳动力的情况下制定的。分配给八旗耕地的具体情况，在《满文老档》《清实录》等书中均有记载，其规模相当巨大。到了皇太极时期，汉人被分屯别居，编为民户。农业、手工业和商业，由于许多掌握技术的汉人加入而有所发展。正是由于大量汉人被集结在社会基层，使社会结构和社会生产方式发生变化，而差徭和税收制度的建立以及对八旗贵族权力的控制，更促进了当时社会向封建化的转化速度。

社会逐渐稳定的另一种因素，是吸收了汉人所带来的儒家思想观念。

儒家思想观念是汉人根深蒂固的处世原则。在汉人的积极建议下，孔子和儒家思想在当时社会中受到尊重。皇太极执政后不久，即开始建孔庙并祭奠孔子，儒家思想观念被广泛推行，教育和科举开始出现，并培养了一批满洲、蒙古和汉人文人，开启了文武并重的时代。

也正是出于这种原因的影响，政治制度、军事制度、法律制度、等级制度等等制度基本建立，强化了其封建化程度。至于儒家的“忠孝”思想，更是在八旗社会中得到推广，忠孝思想也因此成为八旗社会中的基本行为规范与准则。这种情况所带来的一个重要后果，是在总体上提高了八旗势力范围内的成员素质和政权的成熟。

结　语

在人口迁徙与集结过程中，尽管充满了血腥与镇压，充满了民族内部与外部矛盾的激烈斗争，充满了反抗与痛苦，但是从历史发展的大趋势上看，这种在历史上客观存在的事实，还是对局势和历史产生了重大而深远的影响。八旗入关之前在辽沈地区大规模的人口迁徙与集结，不仅对满族而且对整个东北的局势都产生了重要影响。从更深远的意义上看，对八旗入关乃至统一天下的过程和结果都产生了影响。八旗兴盛乃至八旗大军能够入关，从某种意义上说，人口的迁徙和集中使其具有了足够的政治、经济和军事实力，没有数量足够之人口，这一切都难以实现。而多民族人口的大量集中，不同民族相互交融与影响，也使八旗制度存在了300年之久，并开启了民族关系的新形式。

八旗制度对满洲的整合作用三论

八旗制度是一种极具民族特征的政治、军事、社会制度。八旗制度产生之后，在许多方面对东北地区的政治、军事局势和民族格局及民族关系产生了重大与深远的影响，对“满洲”的形成发展作用尤其显著。正是在八旗制度的作用下，“女真”完成了向“满洲”的转化，并促使满洲社会的各个方面发生了深层次的变化。本文从“八旗制度下的牛录建制对满洲之民族整合”、“八旗制度对满洲之社会整合”、“八旗制度对满洲之文化整合”三个方面进行论述，以期说明在八旗制度作用下，女真——满洲发生种种重大变化的原因与条件，以及发生这些变化所带来的影响与后果，并希望能揭示八旗制度的多重功能与作用。

一、八旗制度下的牛录建制对满洲之民族整合

自努尔哈赤起兵之后，女真（满洲）内部的情况发生了巨大变化，通过军事整合、政治整合、文化整合等种种手段，女真（满洲）逐渐由原来的分散状态形成为一个外在形象鲜明、内在凝聚力强烈的民族群体。而实现这种结果的原因，除了上述几种因素之外，八旗制度下的牛录编建制度对女真（满洲）的民族整合作用，尤为重要。研究这种民族整合的原则、过程与作用，对了解八旗的形成发展、女真向满洲的转

化，以及对民族关系所产生的影响，都极具有历史与学术价值。现将八旗建立之初的牛录编建制度对女真（满洲）的民族整合情况阐述如下。

（一）牛录（佐领）的编立原则与方法

八旗的建制分为三级，即牛录（佐领）、甲喇（参领）、固山(旗)。在这三级建制中,牛录是八旗也是八旗制度的基础。

八旗制度是一种兵民合一的制度，在八旗入关之前这种特征尤其明显。八旗制度下的牛录，是一种既简单又复杂的社会基层组织，其父母妻儿以及户下人与奴仆，均隶于牛录，举凡户籍、比丁、差徭、婚丧、抚恤、田亩、出征等等，都由牛录额真直接管理。因此，八旗既可以说是一种具有军事性质的社会组织，也可以说是一种具有社会性质的军事组织。正因为牛录额真之职非常重要，故在清代其官衔位在四品。

1. 依族党屯寨编立的法则

牛录之设立与明代女真人的社会生活与传统有着直接而密切的联系，更与后金时期政治、军事的发展有密切关系。

牛录之建立始于努尔哈赤1583年起兵之后，虽设立之初年代无考，但正式设立则在1601年。《清太祖武皇帝实录》、《清太祖高皇帝实录》以及《八旗通志》等书均有记载。

> 是年，太祖将所聚之众，每三百人立一牛禄厄真管属。前此，凡遇行师出猎，不论人之多寡，照依族寨而行。满洲人出猎，开围之际，各出箭一枝，十人中立一总领，属九人而行，各照方向，不许错乱。此总领呼为牛禄

（华言大箭）厄真（华言主也），于是牛禄厄真为官名。①

以此记载来看，牛录制正式设立当在1601年。不过后来经过修改的《清太祖高皇帝实录》，有“复编三百人为一牛录”之句，似乎在此之前已有牛录建制，然在所有史书中未见佐证。及至雍正与乾隆两朝编纂的两部《八旗通志》，均照《武录》所言，为“编三百人为一牛录”，并无“复编”二字。其实上面这段话已经说得相当清楚了，所谓“复编”不过是指当初“依照屯寨而行”的情况罢了。事实的情况应该是，在此之前并没有正式设立“牛录”之官职和每牛录三百人的建制，当时的“牛禄厄真”不过是“不论人之多寡，照依族寨而行”的“总领”，与正式设立牛录后的“牛禄厄真”有重大区别。

在这段记载中，还特别强调了初编牛录时的基本原则，这个原则便是“照依族寨”编建。对于这种编建原则，《满文老档》记录得更为详细。

> 聪睿荣敬汗将收集众多之国人，尽行清点，均匀排列。每三百丁编一牛录。牛录设额真一人，牛录额真下设代子二人，章京四人，村拨什库四人，将三百男丁，以四章京之分，编为塔坦。②

“塔坦”的原始含义是以血缘关系为主的狩猎采集时组成的小群体，虽然在规模上小于屯寨和族党，但为同族和近亲这

① 《清太祖武皇帝实录》卷2，第2页，北平故宫博物院民国21年版。
② 《满文老档》上册，第36页，中华书局1990年版。

一点上是相同的。由此可知牛录及其章京主要是由同族屯寨组成的。每牛录为300人，分为四章京，即每章京所辖塔坦约有70余人，这种建制与规模较适合于女真初兴阶段屯寨和族党的实际情况。而牛录额真与章京之职多由本族党之首领担任，故牛录之编建以及牛录额真之派任，主要以同屯寨族党编在一起为原则。

如镶白旗满洲中，齐尔格申“世居宁古塔地方，以地为氏。太祖高皇帝辛亥年，同其兄纳林率四十余户，丁壮百余人来归，即以所携丁壮编为牛录，令纳林管之。纳林殁，齐尔格申袭管牛录”①。葛思特，“父赫勒，于太祖高皇帝丁未年，同叔父瓦珠率宗族一百七十人来归，以其人编为牛录，授瓦珠为牛录章京，赫勒为代子，统其众。”②

镶红旗满洲中，博尔晋辖“初名博尔晋，于太祖高皇帝时，率户口来归，授侍从辖，因名博尔晋辖。将所属人丁编为牛录，使管之”③。“叶古德，于国初率户口来归，太祖高皇帝赐以妻室，编其人为牛录，使管牛录章京事。”④

镶蓝旗满洲中，“努颜，自佟佳率族属乡党来归。太祖高皇帝始编牛录，令努颜管其一”⑤。“屯台，初自汪秦地方率族属来归。太祖高皇帝见屯台甚爱重之，遂取屯台女弟为巴图鲁

① 《八旗通志》卷160，名臣列传二十，第3999页，东北师范大学出版社1986年版。

② 《八旗通志》卷161，名臣列传二十一，第4021页，东北师范大学出版社1986年版。

③ 《八旗通志》卷162，名臣列传二十二，第4034页，东北师范大学出版社1986年版。

④ 《八旗通志》卷164，名臣列传二十四，第4068页，东北师范大学出版社1986年版。

⑤ 《八旗通志》卷168，名臣列传二十八，第4133页，东北师范大学出版社1986年版。

郡王礼敦妃。以觉罗尊属瓦尔喀女弟妻之。初设牛录时，即以其族属编为牛录，使屯台统焉。"①

这种以同族党屯寨之人编立的牛录，在其他各旗中也都多多存在，这是编建牛录的重要方法和原则。

2. **主动来归者编建牛录之法则**

将来归同族党屯寨之人，不予分离，编入同一牛录，其牛录额真由族党首领出任。这种编建方法与原则与前一种基本是一致的，不过对被动归顺如阵前归顺或胁迫归顺者，也大致如此，但是更重视对部落长和屯寨首领的优待与任用。

如镶黄旗满洲第二参领下第三佐领之编设：

> 系国初由马佳地方来归人丁编立。始令黑东格之孙（注：应为侄）札尔固齐雅希禅之子拜他喇布勒哈番龚衮管理。龚衮阵亡，以尼马禅之子参领温都礼管理。温都礼升江宁协领，以其弟一等侍卫谭都管理。谭都故，仍以温都礼管理。温都礼升任陵寝总管，以其子一等侍卫济博浑管理。济博浑故，以其叔父之子一等侍卫达赖管理。达赖故，以雅希禅之二世孙释迦保管理。②

此牛录是天命年之前，札尔固齐雅希禅之伯父黑东格与其弟尼马禅"率同村五十五人于国初来归"③时编立的。雅希禅即尼马禅之子，编立时以同屯寨族党为主体。此家族颇受重

---

① 《八旗通志》卷168，名臣列传二十八，第4135页，东北师范大学出版社1986年版。

② 《八旗通志》卷3，旗分志三，第29页，东北师范大学出版社1986年版。

③ 《八旗通志》卷143，名臣列传三，第3730页，东北师范大学出版社1986年版。

视，黑东格授一等副将世职，位列札尔固齐。其弟尼玛禅授备御世职。尼玛禅长子雅希禅，授一等参将，位列十札尔固齐。次子即上面提到的温都礼，以其家世可知其家族备受重视。

又如正白旗满洲第三参领下第三、第五、第七佐领均系"国初"编立。此三佐领编立原由，是"扈喇虎于太高祖皇帝戊子年（1588），由雅尔古（又写作雅尔虎）地方，率十子及所属人民来归，以其人编立牛录使之统焉"①。具体编立情况是，第三佐领"系国初雅尔虎地方来归人丁编立，始以扈拉沽（扈喇虎）次子胡什他管理"②。第五佐领"亦系国初雅尔虎地方来归人丁编立，始以达尔汉辖（扈喇虎长子）第三子三等精奇尼哈番浑塔管理"③。第七佐领"亦系国初雅尔虎地方来归人丁编立，始以达尔汉辖第四子，固山额真准塔管理"④。

在八旗之中，这种牛录所在多多。如正黄旗满洲努山，"姓札库塔氏，世居噶哈礼璧翰之鄂里噶山。父曰塔克都，努山其第三子也。初，努山之长子曰祜什吞，率众来归，太祖时方创立牛录，即以其所率壮丁编为一牛录，令祜什吞管理。"⑤祜什吞授甲喇章京世职。努山官至内大臣，前锋统领兼管佐领。再如，"喀喇，满洲正黄旗人。国初率宗族来归，授游击世职，兼管牛录章京。"⑥又如，"巴笃里，满洲正白旗人，世

① 《八旗通志》卷152，名臣列传十二，第3857页，东北师范大学出版社1986年版。

② 《八旗通志》卷5，旗分志五，第76页，东北师范大学出版社1986年版。

③④⑤ 《八旗通志》卷148，名臣列传八，第3797页，东北师范大学出版社1986年版。

⑥ 《八旗通志》卷150，名臣列传十五，第3823页，东北师范大学出版社1986年版。

居佟家地方，以地为氏。天命初年，同伊弟孟阿图从马察泰颜地方，率众来归。授总兵管世职，以其人编为二牛录，令巴笃里兄弟各管其一。"① 他们及其子弟也多以军功授予世职。如巴笃里官至礼部承政，其弟天聪年即任工部尚书，位列十六大臣。巴笃里子卓罗任礼部尚书、镶白旗满洲固山额真、靖南将军。卓罗之孙书敏官至都统。入关之后，巴笃里子孙位列高官者代不乏人。

在主动归服族党的牛录编立中，最有代表性的是苏完地方瓜尔佳氏索尔果部族，以及前面提到的雅尔虎之扈喇虎一族。这些部族多是部族首领带领本部众多人口主动归顺，其首领子孙多授予高官，其所辖佐领也多为勋旧佐领。

1588 年，"苏完部主索尔果，率本部军民来归。"②《八旗通志》载："索尔果率子费英东札尔固齐等十人，及五百户来归。"③ 这些来归之人被编为牛录，如镶黄旗满洲第二参领下第七、第八、第十二佐领，均系来归时编立。"第七佐领，系国初苏完地方来归人丁编立，始以索尔果第五子吴尔汉管理。"④"第八佐领，亦系国初苏完地方来归人丁编立，始以索尔果之第九子盛京八门总管卫齐管理。"⑤"第十二佐领，亦系国初苏完地方人丁编立，始以索尔果之孙查喀尼管理。"⑥ 索

---

① 《八旗通志》卷 155，名臣列传十，第 3912 页，东北师范大学出版社 1986 年版。

② 《清太祖高皇帝实录》卷 2，第 8 页。

③ 《八旗通志》卷 159，名臣列传十九，第 3980 页，东北师范大学出版社 1986 年版。

④ 《八旗通志》卷 3，旗分志三，第 29 页，东北师范大学出版社 1986 年版。

⑤ 《八旗通志》卷 3，旗分志三，第 30 页，东北师范大学出版社 1986 年版。

⑥ 《八旗通志》卷 3，旗分志三，第 31 页，东北师范大学出版社 1986 年版。

尔果之族除编入镶黄旗满洲外，在镶白旗满洲中也编有牛录。如镶白旗满洲第五参领下第四佐领，即“国初以苏完地方来归人丁编立，始以音达呼齐墨尔根之子宜荪管理”①，宜荪乃索尔果之孙。

此外，镶黄旗满洲第二参领下之第九佐领、第十佐领，均由索尔果之族所编佐领中余丁和滋生人丁编立。第九佐领系由索尔果四世孙西图管理。第十佐领系由索尔果四世孙苏尔马管理。镶白旗满洲第五参领下之第二佐领、第三佐领、第五佐领、第六佐领，亦均由索尔果之族所编佐领中余丁和滋生人丁编立②。索尔果一族由于家族显赫任高官者人数更多。初时，以索尔果为一等大臣，其子十人皆为备御官。后其子费英东位列一等大臣、左翼固山额真总兵官。其子十人，皆有军功。第六子索海，官至礼部承政。七子图赖，封三等公，进至一等公。图赖次子颇尔盆官至领侍卫内大臣，三子费扬古以护军佐领管统领事。费扬古之孙一任都统，一任工部侍郎。其子侄位至高官者为数众多。

类似于这种情况的牛录，在八旗中还有一些，这种牛录（佐领）多为世袭制，也称为世管牛录（佐领），其中也包括勋旧佐领和互管佐领。因其数量众多，此处不再赘述。

3．被征服之部落人丁编立牛录之法则

被征服之部落俘获人丁，多被分散编入各牛录（佐领）中，不单独编立牛录（佐领），这是一项重要原则。

在征服扈伦四部及东海女真、黑龙江女真过程中，凡属抵抗而被俘获之人丁，均被分散编入各牛录（佐领）之内，或

①② 《八旗通志》卷7，旗分志七，第119页，东北师范大学出版社1986年版。

给八旗将士为奴。

如天命十年（1625）多次对东海女真用兵。四月“征东海瓦尔喀部，俘获甚众”①。八月，“征东海虎尔哈部，降其五百户而归。”② 又“征东海北路卦尔察部，获其人二千而归”③。十月，“征东海虎尔哈部，分两路进兵，俘其众千五百人归。”④ 仅此一年即获东海女真至少5 000人丁，但在八旗满洲牛录中，东海女真编立的牛录却为数不多，这是因为东海被俘之女真人多被分隶于各牛录或给八旗将士为奴的缘故。到了天聪、崇德年间，对东海女真和黑龙江女真武力征讨的次数更加频繁，至崇德末年基本全被征服。在这个过程中被俘人丁多分隶于各牛录或给八旗出征将士为奴。如天聪七年（1633）十一月，征与朝鲜接壤之虎尔哈部，皇太极命八旗出征人等“伊等所获，任其自取。若无俘获又无妻室者，尔等当给与妻室，其男子分给尔等养之”⑤。天聪九年（1635）六月，征东海虎尔哈、瓦尔喀部，“所得壮丁二千四百八十三人，已分与新编牛录。此番招降虎尔哈内幼小甚多，每牛录给不入册之幼丁约二百人，共计户口七千三百有二。”⑥ 这段记录便说明被俘获之人口多被分散安插于各牛录之中了。这种例子还有很多，对海西之扈伦四部也采取了同样的方法。

上面的方法是将所俘获之人丁分散编入已建立之牛录。另一种方法是将所俘获之人编入牛录，牛录额真一职则另选派亲信和有功者担任。

---

① 《清太祖高皇帝实录》卷9，第11页。

②③ 《清太祖高皇帝实录》卷9，第13页。

④ 《清太祖高皇帝实录》卷9，第18页。

⑤ 《清太祖高皇帝实录》卷16，第17页。

⑥ 《清太宗实录》卷23，第23页。

如，“季思哈，满洲镶白旗人，姓吴苏氏，世居瓦尔喀冯家村。先投乌喇国，以其贝勒不足事，复孑身来归，太祖高皇帝嘉其诚，授牛录额真管牛录事。”① 季思哈“孑身来归”，即独自来归，而为牛录额真是努尔哈赤对他的信任和奖赏。季思哈所管理的牛录即镶白旗满洲第一参领下第九佐领。此佐领在季思哈故后，先后由其子、其弟、其孙及重孙世袭管理②。

另外还有一个例子也能说明这个问题。如镶白旗满洲第一参领下第十一佐领，“系国初乌喇地方来归人丁编立，始以纪布喀达管理。纪布喀达从征阵亡，以其弟对勒慎管理。对勒慎缘事革退，以其族弟穆虎管理。穆虎缘事革退，以纪布喀达之子卦尔察管理。卦尔察故，以其弟尼满管理。尼满故，以其族叔祖达尔布管理。达尔布缘事革退，以纪布喀达之孙托晋管理。”③ 这个牛录的人丁《八旗通志》记载是由乌喇地方人口组成的，而纪布喀达却是瓦尔喀部之人。《八旗通志》载，“吉部克达（即纪布喀达）者，季思哈之弟也。太祖高皇帝时，率本屯人越长白山来归，授半个牛录章京，以壮丁二百五十人，令其专管。”④ 前面已提到纪布喀达是季思哈之弟，而季思哈是瓦尔喀冯家村人。纪布喀达也当然是瓦尔喀部之人了。在将乌喇部人丁编立牛录时“纪布喀达调管第十一佐领”，出任由乌喇部人丁组成的牛录额真，并且此牛录一直为

---

① 《八旗通志》卷159，名臣列传十九，第3987页，东北师范大学出版社1986年版。

② 《八旗通志》卷7，旗分志七，第108页，东北师范大学出版社1986年版。

③ 《八旗通志》卷7，旗分志七，第109页，东北师范大学出版社1986年版。

④ 《八旗通志》卷159，名臣列传十九，第3987页，东北师范大学出版社1986年版。

族中承袭，乌喇部人丁尽在其辖制之下，任命纪布喀达管理乌喇之人丁，反映出其时对主动来归者的信任。

另外，八旗满洲中很有名的将领霸奇兰的情况也是如此。霸奇兰，镶红旗满洲人，姓纳喇，世居伊巴丹地方，与叶赫纳喇氏并非一族，《八旗满洲氏族通谱》也将他列入“各地方纳喇氏”之中。他于天命初年即已入旗，在将叶赫地方之人编为牛录时，任命他为牛录额真，这个牛录便是镶红旗满洲第一参领下第二佐领。《八旗通志》记载，此牛录“系国初以叶赫地方来归人丁编立，始以霸奇兰管理。霸奇兰出征伤殁，以其子固山额真拜三管理。拜三故，以霸奇兰之孙官保管理。官保故，以霸奇兰二世孙翰林院侍读拉锡希布管理。拉锡希布故，以其子署副将参领富德管理”①。霸奇兰所管理的这个牛录，并非与他有族党屯寨关系，他是因军功而受到信任被任命为牛录额真的，这个牛录也是赏赐给他的世代承袭的世管佐领。此外，在八旗初建牛录之时，没有记注由某某地方来归人丁编立的牛录，而仅记录为“系国初编立”的牛录，在有些情况下多不是同族党屯寨组成，或不是由同族之人担任牛录额真的牛录。如镶红旗满洲第一参领下第十七佐领，“系国初编立，始以觉罗瓦尔喀管理。”② 镶红旗满洲第五参领下第十五佐领，“系国初编立之半个牛录，始以觉罗光都管理。”③ 正蓝旗满洲第二参领下第一佐领，“系国初以呼尔哈地方人丁编立之半个

① 《八旗通志》卷8，旗分志八，第127页，东北师范大学出版社1986年版。

② 《钦定八旗通志》卷12，旗分志十二，第205页，吉林文史出版社2002年版。

③ 《钦定八旗通志》卷13，旗分志十三，第227页，吉林文史出版社2002年版。

牛录，令札尔固齐三潭之子费扬古管理。”① 第三参领下第十三佐领，“系国初编立，始以达海巴克什管理。”② 镶蓝旗满洲第五参领下第十五佐领，“系以索伦、瑚尔珲、鄂尔珲、瓦尔喀、呼尔哈五处人丁编立，初以孟甲管理。”③ 镶黄旗满洲第四参领下第三佐领，“系国初以打虎儿、萨哈尔察、胡雅尔察等处人丁编立，初以尚书兼一等阿思哈尼哈番阿哈尼堪管理。”④ 这些牛录可能多是以杂散人丁组成的，牛录额真则另选功臣或亲信担任。

总之，将被征服之部落屯寨人丁编入八旗的主要原则，是不将他们单独编为牛录，或给旗人为奴，或补牛录之缺额者，或以有功者为牛录额真管理，即便将其部族之人编在同一个牛录，也不令其管辖，这是对抗拒者的一种惩罚，也是削除敌对力量的有效方法。从《八旗通志》和一些旗档记载的牛录（佐领）来源和根由中，可以清楚地看到这些被征服部落屯寨人丁的结局和后果。

（二）扈伦四部被编立牛录的情况

1. 哈达部编立牛录的情况

在海西女真四部中，哈达部与建州部矛盾由来已久，1601年灭哈达部，对哈达部人口之处理也因为其反抗强烈而处理严

---

① 《钦定八旗通志》卷14，旗分志十四，第241页，吉林文史出版社2002年版。

② 《钦定八旗通志》卷14，旗分志十四，第249页，吉林文史出版社2002年版。

③ 《钦定八旗通志》卷17，旗分志十七，第301页，吉林文史出版社2002年版。

④ 《钦定八旗通志》卷3，旗分志三，第40页，吉林文史出版社2002年版。

厉。哈达部被灭时，将其人口“悉编入户籍，迁之以归”①。初步统计，当时哈达部人口应在数万之众，被迁之以归的人口亦应不少于万人，而在八旗中哈达部所编佐领仅5个，即镶黄旗满洲第三参领下之第一佐领，第四参领下第一佐领。镶白旗满洲第三参领下第十二佐领，镶蓝旗满洲第三参领下第八佐领，第五参领下第十佐领。其中有的牛录是在灭哈达之前即已经编立了，以初编佐领时每佐领三百人计，五佐领为1 500人，其余人口应被分散编入其他佐领，或为旗下人口。

以此五佐领情况看，编立之缘由也不一样。

镶黄旗满洲第三参领下之第一佐领，是将“国初征哈达时，将其逃散人丁，招集编为牛录”②。查《八旗通志》人物志中，“巴山”一条记云：“巴山，满洲镶黄旗人，姓瓜勒佳，世居哈达，祖巴岱，国初率众来归，授佐领，再传至巴山，仍其任。”此佐领正是镶黄旗满洲第三参领下之第一佐领。其祖父是在“招集”过程中“率众来归”的，故为世管佐领。第四参领下第一佐领，是“国初哈达地方来归人丁编立”③。此处所言来归之原因不甚清楚，大约也是由招集之人丁编立。此佐领初由额尔克图父子管理，后即不再世袭，而改由他姓之人管理，这种情况也说明此佐领之人丁原本即无根由，不似同一族党屯寨之人。

镶白旗满洲第三参领下第十二佐领，“系国初哈达地方来归人丁编立。”④此佐领初以苏巴海父子管理，其后一直由其

① 《清太祖高皇帝实录》卷3，第3页。

② 《钦定八旗通志》卷2，旗分志二，第33页，吉林文史出版社2002年版。

③ 《钦定八旗通志》卷3，旗分志三，第39页，吉林文史出版社2002年版。

④ 《钦定八旗通志》卷10，旗分志十，第176页，吉林文史出版社2002年版。

子孙管理，为世管佐领。此佐领是苏巴海“于太祖高皇帝时，率二百人来归，编佐领”[①]。此佐领也为哈达部主动投顺者人丁编立，故为世管佐领。

镶蓝旗满洲第三参领下第八佐领，此佐领“系国初以哈达地方来归人丁编立，始以卓内管理”[②]。卓内乃“哈达国贝勒万之孙也。国初来归，太祖高皇帝以十五户编为佐领，使统焉”[③]。此佐领是专为哈达贝勒子孙所设，以保留其一脉也。此后一直由卓内之子孙管理，也是世管佐领。第五参领下第十佐领，“系国初以哈达地方来归人丁编立，始以都瑚禅管理。”[④] 都瑚禅无传，不过此佐领亦由其子孙承袭管理，为世管佐领，也应该是征哈达部前后主动归顺之人。

那么灭哈达时“编万户”，仅壮丁就应在万人以上，其他哈达部人又到哪里去了？这些哈达部人与上述哈达部人不同的是，他们多是在战争中被俘获的人员。这部分哈达部人的具体去向，史书并没有详细记载，不过详究史料，还会找出一些迹象。这些人一部分被分给出征将士为奴，大部分被分散编入八旗。

查《八旗通志》名臣传、勋臣传、忠烈传等，可以得知八旗满洲中，除在镶黄、镶白、镶蓝三旗中编立五个佐领外，其余五旗中皆有哈达部人。“阿林，满洲正黄旗人，姓瓜尔佳

① 《钦定八旗通志》卷168，人物志四十八，第2917页，吉林文史出版社2002年版。

② 《钦定八旗通志》卷16，旗分志十六，第287页，吉林文史出版社2002年版。

③ 《钦定八旗通志》卷209，人物志八十九，第3754页，吉林文史出版社2002年版。

④ 《钦定八旗通志》卷17，旗分志十七，第299页，吉林文史出版社2002年版。

氏，世居哈达地方。”[①] 正白旗满洲，“有海通阿者，姓卜雅齐氏，世居哈达地方。”[②] “吴尔护，满洲正白旗人，姓唐古氏，世居哈达地方。”[③] “卦锡哈，满洲正红旗人，姓纳拉氏，世居哈达地方。”[④] 满洲正红旗“有朔马者，姓瓜尔佳氏，世居哈达地方”[⑤]。“傅拉布，满洲镶红旗，姓纳兰氏，世居哈达地方。”[⑥] “明盖，满洲正蓝旗人，姓瓜尔佳氏，世居哈达地方。”[⑦] “同旗（满洲正蓝旗）有巴克塔，姓那喇氏，世居哈达地方。”[⑧] 由是可知，除于八旗满洲中以哈达部人编立五个牛录之外，其余人等均被分散编入各旗、各牛录（佐领）之下，上面所列举之人多为顺康时期人物，应是被分散编入八旗的哈达部人的后代。除哈达部外，海西其他各部包括东海女真，凡属被征服之部落人口，均不单独编立牛录，这在编立牛录过程中成为定制。

2. 辉发部编立牛录的情况

---

① 《八旗通志》卷221，忠烈传二，第5073页，东北师范大学出版社1986年版。

② 《八旗通志》卷221，忠烈传二，第5089页，东北师范大学出版社1986年版。

③ 《八旗通志》卷222，忠烈传三，第5091页，东北师范大学出版社1986年版。

④ 《八旗通志》卷223，忠烈传四，第5118页，东北师范大学出版社1986年版。

⑤ 《八旗通志》卷225，忠烈传六，第5150页，东北师范大学出版社1986年版。

⑥ 《八旗通志》卷225，忠烈传六，第5153页，东北师范大学出版社1986年版。

⑦ 《八旗通志》卷226，忠烈传七，第5163页，东北师范大学出版社1986年版。

⑧ 《八旗通志》卷226，忠烈传七，第5174页，东北师范大学出版社1986年版。

辉发部在扈伦四部中内部最不稳定，势力也最小。1607年，努尔哈赤率兵“围其城，克之，诛拜音达里父子，歼其兵，招抚其民，乃班师”①。拜音达里即辉发部贝勒。

辉发部贝勒之祖原居于黑龙江岸，为尼马察部，后迁至辉发河一带，招服诸部而成辉发部，内部血缘关系疏远。在初编牛录时八旗中仅编立了三个牛录。其一是镶黄旗满洲第四参领下第六佐领，“原系国初以辉发地方人丁编立，始令苏尔东阿管理。”② 其二是镶红旗满洲第三参领下第十佐领，“系国初以辉发地方来归人丁编立，始以通魏管理。”③ 其三是镶蓝旗满洲第三参领下第一佐领，“系国初以辉发地方来归人丁编立，始以莽库管理。”④ 除以上三个佐领外，在入关前八旗中再也没有辉发部人所编立的整编佐领了。

辉发部人除在镶黄、镶红、镶蓝三旗满洲中设立佐领外，在其他旗中也有分布。

《八旗满洲氏族通谱》中曾记载辉发部在正蓝旗满洲中也设立佐领，如此书卷24“辉发地方纳拉氏”记有：“三檀，正蓝旗人，世居辉发地方。国初率属下来归，编佐领使统之。”⑤ 但查《八旗通志》旗分志，正蓝旗满洲下并无此佐领。不过在此书中，可以找到在其余五旗中均有辉发部之人。

如《八旗满洲氏族通谱》卷2，“辉发地方瓜尔佳氏”记

① 《清太祖高皇帝实录》卷3，第13页。

② 《八旗通志》卷3，旗分志三，第36页，东北师范大学出版社1986年版。

③ 《八旗通志》卷8，旗分志八，第136页，东北师范大学出版社1986年版。

④ 《八旗通志》卷10，旗分志十，第177页，东北师范大学出版社1986年版。

⑤ 《八旗满洲氏族通谱》卷24，第313页，辽海出版社2002年版。

载："舒隆桑固里，正黄旗人，世居辉发地方，国初来归……达巴，镶白旗人，世居辉发地方，国初来归……正红旗关东，其元孙宾德现系生员……正蓝旗巴颜达里，其子索克锡原任三等护卫。"① 该书"辉发地方纳喇氏"中记载有："恩格德，正蓝旗人，世居辉发地方，来归年代无考，历任礼部尚书兼佐领……正白旗包衣苏巴泰，原任佐领。"② 从上面列举的数例看，从其余五旗中的正黄旗、镶白旗、正蓝旗、正白旗、正红旗满洲中，都能查找到辉发部之人,这种例子还有许多,以上仅各举一例而已,这些人也应是被分散编入八旗辉发部人的后代。

这三个佐领编立之原因史料没有记载，不过前两个佐领即镶黄旗满洲中之佐领与镶红旗满洲中之佐领，均以同祖子孙管理，应为世管佐领。镶蓝旗满洲中之佐领，编立之初为族内互管佐领，后改为世管佐领。乾隆年间才改为公中佐领。从这种情况看，这三个佐领均应为主动投顺之人而编立的，只不过前两个佐领以同族为主体罢了。而辉发部其他所俘获人丁，应被分散于八旗各佐领之中了。

3. 乌拉部编立牛录的情况

乌拉部于 1613 年被灭。乌拉部之势力不弱于哈达与辉发二部。此年败乌拉三万之众，"乌喇败兵来归者，悉还其妻子、仆从，编户万家。其余俘获，分给众军，乃班师。"③ 乌拉部人口较多，在八旗中编立八个佐领。

这八个佐领是：正白旗满洲第四参领下之第十佐领和第五参领下之第五佐领。正红旗满洲第二参领下之第八佐领。镶白旗满洲第一参领下之第十一佐领和第二参领下之第八佐领。镶

① 《八旗满洲氏族通谱》卷 2，第 66 页，辽海出版社 2002 年版。

② 《八旗满洲氏族通谱》卷 24，第 315 页，辽海出版社 2002 年版。

③ 《清太祖高皇帝实录》卷 4，第 8 页。

白旗满洲第五参领下之第十七佐领。正蓝旗满洲第四参领下之第九佐领。镶蓝旗满洲第三参领下之第四佐领。这八个佐领中，除正红旗满洲第二参领下之第八佐领为公中佐领外，其他佐领均为世管佐领①。

以上八个佐领之人多为阵前归顺者，故编为佐领，分布于除镶黄旗和正黄旗之外的六个旗中。不过在镶黄旗满洲与正黄旗满洲中也有乌拉部之人，《八旗通志》“名臣列传”中记载有：“谭布，满洲镶黄旗人，姓纳喇氏，世居乌拉地方。”②“积善，满洲正黄旗人，姓屠佳氏，世居乌喇。”③ 可知乌拉部人不仅散编于其他佐领中，也散编于其他旗中。

4. 叶赫部编立牛录之情况

在扈伦四部中，叶赫部势力最强大，至1619年方被灭掉。叶赫部分东、西二城，东城被攻破而西城降。所属各城俱降，“其叶赫诸臣军民皆弗罪，父子兄弟夫妻亲戚，不令离散，财物则毫无所取，俱徙其人而还。”④ 后金与叶赫部虽相互为敌，但努尔哈赤娶叶赫贝勒之女为妻，生清太宗皇太极，是故有姻亲关系，将叶赫部之人全部迁往辽沈地区，分隶八旗，对他们较为宽大。

叶赫部人在八旗中，天命年间初编牛录时共编立18个半牛录。这18个半牛录是：

镶黄旗满洲第五参领下第七佐领。正黄旗满洲第三参领下第八佐领、第九佐领。正白旗满洲第二参领下第四佐领、第七

---

① 《八旗通志》旗分志，第25~189页，东北师范大学出版社1986年版。

② 《八旗通志》卷145，名臣列传五，第3760页，东北师范大学出版社1986年版。

③ 《钦定八旗通志》卷214，人物志九十四，第3886页，吉林文史出版社2002年版。

④ 《清太祖高皇帝实录》卷6，第30页。

佐领。正红旗满洲第四参领下第五佐领，第五参领下第三佐领、第七佐领、第九佐领、第十二佐领。镶红旗满洲第一参领下第二佐领，第二参领下第十六佐领。正蓝旗满洲第一参领下第十六佐领，第五参领下第九佐领、第十六佐领。镶蓝旗满洲第一参领下第十三佐领，第二参领下第一佐领、第二佐领。半个牛录是镶白旗满洲第二参领下第三佐领①。

查《钦定八旗通志》人物志，镶白旗满洲中亦多有叶赫人。如，“爱松古，姓纳喇，世居叶赫，太祖高皇帝天命四年来归，隶满洲镶白旗。”②“珠玛喇，姓碧鲁，世居叶赫，太祖高皇帝天命时，率所部呼尔哈人来归，隶满洲镶白旗。”③ 珠玛喇所管佐领即镶白旗满洲第二参领下第三佐领。“原系国初编立之半个牛录，始以都统兼尚书珠玛喇管理，后增为整牛录，仍以珠玛喇管理。”④ 此佐领《八旗通志》没有标明是由叶赫人编立的，但亦应与叶赫部有关，如果算上这个佐领，则八旗满洲中均有叶赫人编立的佐领了。在这 18 个半佐领中有一些是灭叶赫之前即已编立的。

（三）各地方女真（满洲）编立牛录情况

对其他各地方来归之女真人，在编立牛录时，也都采取了与海西女真同样的编立方法与原则，凡主动来归顺者多单独建

---

① 《八旗通志》旗分志，第 25 ~ 189 页，东北师范大学出版社 1986 年版。

② 《钦定八旗通志》卷 167，人物志四十七，第 2898 页，吉林文史出版社 2002 年版。

③ 《钦定八旗通志》卷 167，人物志四十七，第 2908 页，吉林文史出版社 2002 年版。

④ 《八旗通志》卷 7，旗分志七，第 112 页，东北师范大学出版社 1986 年版。

立牛录，而因抗拒被俘者则多分编于各牛录之中，或给八旗将士为奴。各部落各姓氏被分散编立牛录，并分布于各旗之中。

镶黄旗满洲之中佐领：有马佳地方之人编立的佐领1个，萨克达地方之人编立的佐领1个，苏完地方之人编立的佐领3个，胡尔海地方之人编立的佐领1个，沙齐地方之人编立的佐领2个，萨齐库地方之人编立的佐领1个，雅尔虎地方之人编立的佐领1个，哈尔敏地方之人编立的佐领1个，安都瓜尔佳地方之人编立的佐领1个，打虎尔萨与哈尔察等处之人合编的佐领1个，纳殷地方之人编立的佐领1个，宁古塔地方之人编立的佐领1个，索伦人丁编立的佐领1个。

正黄旗满洲之中佐领：有由噶哈璧汉阿村地方之人编立的佐领1个，瓦尔喀地方之人编立的佐领1个，库尔噶地方之人编立的佐领1个，完颜地方之人编立的佐领1个，阿霸垓地方之人编立的佐领1个，瓦尔喀绥分地方之人编立的佐领1个，董鄂地方之人编立的佐领1个。

正白旗满洲之中佐领：有由查昆漠地方之人编立的佐领2个，董鄂地方之人编立的佐领1个，索伦地方之人编立的佐领1个，那木都鲁地方之人编立的佐领2个，瓦尔喀地方之人编立的佐领1个，虎尔哈地方之人编立的佐领1个，牙兰地方之人编立的佐领1个，绥分地方之人编立的佐领1个，雅尔虎地方之人编立的佐领3个，萨出库地方之人编立的佐领1个，札木坤地方之人编立的佐领1个，马察地方之人编立的佐领3个，尼马溪地方之人编立的佐领1个，木棱地方之人编立的佐领1个，苏完地方之人编立的佐领1个，卦尔察地方之人编立的佐领1个，东海地方之人编立的佐领2个。

正红旗满洲之中佐领：有由佛讷痕地方之人编立的佐领1个，虎尔海巴牙拉地方之人编立的佐领1个，和托穆哈廉地方之人编立的佐领1个，纳殷地方之人编立的佐领1个，安处拉库地方之人编立的佐领1个。

镶白旗满洲之中佐领：有由瓦尔喀地方之人编立的佐领2个，纳殷地方之人编立的佐领2个，查昆漠地方之人编立的佐领1个，沾河地方之人编立的佐领2个，胡布察地方之人编立的佐领1个，鸡林地方之人编立的佐领1个，苏完地方之人编立的佐领1个，尼马禅地方之人编立的佐领1个。

镶红旗满洲之中佐领：有由卦尔察地方之人编立的佐领1个，查昆漠地方之人编立的佐领1个，尼马察地方之人编立的佐领1个，东海地方之人编立的佐领2个，英格地方之人编立的佐领1个，瓦尔喀地方之人编立的佐领2个，完颜地方之人编立的佐领2个，噶哈里地方之人编立的佐领1个，那木都鲁地方之人编立的佐领1个,瓦尔哈什地方之人编立的佐领1个。

正蓝旗满洲之中佐领：有由胡尔海地方之人编立的佐领1个，沾河地方之人编立的佐领2个，萨哈尔察地方之人编立的佐领1个，穆溪地方之人编立的佐领1个，海兰地方之人编立的佐领1个，浑楚地方之人编立的佐领1个。

镶蓝旗满洲之中佐领：有由杭嘉地方之人编立的佐领1个，完颜地方之人编立的佐领1个，东尼城地方之人编立的佐领1个，雅尔虎地方之人编立的佐领2个，汪秦地方之人编立的佐领1个，瓦尔喀地方之人编立的佐领1个，阿库里地方之人编立的佐领1个，胡尔海地方之人编立的佐领1个，尼马察地方之人编立的佐领1个，通岩地方之人编立的佐领2个，多尔吉毕喇地方之人编立的佐领1个，萨克达地方之人编立的佐领1个，汪佳鄂尔浑地方之人编立的佐领1个，佟佳地方之人编立的佐领1个，汪佳地方之人编立的佐领1个，虎尔哈地方之人编立的佐领1个。

从以上各地方之人编立佐领和各旗分布的情况可以看出这样几个问题。一是由各地方之人集中编立的佐领并不多，一般同地同部之人仅编立佐领1至2个，最多者为瓦尔喀部7个，苏完部5个，雅尔虎部6个，东海部4个。二是同部同族之佐领多不在同旗或同参领之下，如瓦尔喀部7个佐领，分散在正黄旗满洲之中1个，正白旗满洲之中1个，镶白旗满洲之中2个，镶红旗满洲之中2个，镶蓝旗满洲之中1个，共分在五个旗中。雅尔虎地方编立的6个佐领，分散在镶黄旗满洲中1个，正白旗满洲中3个，镶蓝旗满洲中2个，分散在三个旗中，其他各部落各地方之人编立的佐领时的情况也基本如此①。三是被俘人等分隶八旗各佐领下，并不单独编建佐领，只有主动来归或临阵归降者方能单建佐领。

关于女真（满洲）内部各部各氏族在八旗满洲中的分布情况，《八旗满洲氏族通谱》一书中也有充分的反映，书中从氏族角度对女真（满洲）人在八旗中的分布进行了描述，各部落各部族大分散小集中是其根本原则。

现以《满洲八旗氏族通谱》中记载的女真（满洲）几个大姓氏为例作以分析。

瓜尔佳氏，“本系地名，因以为姓，共氏族甚繁。散处于苏完、叶赫、纳殷、哈达、乌喇、安褚拉库、蜚悠城、瓦尔喀、嘉木湖、尼马察、辉发、长白山及各地方。”② 仅以苏完瓜尔佳氏在八旗满洲中四个旗中有整编牛录，并在各旗中均有苏完瓜尔佳人的情况，即可以看出八旗制度对女真（满洲）氏族大分散小集中的编立方法与原则了。

---

① 《八旗通志》旗分志，第25页至189页，东北师范大学出版社1986年版。

② 《八旗满洲氏族通谱》卷1，第1页，辽海出版社2002年版。

觉罗氏，“为满洲著姓，内有伊尔根觉罗、舒舒觉罗、西林觉罗、通颜觉罗、阿颜觉罗、呼伦觉罗、阿哈觉罗、察喇觉罗等氏。其氏族繁衍，各散处于穆溪、叶赫、嘉木湖、兴堪、萨尔虎、呼纳赫、雅尔湖、乌喇、瓦尔喀、松花江、阿库里、佛阿喇、哈达、汪秦各地方。”① 这些地方的觉罗氏遍布于八旗。仅叶赫地方的伊尔根觉罗氏，在八旗中都能找到。乌喇地方的伊尔根觉罗氏，分布于正白旗、正黄旗、镶白旗、正蓝旗、镶蓝旗，共五个旗中②。瓦尔喀地方伊尔根觉罗氏，分布于镶黄旗、正黄旗、正红旗、镶红旗四个旗中③。

富察氏在满洲中也是大姓，散住于沙齐、叶赫、额宜湖、扎库塔、蜚悠城、额赫库伦、讷殷江、吉林、乌喇、长白山及各地方。以纳殷地方富察氏为例，其人在八旗满洲各旗之中均有分布④。

钮钴禄氏为满洲著姓，其人也遍布八旗满洲之中，他们主要住居于长白山、英额及各地方。以长白山钮钴禄氏而言，便分布于镶黄、正白、镶白、正红、正蓝、镶蓝六旗满洲之中⑤。

其他满洲著姓，如赫舍里氏、纳喇氏、佟佳氏、舒穆禄氏、马佳氏等等，无不遍布于八旗满洲之中。至于其他人数较少之姓氏之人，也多分编于不同旗分之中，这在《八旗满洲氏族通谱》和《八旗通志》等书中都能够得到充分的印证。

---

① 《八旗满洲氏族通谱》卷12，第181页，辽海出版社2002年版。
② 《八旗满洲氏族通谱》卷12，第198页，辽海出版社2002年版。
③ 《八旗满洲氏族通谱》卷14，第201页，辽海出版社2002年版。
④ 《八旗满洲氏族通谱》卷26，第338页，辽海出版社2002年版。
⑤ 《八旗满洲氏族通谱》卷5，第100页，辽海出版社2002年版。

（四）八旗佐领的类型

八旗牛录（佐领）类型众多，有勋旧佐领、世管佐领、族中承袭佐领、互管佐领、优异世管佐领、公中佐领、兼管佐领等等名目。这些名目的佐领可分为三大类，即世管佐领、互管佐领、公中佐领。

世管佐领，以同族之人为主编立，并由同姓子孙世代管理之佐领。这种佐领多由入关前来归人员编立。其勋旧佐领也属于这一类，即同姓世代管理。其不同处在于八旗创建初立有突出战功，其家族声势显赫，此佐领多定为勋旧世管佐领。

对佐领之管理在雍正朝曾有过一次清理整顿。乾隆元年（1736）八旗中对本佐领应属之类型，即勋旧、世管、公中，曾有争议。乾隆元年至乾隆三年，对八旗佐领类型进了整理，查明其各佐领之来源根由，定世管佐领共604缺①。其中包括勋旧佐领和世管佐领，并对各类佐领作了明确定义。

> 其勋旧佐领，系功臣带来奴仆，或因奋勉赏予奴仆作为佐领，故惟将始立佐领人员之子孙挑选，无论曾否管过佐领，概予有分……其他世管佐领，或因将一处之人带来作为佐领，令其管理；或初立佐领时即管佐领，后因陆续管理数世，遂用为世管佐领。②

《养吉斋丛录》一书，也对各类佐领作了说明。

---

① 《钦定八旗通志》卷1，旗分志一，第14页，吉林文史出版社2002年版。

② 《钦定八旗通志》卷1，旗分志二，第13页，吉林文史出版社2002年版。

> 国初各部落长率属来归，授以佐领，以统其众，曰勋旧佐领。率众归诚，功在旅常，赐户口者，曰优异世管佐领，仅同兄弟族里来归，授之以职者，曰世管佐领，户少丁稀，合编佐领，两姓、三姓迭为是官者，曰互管佐领。各佐领下拨出余丁，增编佐领，为公中佐领。①

以直系血缘或同族血缘为基础编立的佐领，由于亲情联系紧密，并由亲族之人进行管理，故稳定性极强。加之有军功制度的奖励，法律制度的约束，本姓氏文化传统的延续，使这种世管佐领具有了女真人时期“塔坦”性质，从而成为八旗稳定与强盛的根本基础。

互管佐领（或称递管佐领），多为两族或两族以上人丁编立，来源相同，势力相当，故交替管理，称为互管佐领。亦有同族内互管者。

公中佐领，多由杂散人丁编立，以职位相当之人管理，去职之后，另换他姓他族人管理，不以世袭管理为准，其管理佐领之人，由皇帝简派。如正白旗满洲第二参领下第十五佐领，“系国初编立，始以满都护管理。满都护升江南固山大，以和弥达管理。和弥达升盛京侍郎，以都达海管理。都达海故，以满都护之子倭赫管理。倭赫缘事革退，以宗室巴尔岱管理。”②

公中佐领还有三种方式，一是由于佐领犯罪渎职而由世管改为公中，一是因八旗人丁滋长以余丁编立之佐领，一是原佐领无子嗣承袭者。

---

① 吴振棫：《养吉斋丛录》卷1，第2页，北京古籍出版社1983年版。

② 《钦定八旗通志》卷6，旗分志六，第107页，吉林文史出版社2002年版。

至于优异世管佐领则为管理得法，功绩突出，人丁增长兴旺者。

族中承袭佐领为虽非同祖子孙，当为同族近支同姓之佐领，亦当属于世管佐领一类。

如镶黄旗满洲中，有世管佐领69员，公中佐领17员，兼管（互管）佐领1员。查镶黄旗满洲佐领，多为宁古塔、叶赫、索伦、纳殷、哈达等地人丁编立，均无显赫之家族背景，故世管佐领占多数。

正黄旗满洲中，则有勋旧佐领15员，世管佐领56员，公中佐领21员，番子佐领1员。其中勋旧佐领（也是世管佐领）多为有功之人管佐领。如正黄旗满洲第四参领下第一佐领，“原系国初以都督兼扎尔固齐雅虎所管牛录分为二浑托和之一。始以雅虎长子承政满达尔汉管理，后因人丁滋盛，改为牛录，仍以满达尔汉管理。满达尔汉年老辞退，以其子诺木齐管理。诺木齐故，以其弟散秩大臣多莫克托管理……”① 查雅虎其人：“雅虎，事太祖高皇帝，在十扎尔固齐之列，兼都统备御事，率师征卦尔察爱满，获二千人而归。凯旋日，太祖设宴于城外迎之。又以征舒桑哈达功，赏俘获人一百。满达尔汉其长子也，出征虎尔哈地方，招降五百余家。”② 由是可知雅虎、满达尔汉父子之佐领入旗早，且功勋卓著，似此类者均为勋旧佐领。入关前任“五大臣”的费英东、额亦都家族均隶镶黄旗满洲，“国舅”佟养正家族，也隶于此旗，其家族所管理之佐领，多为勋旧佐领。勋旧佐领亦为世管。

---

① 《钦定八旗通志》卷5，旗分志五，第75页，吉林文史出版社2002年版。

② 《八旗通志》卷147，名臣列传七，第3788页，东北师范大学出版社1986年版。

正白旗满洲中，有勋旧佐领12员，公中佐领13员，互管佐领3员，族中承袭佐领1员，世管佐领56员。

正红旗满洲中，有勋旧佐领8员，世管佐领52员，公中佐领13员，族中承袭佐领1员。

镶白旗满洲中，有勋旧佐领9员，世管佐领61员，公中佐领4员，族中承袭佐领5员。

镶红旗满洲中，有勋旧佐领2员，世管佐领68员，公中佐领10员，族中承袭佐领4员，互管佐领1员。

正蓝旗满洲中，有勋旧佐领18员，优异世管佐领5员，世管佐领44员，族中承袭佐领6员，两族互管佐领1员，公中佐领9员。

镶蓝旗满洲中，有勋旧佐领2员，世管佐领66员，公中佐领17员，族中承袭佐领2员。

八旗佐领名目繁多，说明对佐领之编立管理很细，而至清中期，清理佐领时，皆以《清实录》及旗档为准对根由及来源极为重视，绝不轻易更改。而身为何种佐领中人，对其待遇前途多有影响。故乾隆元年时，八旗满洲、蒙古、汉军中共有27个佐领中人各递讼呈，以期定为勋旧佐领，成为当时八旗中的一件大事，以至于引起朝廷高度重视，并命详细查明，予以核定。

佐领的不同类型，与该佐领的形成历史、来源、功绩等方面有密切关系，也因此与该佐领在八旗中的地位有密切关系，不仅对该佐领而且对该佐领下人的利益与前途产生重要影响。

（五）八旗佐领编建法则的作用

从八旗的编建及八旗制度下对各部落各氏族满洲佐领的编立情况中，可以得到许多启示。正是这种独具特色的具有鲜明民族特点的八旗制度，以及对原处于敌对与矛盾状态的女真（满洲）部落和氏族处理佐领的编立方法，为八旗稳定和各部落各氏族的逐渐融合与认同，创造了最佳条件。女真各部的统一，满洲的形成，以及八旗旺盛的凝聚力与战斗力，都证明了这一点。而八旗制度的编建原则与方法，便成为形成这种后果的主要条件与原因，细论之大约有如下数种作用。

其一，八旗制度中之旗、参领、佐领的三级建制最适合于刚刚崛起的民族与政权发展之要求，是整合女真（满洲）民族的基本方式。

女真之于明代时期分布既广，社会发展程度亦不相同，且生产生活方式均不同于汉人。建州兴起，不可能效中原而实行府县制度，八旗制度以屯寨族党为社会基础，于女真社会最为合适，并易于管理辖制。努尔哈赤于天命十一年（1626）曾总结过八旗建制优长之处。

> 推尔等之意，以为国人众多，稽查难遍。不知一国之众，以八旗而隶之，则为数少矣。每旗下以五甲喇而分隶之，则又少矣。每甲喇下以五牛录而更分隶之，则又少矣。今至牛录额真以至什长，递相稽查，各于所属之人。自膳夫牧卒以及仆隶，靡不详加晓谕，有恶必惩，则盗窃奸宄，何自而生哉。①

以此而论，八旗中之人无不在八旗控制之下。人口虽然众多，然“递相稽查”犹如密网，管理严密而有效，八旗由此被严密控制。

① 《清太祖高皇帝实录》卷10，第20页。

为了实现这一目的最大化，佐领之编建之法则至为关键，而旗与参领之设立亦相当重要。

八旗设立之初，均以努尔哈赤之子侄为旗主，这是女真社会宗法制度的延续。旗人依附于旗主，具有宗法社会传统之色彩，也有新型社会之因素。女真（满洲）与旗人的双重身份，不仅使旗下人等产生了新的自我认识，也加强了爱新觉罗家族的权力与威望。民族核心的形成，带动了民族整体的发展，八旗由此而走向强大。同时也正因为八旗的不断强大，促进了民族自信心和凝聚力的增强，民族自我意识随之进入了自觉形成发展时期，这种“满洲”与“旗人”意识直至清末未曾削弱。

其二，八旗中同族同部落佐领的分布原则与方法对女真各部的统一与稳固，起到了相当重要的作用，是打破女真（满洲）原始分布和社会结构的重要整合方式。

各旗佐领分布的一个重要原则，是将同部落同宗族同血缘之人在编为佐领之时，将各佐领尽量分散于各旗之中。从前面列举的情况可以看出，不论是建州女真诸部，还是扈伦四部，乃至东海女真、黑龙江女真，均将其编为佐领，分散于各旗之中，也就是说在八旗的每个旗中，大致都有不同部落之人组成的佐领，过去的部落宗族被分散，政治基础被打破，宗法关系被割断，这种分散安排佐领的方法对稳定八旗是极有成效的。

在此基本原则之下，扈伦四部之人被分隶于八旗，或编为佐领或赏予出征将士，扈伦四部被肢解，从此不复存在，并逐渐融于八旗之中。

扈伦四部的被肢解，不仅增强了八旗的实力，更为重要的是消除了以部落联盟形式存在的强有力的敌对势力。在各部之人被编入八旗之后，各部由来已久的宗法关系、亲缘关系乃至牢固的社会与政治关系均被打破，并永远不可能再度联合。随着各部落之人入旗年代的久远，一代又一代人的出生，部族与部落意识逐渐湮灭，使八旗之归属意识随之树立并逐渐加强。

对建州女真和东海女真之处理方式虽然与扈伦四部大致相同，但其目的与作用却有区别。建州女真原为同部落之人，居处相近，亲缘关系也较浓重，虽也被分隶八旗，然多成为各旗之嫡系力量。东海女真居处较远，骁勇善战，且原来即较落后分散，故也被视为依靠力量，这也是努尔哈赤与皇太极不断出兵征服东海女真的主要原因。

尽管如此，各部落之人分隶八旗的原则，从根本上摧毁了原各部落东山再起的基础。同为旗人而又不可能重新组合的各部落之人，逐渐融入更大规模的仍具有部落宗法意义的八旗社会之中，成为其中的成员。而随着新的社会结构的建立和新秩序的形成，女真人经历了民族整合的洗礼，使女真各部由此实现了现实意义上的统一，并将其保持了数百年之久。

其三，将同姓同祖之女真（满洲）编为佐领之方法，成为八旗能够长期稳定的重要因素，这种整合方式起到了增强民族归属感和凝聚力的作用。

在编立八旗佐领的过程中，各部落部族之人分隶八旗不予集中是一个重要原则，然而将同姓同族尤其是父子兄弟编为同一佐领也是一个重要原则。

前面提到，建立八旗之时，以族党屯寨和“塔坦”血缘关系为基础编立佐领，已经成为重要原则，这种原则也成为八旗长期稳定的重要因素。在前面引用的《八旗通志》《八旗满洲氏族通谱》，乃至《满文老档》《清实录》等史书中，均有大量的例证可以佐证这种作用。对主动归顺立有战功之宗族之人是如此，对其他归顺之人也大致如此。

如，“孟古慎郭和率弟兄五人，丁壮三百人来归。时太祖高皇帝创立牛录，以其人编为一牛录，令孟古慎郭和长子喀尔喀马管之。”① 而后佐领一职相继由孟古慎郭和之侄鄂屯、喀尔喀马之子佟济、佟济之子图世锡，相继承袭。此佐领即镶白旗满洲第三参领下第四佐领。

八旗中大多数佐领多采取这种家族式管理方式。如正黄旗满洲第四参领下第十八佐领，“系国初以阿霸垓地方来归人丁编立，始以噶尔玛管理。噶尔玛故，以其子伊纳穆管理。伊纳穆故，以其子班达尔沙管理。班达尔沙故，以其弟赛音查管理。赛音查退任，以其兄之子巴礼密管理。巴礼密缘事革退，以其弟阿尔纳管理。阿尔纳故，以其叔祖之子二等侍卫纳兰管理。”② 这种以家族形式管理的例子，在八旗中多为世管佐领。

这种将同祖子孙编在一起的方法，对于八旗的稳定具有至关重要的作用。同姓同族同祖子孙编为同一佐领，不仅能够保持亲情的稳定，而且便于管理和约束，在一定程度上能够增强八旗的战斗力。更为重要的是可以稳固地延续家族的血脉，并能为家族获取更大的利益和荣誉。而在佐领中设立“族长”的措施，更强化了这种作用。这种类型的佐领在八旗中占绝大多数，他们也因此成为八旗稳固的基础。

其四，各部落各宗族姓氏之女真（满洲）人在八旗中大分散小集中的分布，对民族情感民族意识起到了重要整合作用，促进了民族内部各部族人的融合，从而使八旗成为稳定的社会集团。

八旗出则为兵，入则为民。入关之后，或拱卫京师，或驻

---

① 《八旗通志》卷160，名臣列传二十，第4001页，东北师范大学出版社1986年版。

② 《八旗通志》卷4，旗分志四，第60页，东北师范大学出版社1986年版。

防外省，制度既多，管理亦密。凡八旗驻防之地，各旗各佐领，皆有方位。以八旗方位而言，两黄旗在北，两白旗在东，两蓝旗在南，两红旗在西，居住之地皆划分清楚，同旗同参领同佐领之人居住一处，不能随意行居，行猎出征也是如此。以八旗之下佐领而言，同旗内部交往最多，而八旗同等的政治、经济、军事和文化环境，也为八旗内部交往创造了条件，久而久之融为一体。

八旗各旗各佐领处于统一体中，他们的政治关系、文化关系和经济关系有了密切接触的条件，共同的政治生活、经济生产生活、军事生活和原本就接近的文化风俗生活具备了相互影响和融合的基础。满文的通行使用，服饰包括发式的统一，以及教育的兴起，更强化了八旗融合的条件。而各部族各姓氏之间的通婚，无疑也成为推动这种部落、部族乃至姓氏间融合的因素，在八旗间逐渐形成的同姓不婚习俗，使八旗间不同部族和姓氏间的通婚更为普遍，血缘关系的接近也就当然地成为八旗整体性形成的不可忽视的因素了。

与此同时，随着八旗制度的不断严密，旗人的身份愈来愈鲜明，凡出征、户籍、讼狱、抚恤、婚丧等等皆由佐领、参领、都统层层管理。此种情况与民人迥异，通婚也普遍在八旗内部实行，八旗内部非亲即友已成趋势。入关之后，八旗生活于人数众多的汉人大环境中，然各建“满城”独处，旗、民之界限亦很清晰，由此而使八旗尤其是八旗满洲自我意识更为强烈，随着年代的久远，部落意识荡然无存，八旗内宗族与姓氏之别在与汉人的对比中也有所减弱，八旗融为严密的社会集团，终于在八旗制度的管理中得以实现。

其五，在政治、军事、社会等种种整合过程中，女真（满族）形成了共同的思想意识、道德标准和共同的政治、经济和军事利益，从而巩固了八旗的整体性。

在打破女真传统的社会结构、部族分布和改变旗人思想意识、生产生活方式，以及打破传统的宗法关系之同时，八旗制度在整合民族和塑造新的社会结构和秩序方面发挥了巨大作用。破旧立新成为这个时期女真(满洲)社会突出的特点。政治上的逐渐独立与制度的不断完善,军事上的不断强大及不曾间断过的辉煌战果,为八旗将士带来了前所未有的利益和信心,旗人及其子孙成为八旗制度下的既得利益者,也就成为现实。

八旗将士除因军功而升迁并惠及子孙外，也因出征之后所俘获人口财物及牲畜多获其利。如天聪六年（1632 年）六月，记载了征察哈尔之途中分给八旗满洲和二旗蒙古所俘获数目。“人一万八千九百一十五，马骡四十二，牛五千九百四十一，驴七百九十七，羊及膻羊一万一千九百六十五，牲畜数一万八千七百五十五，共计人畜三万七千四百八十二。”① 此后不久又俘获人口牲畜 75 680②，缎、布、衣物、毛皮不计其数，均分赏八旗。这次出征皇太极曾下令，“凡军行俘获人口，各按甲士均分，其从者不与。每旗执事匠役人等，合编为五十户，每户给牛一。每旗所得妇女，各十口入官，其金银及牲畜等物，携还分给。”③ 除此之外，八旗出征将士还会论功授予官职和爵位，阵亡及受伤者也都能得到很高待遇的补偿，故出征之际人人雀跃，以至有甲士多带随从马匹以便驮回财物者。

从政治方面看，八旗入关前的政权建设逐渐完备，在建立后金及清政权基础上，严密设置了八旗官制，设立了爵位制度。其他如法律、军功制度、抚恤制度、等级制度、服饰制

---

① 《满文老档》下册，第 1292 页，中华书局 1990 年版。
② 《满文老档》下册，第 1314 页，中华书局 1990 年版。
③ 《清太宗实录》卷 12，第 2 页。

度、婚丧制度等等，也随之建立并逐渐完善，致使旗人上下有规矩可循，并在这种种规范中逐渐形成风气，新的社会秩序和道德风尚基本形成，在思想意识上和人身归属上增强了对八旗的依附，达到了旗人脱离八旗便难以获得利益甚至难以生存的程度。在这种情势之下，经过整合的八旗，自觉维护八旗利益便成为一种整体趋势。

从各部女真（满洲）被编入八旗的表现看，也完全证明了这一点。有清一代八旗之中涌现出众多军功卓著、政绩突出之人物，仅《八旗通志》王公、大臣、忠义、循吏、孝义诸传中，就收录人物3 400余人，其时截至于乾隆末年，其乾隆年以后之子孙立功者尚未能悉数录入。

这些家族在编入八旗之后，往往有一门数代立功者，表现出他们对八旗的忠诚和八旗凝聚力的巨大。如正黄旗满洲人喀喇，“国初率宗族来归，授游击世职，兼管牛录章京事。屡从征伐，在乌拉伊汉、阿林雅兰、阿其阑等处，败敌有功，赐巴图鲁号，置在十札尔固齐之列。出征叶赫，叙功，加世职为副将。又与明总兵刘綎接战，身被七创，胜之，竟以伤发殁。顺治十一年，追谥恭襄。”① 其子二人，长札福尼，多次出征，以功授备御世职。次阿福尼，袭牛录章京世职，亦多次出征，授备御世职，升甲喇章京。札福尼长子舒里浑，初袭授备御世职，以军功升副都统，授三等阿思哈尼哈番。札福尼次子罗多浑，以军功授三等阿达哈哈番，加一等阿达哈哈番兼一拖沙喇哈番。札福尼第四子宫古图，因军功至一等阿达哈哈番兼一拖沙喇哈番。舒里浑孙特尔勤，初袭牛录章京职，以军功授他喇

① 《八旗通志》卷150，名臣列传十，第3823页，东北师范大学出版社1986年版。

布勒哈番。

另如，“吴拜，满洲正白旗人，姓瓜尔佳氏，先世居义屯宜尔门地方，至祖伊兰柱，徙居哈达之裴德里。父曰吴礼戡，国初来归，屡立战功，历官至噶喇昂邦，赐世管牛录。”① 其长子吴拜袭牛录章京职。吴拜从天命至顺治年间从征数十次，官至内大臣，授一等昂邦章京世职、二等伯。吴拜子郎谈，16岁时任二等侍卫，寻升一等，袭父一等精奇尼哈番世职。又以功升侍卫统领、满洲副都统、领侍卫内大臣。郎谈子拉馨，袭一等精奇尼哈番，历任散秩大臣。吴拜弟苏拜，年15随征蒙古有功，16岁任侍卫监管牛录章京事，以功授一等阿思哈尼番，官至领侍卫内大臣。苏拜子和托，随军平定“三藩之乱”，叙功授他喇布勒哈番。

这种例子在八旗满洲中还有很多，以上所举皆截至于康熙末年，雍正以来其八旗满洲功勋世家亦不乏其例。这些例子证明了在八旗之中已经形成了为八旗殚精竭虑的风尚，八旗也由此得到了巩固与发展。

（六）余论

从八旗建立以及八旗制度的逐渐完善过程来看，八旗满洲是为八旗之核心力量。而在八旗满洲中，建州女真是为核心，东海女真与海西女真为羽翼，最终形成了八旗满洲之整体。

在整合女真（满洲）的过程中，首先，采取了武力征服之手段，使女真（满洲）聚集起来，并纳于统治范围之下。其次，采取了种种方法和措施，将原本分散的各部落女真

---

① 《八旗通志》卷153，名臣列传十三，第3877页，东北师范大学出版社1986年版。

（满洲）人融为一体。第三，在此基础上重新整合女真（满洲）社会，塑造女真（满洲）的民族意识与精神，使旗人意识超越了部族意识。

1. 女真（满洲）各部被统一之顺序与后果

在八旗入关之前的努尔哈赤和皇太极执政期间，对女真（满洲）的统一，大致是依先建州部，次海西部，再东海部和黑龙江部之顺序展开的，当然在努尔哈赤时期征服海西女真过程中也多次对东海女真用兵，并征服了部分东海女真。

建州为努尔哈赤之本部，先征服建州部便有了立足之地，建州被征服后，长白山部随之被灭，使努尔哈赤势力大增。海西之扈伦四部势力原本超过建州，如不得到建州部及长白山部之势力，努尔哈赤便无法与之抗衡。

对海西女真之征服，是在海西女真各部混乱之际，出兵先灭哈达部，依次灭辉发部、乌拉部，最后灭叶赫部。扈伦四部与建州诸部居处相近，交往亦多，被征服之后，较易融为一体。后来的事实证明，扈伦四部之人在八旗的发展壮大过程中作出了很大的贡献，涌现了许多军功卓著之将领和各类人才。

对东海女真的征服，自建州诸部被统一时便已开始。东海女真虽与建州地处较远，但东海女真与努尔哈赤之先人有直接关系，而且东海女真骁勇善战，是后金兴起时急需的生力军。自 1598 年起开始征服东海之瓦尔喀部，所俘获壮丁尽编入八旗。在未尽灭海西女真四部之时，掠获东海女真人口已有相当规模。

进入天聪年间，除了继续对未征服之东海女真余部用兵之外，加强了对黑龙江女真的征服。至崇德末年，黑龙江女真诸部基本都被征服并纳入到八旗势力范围之下。自此以后各部女真基本被统一，并在此形势之下确定了新的民族自称“满洲”，至此“女真”之称呼已成为历史。

女真（满洲）的统一和人口的聚集，改变了以往人口和部落的分布，打破了久已存在的建州、海西、野人三大部女真的分布结构，三大部女真分布格局不复存在，代之而起的是三大部合一的八旗建制和后金与清政权的出现。三大部落中，女真（满洲）人虽未尽被编入八旗，但均在八旗势力控制之下。女真三大部落的合一，不仅改变了女真的历史面貌和发展进程，也改变了东北乃至全国的历史发展轨迹，对女真诸部的统一有着极为重要的历史作用与现实意义。对于女真民族来说，也有着从此改变其民族命运的重要意义。

2. 铲除各大部落之根基

在征服统一女真（满洲）各大部落之时，极为重视对其部落根基之铲除，这也是整合女真（满洲）社会的重要方法，在这方面采取了三种手段。

其一，擒杀各部落首领。

擒杀各大部落首领，这种手段主要针对海西女真之扈伦四部，扈伦四部之首领在明之际多被授封，其地位不在建州女真之下，其中如哈达部地位更高。在这种情况下，收降其首领，终是隐患，于是扈伦四部之各大首领均在征服之战争中被杀，绝无生还收降者。

如1601年灭哈达部，其首领孟格布禄先被收养，后被以谋逆罪诛杀。

1607年灭辉发部，诛其首领拜因达里父子。1613年灭乌拉部，其首领布占泰逃往叶赫部，后亦卒。1619年攻叶赫部东城贝勒金台什战死，西城贝勒布扬古先降后被缢杀。至此海西之扈伦四部各大部落长皆被斩杀，无一幸免。

除了斩杀扈伦四部各大首领之外，对建州女真各部之首领凡不属亲族及主动归顺者，亦多擒杀，以绝后患。如1587年7月攻哲陈部，获其寨主阿尔泰，诛之。1588年10月，攻王甲城，斩其城主戴度墨尔根。1589年2月，攻兆佳城，斩其城主宁古亲。1593年12月，攻长白山部，纳殷部长塞克什被擒而斩之。

斩杀各部落首领不仅仅是杀一首领那么简单，首领代表了一种权威、一种社会制度、一种信仰与观念，是为部落民众之核心。杀其首领即可从根本上破坏这一切包括部落之传统，可以产生“树到猢狲散”的效果，原部落之结构与凝聚力等由此而消亡。

其二，对各部落中小部族首领及家族主动来归顺者，一律优礼待之，并置于八旗控制之下。

最早来归而后来地位显赫者有苏完部长索尔果与其子费英东，董鄂部主克辙巴颜之孙何和里，雅尔古寨扈喇虎与其子扈尔汉。来归之后费英东、何和里、扈尔汉俱授为一等大臣。

天命三年（1618）二月，东海女真使犬路、诺洛路、石拉忻路路长40人，率妻子部众百余户来归，“众路长各授官有差，其众俱给奴仆、牛马、田庐、衣服、器具，无室者并给以妻。”① 这期间凡主动来归顺者，皆给官职及财物人口等。在《满文老档》天命十年至十一年档中，记录了给八旗的敕书，其中提到对许多主动来归之部落首领的封赏。如档中记云：“克车尼，原系绥芬路之大臣，因弃地来归有功，复克尽厥职，不违指令，著为三等参将，免二次死罪，子孙世代勿绝恤典。”② 其他如唐究，原系奇勒恩路之人；绰木诺玛兰，原系

① 《清太祖高皇帝实录》卷5，第9页。

② 《满文老档》上册，第652页，中华书局1990年版。

拉林人；胡系里，原系海兰路之大臣；噶拉布，原萨齐库路之大臣；朱达户，原系兴喀路之大臣；尤德赫，原系雅兰路之大臣；精古勒达，原系扎库塔路之大臣；尼音珠，原系额赫库伦路之大臣等等，皆因“弃地来归有功”而受到封赏。其他如卦勒察部、呼尔哈部、宁古塔路、尼马察路、锡伯部、洪阔路等等各部落之人所归顺者亦多，均授予封赏①。

这些来归之人及其子孙，除授予官职，赏赐人口财物外，“凡自彼处随从来归者之所有子孙，准其世世免于官赋。犯过失死罪，概行赦免。犯抄没之罪，均准免罚。如此恤典，永不断绝。”②

这种种优厚待遇是各部女真在原来部落中不曾也不可能享受到的，故而自编入八旗之后，他们的环境与地位便有了巨大的变化，这种变化使各部落之女真人在自觉与不自觉中摒弃了与原有部落的关系，在八旗环境中得到了重生。

其三，毁掉各部落之堂子，消除各部落之精神寄托。

堂子是各部落的精神家园和精神寄托，是本部落保持传统和部族精神赖以继承和发扬的关键，努尔哈赤对此有十分清醒的认识，故而凡征伐各部落，除杀其部主、掠其人口外，毁掉各部落堂子是一个重要目标。

在八旗之中，各部落原来的堂子均不许重建，唯有爱新觉罗氏可以以政权的名义设立堂子。这种堂子既是政权权力的象征，也是八旗女真（满洲）人的共同精神象征。堂子的设立原则和方法在精神层面上根除了原女真各部落的归属意识，并重新树立和建造了女真（满洲）共同的精神归属，也就是说

---

① 《满文老档》上册，第654～692页，中华书局1990年版。

② 《满文老档》上册，第683页，中华书局1990年版。

后金与清设立的堂子，成为女真（满洲）各部落之人共同的精神寄托之处。这种重新构建女真（满洲）精神归属意识的做法，为整合八旗中的女真（满洲）人起到了深远而显著的作用。

3. 割断各部落内部的宗法联系，形成新的八旗共同利益关系

八旗制度最为明显的一个特征是重新分布与构建各部落女真（满洲）的关系。从上面所叙述的情况中可以看出，八旗制度将各部落之女真（满洲）人采取了大分散小聚居的安置方法，即原属于女真建州、海西、野人三大部落的女真人，在被编入八旗之时多被编入不同的旗属之中，使各部女真之间不可能再度联合起来，他们在各旗各参领之下与其他部族之女真人共同生活，密切的交往与长期的通婚，使不同部落之女真（满洲）渐渐消除隔膜，重新融为一体已成趋势。

正是在这种形式之下，宗法关系的弱化和部族关系的割裂，促进了八旗内部共同利益的形成。这种利益包括政治利益、军事利益和经济利益，旗人的利益与八旗整体的利益也趋于一致。八旗兴盛，个人与家族的利益就能得到保障，故而为八旗的利益而奋斗，成为旗人的一种共同意识。与此同时，八旗制度又以各种措施和法律来束缚着旗人，使旗人及其家族无法也不能脱离八旗。如此一来，八旗的整体性和凝聚力便逐渐增强，在中国的多民族大环境中，旗人便成为独立存在的一种社会集团。

4. 八旗构成了组织严密、等级森严的社会

八旗以爱新觉罗氏亲族为旗主，以勋旧为大臣，以亲信为“章京”，构成了组织严密、等级森严的八旗社会，女真（满洲）由此进入有序化发展阶段。

八旗自建旗以来，皆以努尔哈赤子侄担任各旗旗主，此后担任各旗旗主者亦多为努尔哈赤直系子孙，八旗军政大权一直掌握在爱新觉罗氏手中。

除八旗旗主之外，最受信任的是主动归附又立有战功的外姓贵族。努尔哈赤时期以“五大臣”最受信任也最有权势。皇太极执政后，于八旗各旗设总管政务大臣为八大臣，设理事听讼大臣为十六大臣，均以军功卓著者任之。六部既设，亦选亲信为之任。这些大臣不拘泥于某部某族，凡勤于政事、忠于职守、军功超群者皆可选任。此外佐领一职官职虽不高，但其地位却极重要，是为八旗之基础。故选派佐领除原为各部落屯寨之首领外，均为立有军功又忠诚可靠之人。且绝大部分佐领为世袭制，少部分佐领均以有战功者领之。如此一来，八旗在等级制度之下经过层层严密管理，各部族之人均被严格管理起来。同时又设族长管宗族事，使八旗内部既知效力争先，又可促进宗族和睦，故而使八旗能在稳定中发展。

八旗组织的这种形式，既适合于女真部落时期的传统，又给予整合改造使之具有了新的生命力，而八旗核心与权威的树立，更为八旗各部族的融合提供了有利条件。

总之，女真（满族）和八旗在形成发展中，八旗制度对女真（满洲）的重新整合，起到了关键的作用。正是这种制度的实行，八旗中的各部落各部族之人，才逐渐舍弃了原本世代生存的故土，以及他们历经久远才形成的精神、文化与观念，完成了女真向满洲的转化，并形成了统一稳定的民族整体，从而对中国民族关系和中国局势的发展产生了重要影响，这也正是我们研究八旗制度对女真（满洲）民族整合的意义所在。

二、八旗制度对满洲社会之整合

在后金（清）时期，八旗中满洲、蒙古、汉人以及其他人等的大量集中，使当时后金（清）之社会处于一个亟待变革的阶段之中。而民族的不同、部族的不同，以及来自地域乃至层次的不同，势必造成一个多元化成员构成和复杂思想观念局面的存在，但作为一个新兴的政权和社会集团，巩固和发展是它的必然要求，对于这种主观和客观均要求的发展趋势，政治和制度整合是其中必不可少的条件。正是在这种形势下，以政权为依托、以八旗制度为整合手段，便成为当时整合满洲和八旗社会的最佳途径，并促使八旗打开了进入封建社会阶段之门。

八旗制度对满洲和八旗的社会整合，是从多方面进行的，其中主要的有职官制度、法律制度、军功制度、教育制度、冠服制度、婚丧制度、祀典制度、考绩制度、礼仪制度、土田制度、抚恤制度、选举制度、俸禄制度等等，通过这些制度的制定与实施，建立一个秩序严整的新型社会，达到八旗思想观念和行为规范统一的目的，并将八旗整合为一个管理严密的社会集团。而这些制度所产生的最重要的效果，是在宗法制度基础上推进封建化过程中，实现满洲与八旗等级制度与观念的形成和满洲及八旗整体化的形成，以及实现满洲与八旗社会形态向更高层次推进的变革。

女真传统的社会组织形态是通过部落——部族——穆昆——塔坦形式表现的。明代的女真人已分解形成三大部落，即建州部、海西部和野人部。在这三大部落之中，又各自由不同数量的部族组成，如《清太祖高皇帝实录》即记载了这三大部之下各部族的情况，“满洲（即建州部）之苏克苏浒河部、浑河部、王甲部、董鄂部、哲陈部，长白山之讷殷部、鸭绿江部，东海之渥集部、瓦尔喀部、库尔喀部，扈伦国（即海西女真）之乌喇部、哈达部、叶赫部、辉发部。”① 这些部落的人员组成，并不一定有相同的血缘关系，但部族之权力确实由最强盛的同血缘的家族掌握。

如爱新觉罗家族。努尔哈赤高祖福满生子六人，其六子分据屯寨而居，各子所据之地为：“德世库居觉尔察地，刘阐居阿哈河洛地，索长阿居河洛噶善地，景祖觉昌安，居祖基赫图阿拉地，包朗阿居尼麻喇地，宝实居章甲地。六人各筑城分居。而赫图阿拉城与五城相距，近者五里，远者二十里。环卫而居，称为宁古塔贝勒，是为六祖云。”②“宁古塔贝勒”当时力量强盛，与哈达部万汗的势力大致相当。在建州女真中，“宁古塔贝勒”属于其中哪一部族，史书没有明确说明，不过记载有“尽收五岭迤东，苏克苏浒河以西二百里内诸部”③ 之语，而且努尔哈赤起兵首先攻苏克苏浒部图伦城之尼堪外兰，似乎“宁古塔六贝勒”应属建州女真之苏克苏浒河部。

据史料记载，苏克苏浒河部除“宁古塔贝勒”各据一城寨外，尚有图伦城、撒尔湖城、嘉木寨、沾河寨、瑚济寨、马儿墩寨、安土瓜尔佳城、界凡寨等，每个城寨皆有城寨主。各城寨虽同为建州之苏克苏浒河部，但并无严格的统属关系。如努尔哈赤起兵后，先下苏克苏浒河部之图伦城，招服撒尔湖城与嘉木湖寨、瑚济寨，而后克马儿墩寨、安土瓜尔佳城寨。

同部族之间互不统属，即同部族和同血缘之家族内部，亦多征伐。如努尔哈赤起兵之初，万历十一年（1583）二月，“上同族宁古塔诸祖子孙，至堂子立誓，亦欲害上，以归尼堪

① 《清太祖高皇帝实录》卷1，第8页。
② 《清太祖高皇帝实录》卷1，第5页。
③ 《清太祖高皇帝实录》卷1，第6页。

外兰”①。六月，“上伯祖德世库、刘阐、索长阿，叔祖宝实等子孙，忌上英武，誓于堂子，同谋害上。”② 即同祖子孙亦尚且如此，况其他部族乎！

这种谋算在《清太祖实录》中记载了三件事。其一，万历十一年（1583）六月，其同祖子孙“夜将半，潜至城欲登。上心动，起披绵甲，带弓矢，持刀，登城望之，贼方缘梯而上，见上至，皆急下遁去”③。其二，“六祖宝实之子康嘉与绰奇塔、党善三人同谋，纠合哈达国万汗兵，以浑河部兆佳城长李岱为向导，劫上所属瑚济寨而去，分所获于途中。”④ 其三，万历十二年（1584）正月，其伯祖索长阿第四子龙敦，纠合同族蛊惑努尔哈赤庶母弟萨木占，以计骗努尔哈赤妹夫噶哈善哈思虎杀之⑤。在这其间，《清太祖高皇帝实录》还记载了两次暗杀努尔哈赤未遂事件，可见当时部族及血亲关系之混乱。

另外，努尔哈赤在起兵后统一女真的过程中，对绝大部分的部落和部族的征服，都是通过武力解决的，对建州部是如此，对长白山部之讷殷部和鸭绿江部，海西之辉发部、乌喇部、哈达部、叶赫部，以及东海诸部之女真，多是如此。

对在这种情形下集中起来的女真人，重重的矛盾与混乱的局面是显而易见的，最有力的手段是通过明确而严格的制度整合来实现八旗社会秩序的有序化，并达到真正统一的目的。下面仅选择作用较大的几项制度予以阐述，以此来说明八旗制度对八旗社会整合过程中的方式及其效果。

---

① 《清太祖高皇帝实录》卷1，第11页。
② 《清太祖高皇帝实录》卷1，第13页。
③ 《清太祖高皇帝实录》卷1，第14页。
④ 《清太祖高皇帝实录》卷1，第15页。
⑤ 《清太祖武皇帝实录》卷1，第6页，北平故宫博物院民国21年版。

（一）职官制度与八旗社会整合

八旗职官制度是随着八旗的建立而出现的。八旗制度最初的源起应该是1601年以每三百人编一牛录开始的，管辖牛录的官员即被定为“牛录额真”。而在此之前，后金社会只有沿袭已久的并非为固定官名的“汗”、“贝勒”、“台吉”等首领之称，至于“札尔固齐”、“大臣”、“巴图鲁”之类，也不是正式职官制度下的官名。“牛录额真”官名的出现与设置，预示着八旗职官制度开始形成并逐渐走向完善。

八旗官制的设置过程大致如下。

1601年，正式编建“牛录”。此年整顿划分人口，以每三百人编一牛录，设牛录额真一人进行管辖。此时牛录额真下是否还设有其他官员，在《满文老档》及《清太祖武皇帝实录》中没有记载。迟至1615年，《满文老档》中记有“牛录额真下设代子二人、章京四人、村拨什库四人”① 之语。这些下级官员是否在1601年建牛录时即已设置不得而知，不过依据当时情况看，应该在1601年即设置了这些职官。

牛录额真的职权是管理本牛录出师行猎等事，同牛录之人无论做何事、去何地，都要同工、同差、同行走，“军用盔甲、弓箭、腰刀、枪、长柄大刀、鞍辔等物，若有损坏，则贬谪牛录额真。徜一应物件修治完好，军马肥壮，则晋升牛录额真”②。此外，牛录额真还有负责差徭及人口管理的职责。牛录的正式编建，奠定了八旗制度形成的基础，故牛录额真一职在八旗中至关重要。

牛录设立之后，“编五牛录为一队，行则一路，止则一

---

①② 《满文老档》上册，第36页，中华书局1990年版。

处，依次而下，战则攻一处。”① 而行猎之时则“十牛录合之给箭一枝而行”②。并设四大臣，每一大臣监察十牛录行猎之事。不过这“四大臣”并非固定官职。

1615年，正式设立八旗。在此之前，曾有先建四旗之说，然四旗建于何时，规制如何，均未见记载。仅《钦定八旗通志》中“八旗兵制”载：“至辛丑年，设黄、白、红、蓝四旗。”而辛丑年即1601年，1615年设八旗的情况是：

> 太祖削平各处，于是每三百人立一牛禄厄真，五扎拦立一固山厄真。固山厄真左右立美凌厄真。原旗有黄、白、蓝、红四色，将此四色镶之为八色，成八固山。……又立理国政、听讼大臣五员，都堂十员。太祖五日一朝，当天设案焚香，以善言晓谕国人，宣上古今成败之语。凡事都堂先审理，次达五大臣。五大臣鞫问，再达诸王，如此循序问达。令讼者跪地太祖前，先闻听讼者之言，犹恐有冤抑者，更详问之，将是非剖析明白，以直究问。③

从上面的记载中看，八旗的主要官职有牛录额真、甲喇额真、固山额真。而牛录额真下还设有代子、章京、拨什库等官，固山额真下设梅勒额真2人。

此外，为更好地管理八旗，于上述八旗官职之外，又设大臣制度。天命年间，设五大臣之位参与议政，以何和里、额亦都、扈尔汉、费英东、安费扬古为五大臣，位在一等。设理事十大臣，管理政事与诉讼。在天命年间，五大臣权重位高，而

---

①② 《满文老档》上册，第34页，中华书局1990年版。

③ 《满文老档》上册，第36页，中华书局1990年版。

理事十大臣则多兼有八旗职务。如正黄旗满洲雅虎，位列十大臣中，而身兼牛录额真一职。正白旗满洲巴笃理，亦位列十大臣中，也兼牛录额真一职。五大臣和十大臣总理各项事务，而牛录额真一职位低而权重，其八旗之人皆在牛录管理之下，“今自牛录额真以至什长，递相稽察各所属之人，自膳夫牧卒以及仆隶，靡不详加晓谕，有恶必惩，则盗窃奸宄，何自而生哉！夫惟己不正，乃不能详察耳。己既正矣，复何所畏忌而不稽察以举发乎？或屯戍更番之兵，及离伍独行之兵，有劫掠汉人，窃其畜产，夺其薪木，掠其衣服者，何不各据所闻，即为举发？……今八旗中，孰贤孰否，各牛录中，牛录之孰贤孰否，其详察之。若互相隐蔽不举，被人讦发，固山额真、牛录额真俱罪。”① 从努尔哈赤的这一命令中，可以看出八旗及八旗制度建立之后以牛录为基本单位的管理原则与方法，以及牛录对八旗之人所产生的作用与影响。

八旗管理之细密有时难以想象，如天命八年（1623）三月十三日，规定了五条八旗日常的工作内容。

查点新来人口，给予田舍、席器、斧及锅，妻、奴、衣诸物，使之筑房，并登记征收与赈济库粮等。此一条也。

巡查卡伦、台站、枪炮、踪迹，及赴各屯查问天花、妇孺及逃人等。此一条也。

羁押擒获之人，刑戮应杀之人，筑高木栅及造舟船，架桥梁、繁殖牛只、杀猪、饲养牲畜等。此一条也。

送往迎来，收管各所获之牲畜，于桥头征收交易税

① 《清太祖高皇帝实录》卷10，第20页。

赋。清理街道污秽，管理茅厕，祭扫死者。传递信息，安排筵宴等。此一条也。

甲盔、刀枪、弓矢、鞍辔、蓑衣，及箭罩、弓套、帐房、梯子、档牌、车子、拖床、绵甲，每队十人出行十五日所带之物，查视骑乘，养肥马匹等。此一条也。①

八旗制度的这些详细规定，使上至固山额真，下至兵丁仆隶，皆在八旗控制之中。这使得原本生活在以传统宗族社会中的女真人，处于严格的管理制度之中，强化了他们的组织、纪律性及法制观念，并因此而增进了八旗的旗人意识，八旗作为整体性的社会集团也因此而形成并逐渐巩固。

天命十一年（1626）九月，皇太极执政后，立刻对八旗官制进行改革。

首先是重设八固山额真。此前固山额真由八贝勒兼任，此时则分八贝勒之权，另置八大臣为八固山额真。“上以经理国务，与诸贝勒定议，设八大臣。正黄旗以纳穆泰，镶黄旗以额驸达尔哈，正红旗以额驸和硕图，镶红旗以侍卫博尔晋，镶蓝旗以顾三台，正蓝旗以拖博辉，镶白旗以车尔格，正白旗以喀克笃礼，为八固山额真，总理一切事务。”②

其次设“十六大臣”。天命年间原设有理事十大臣（札尔固齐），此时改设“十六大臣”。十六大臣的设立较十大臣之管理是更为缜密。

佐理国政十六大臣，是每旗设两大臣，共十六大臣，佐理旗政，审狱讼。

---

① 《满文老档》上册，第436页，中华书局1990年版。

② 《清太宗实录》卷1，第11页。

出兵驻防十六大臣，为管理出兵驻防之事的大臣，每旗也是两员，共十六大臣①。

以上两项大臣实际为32名大臣，统称“十六大臣”。八大臣与十六大臣之设“总理一切事务”，使八旗之管理统辖各守其职，对牛录的控制也更严密，八旗之管理较天命年间也更系统化了。

在皇太极执政的天聪、崇德年间，还细化了八旗职官制度。

天聪八年（1634）五月，厘定八旗官名，从中可以看出此时八旗职官设置的具体情况。

> 上谕：凡我国之官名，俱当易以满语，勿仍袭汉语，旧名今悉为厘定。
>
> 五备御之总兵官为一等公。一等总兵官为一等谙班章京，二等总兵官为二等谙班章京，三等总兵官为三等谙班章京。一等副将为一等梅勒章京，二等副将为二等梅勒章京，三等副将为三等梅勒章京。一等参将为一等甲喇章京，二等参将为二等甲喇章京，游击为三等甲喇章京。备御为牛录章京。代子为分得拨什库。章京为小拨什库。旗长为专达。屯拨什库仍旧名。
>
> 凡管理不论官职。管固山者即为固山额真，管梅勒者即为梅勒章京，管甲喇者即为甲喇章京，管牛录者即为牛录章京，管巴雅喇纛额真即为纛章京，管巴雅喇甲喇章京额真即为巴雅喇甲喇章京。②

① 《清太宗实录》卷1，第11~12页。

② 《钦定八旗通志》卷32，兵制志一，第561页，吉林文史出版社2002年版。

此时的八旗官制有职级与职位之别，实职之官可以任用不同职级之官，如镶红旗博尔晋，以侍卫之职，于天命年间任梅勒章京，随之任理事十大臣。天聪年亦以侍卫之职任八大臣，理镶红旗固山额真事。车尔格为镶黄旗人，以副将衔任镶白旗固山额真，后迁刑部承政，其他职位情况也是如此。

天聪五年（1631）七月，正式设立六部。六部中每部设3~5名承政，8名参政，1~2名启心郎，以及数量不等之笔帖式。而后又设蒙古衙门（理藩院）和都察院，即六部二院，这些官员在实职之外也都有总兵、副将、参将等不同的官衔。

此外，在天命年间即实行封爵制，分为王、公、侯、伯、子、男数等。又给予立功者世职继承，分为八等。此项制度天聪朝开始完善，至入关初，已基本定型。

八旗的这种职官制度，层次清晰而统辖有效，并通过不断完善而系统化的制度建设,使八旗上下皆在制度约束之中,从而将八旗整合成为一个严密的整体。八旗职官制度给八旗社会所带来的另一个重要后果,就是八旗等级观念和等级制度的形成。

在八旗职官制度出现以后，等级制度中的仪礼制度也随之形成。如八旗官员仪仗仪礼制度、八旗服饰制度、八旗婚丧制度等等，都依等级不同而作了具体规定，等级色彩极为鲜明。

这种等级观念自努尔哈赤时代就被逐渐强化。天命六年（1621）五月，“降谕曰：汗自创立大业，封与各种大小官职，宜仰体汗意，事上峰大臣，彬彬有礼，动作迅速。于上峰大臣面前，不可抄手而立，背手而行。著将此书，颁至屯守堡。”①天命七年（1622）正月，始正式定八旗仪礼制度：

① 《满文老档》上册，第201页，中华书局1990年版。

一等和硕贝勒大臣等各备旗八时，伞一柄，及鼓、喇叭、唢呐、箫全部。二等贝勒各备旗七对，伞一柄，鼓、喇叭、唢呐、箫全部。诸申、汉人一等大臣各备旗六对，伞一柄，鼓、喇叭、唢呐、箫全部。二等大臣各备旗五对，伞一柄，鼓、喇叭、唢呐、箫全部。三等参将、游击各备旗四对，伞一柄。二等游击以上，各备一轿。诸申、汉人各官，出城时均照汗所定礼制，乘轿，计札洛宽，击鼓，吹喇叭、吹唢呐，妆饰而行。于汗城内，只准执旗而行。五对旗之官如遇六对旗之官，则偃旗只身从后跑去相见。四对旗之官见五对旗之官，亦偃旗只身从后跑去相见。小民见执旗者来，乘马者下马而立，步行者避于路旁，等候经过。为符汗所颁之礼制，诸申、汉人大小官员，自上而下，依次行礼。凡汗赐以职衔之大臣，皆举旗执伞，显示身份而行。小民见大臣有不行礼者，见则责打之。见贝勒、大臣停止，或路过其门，乘马者须下马而过。若遇急事，亦须脱蹬缓行而过。①

崇德元年（1636）清政权成立，在原有基础上礼制更为细密严格。此年五月，定亲王至贝勒仪仗制度。此年六月，礼部制定了上至皇帝、亲王，下至庶民路途中相遇时的礼制规定②，至此入关前的八旗礼制成为定制。

八旗服制也是等级制度的突出表现。前面已对八旗服制做了介绍，此处则从等级制度角度说明。

有关八旗官服制度最早的记载见于天命六年（1621）七

---

① 《满文老档》上册，第300页，中华书局1990年版。
② 《满文老档》下册，第1506页，中华书局1990年版。

月，记载当时的情况是："诸贝勒服四爪蟒缎补服，都堂、总兵官、副将服麒麟补服，参将、游击服狮子补服，备御、千总服绣彪补服。"① 此后天命、天聪两朝均多次修订服饰制度。崇德元年以来，更详细制定了各种制度，如定元旦朝贺礼制度，定亲王以下贝子以上（包括其妻）之帽饰制度，定各品级官员顶戴、腰带制度，定六部二院及文馆官员品级制度，定亲王至贝勒等仪仗制度等等。这些制度的制定和实施，更加明确和规范了八旗内部各阶层的等级，上下尊卑之别由此确立，八旗社会中的等级观念也随之形成。

（二）法律制度与八旗社会整合

在八旗正式出现之前，法律制度便开始形成。

万历十五年（1587）六月，在努尔哈赤起兵之后四年，在佛阿拉筑城，"始定国政，禁悖乱，戢盗贼，法制以立。"② 此时之法律制度还较简单，似仅以镇压反叛与缉拿盗贼为主。

努尔哈赤起兵之初，聚集各屯寨之人，这些人原都来自各个部族与地方，不知法律与制度，行事多率意为之，或盟或叛，或偷或盗，时常发生，情况非常混乱。如万历十七年（1589）正月，攻兆佳城时，"攻四日，城将下。我兵遂弛备，争俘获。上见之，解甲授侍臣鼐护被之，曰：我兵互争，恐自相蹂躏，尔往禁之。鼐护往，弗为禁，亦争取焉。上又以绵甲授巴尔太被之，曰：敌将遁，去取吾甲。巴尔太往，亦争俘获，不即至。适敌兵十人突出，上有族弟王善者，敌掷之仆地。踞其身欲刺。时上未甲，奋身直入，发矢中敌人项，应弦

① 《满文老档》上册，第217页，中华书局1990年版。

② 《清太祖高皇帝实录》卷2，第6页。

而踣，救王善。”① 从这段描述中可以看到当时军律荒弛无序的程度，以致使身在汗位的努尔哈赤险遭不测，而且对此种情况努尔哈赤也无可奈何。类似的情况在后金队伍中所在多多，在经过长期的法律制度整合之后，八旗才逐渐形成为一个纪律严明的整体。

天命年间法律制度不甚完备，多以不成文法形式管理，法律机构也不完善。

万历四十三年（1615），“遴选审理国事之公正贤能人士，擢为八大臣，继之委四十名为审事官……每五日集贝勒、大臣入衙门一次，协议诸事，公断是非，著为常例。”② 这便是当时法律审判的机构了。

此时的法律治理的内容较为庞杂，主要方面则在悖乱、偷盗、军律和治理社会风气方面，多以努尔哈赤之谕令为法律依据。

在悖乱罪中，以其弟舒尔哈齐和其子褚英及从弟阿敦三个案件处理最有代表性。舒尔哈齐为努尔哈赤同母弟，地位仅次于努尔哈赤，然其长期对其兄不满，口生怨言而行事掣肘，成为后金社会稳定之隐患。努尔哈赤下令尽夺其部下之人及物产牲畜，并处死其手下亲信，后来舒尔哈齐虽然认罪，给还诸物，但不久便郁郁而卒。努尔哈赤长子褚英极受重视，“使之专主大国，执掌大政”③。但他却结怨于努尔哈赤之亲信五大臣，虐待其四位兄弟，并诅咒努尔哈赤，有篡权之嫌，被幽禁至死。被处理的另一个重要人物是努尔哈赤从弟阿敦。阿敦曾因诬告总兵官巴都里之罪，被收回一牛录，罚银50两。又因挑唆两大贝勒（代善、莽古尔泰）与四大贝勒不和、诋毁国

---

① 《清太祖高皇帝实录》卷2，第9页。
② 《满文老档》上册，第36页，中华书局1990年版。
③ 《满文老档》上册，第30页，中华书局1990年版。

政，并以谗言挑唆其他小贝勒，拟“杖毙”，后被“缚以铁索，囚禁于牢中”①。

舒尔哈齐、褚英和阿敦，都是爱新觉罗家族中的重要人物，对他们的严厉处理，无疑对整顿八旗和在八旗中树立法律意识起到了重要作用。

在八旗法律中禁偷窃也是一个重要内容。

在女真人传统中抢掠和偷窃财物是他们获得财富的一种方式，但在八旗建立之后，这种行为便成为危害八旗稳定的罪行了，为此对偷窃罪判刑极重。

如天命六年（1621）九月，以甲喇章京永顺在攻陷辽阳时窃匿财物罪被判死罪，后虽赦其罪，但判杀其妻。十月，“霍托因窃骡治罪，销记功银十五两之数。”“巴班因盗骡，割其游击之职，并分其家产为三，籍没其一，其二归本主。”②天命七年（1622）二月，“硕托阿哥旗下牛录之一人，因盗骡，鞭责二十七，刺其耳鼻。”“汤古岱阿哥旗下，尼隆阿牛录之一人，因盗诸申人之鞍辔，乱刺耳、鼻、面、腰等处而杀之。”③为严禁盗窃之风蔓延，努尔哈赤想了多种办法禁止。除严惩偷盗者之外，还以严厉的手段处理其妻。天命八年（1623）七月，努尔哈赤给各牛录颁法令，“凡盗窃之人皆以为不遭捕获，乃我造化，徜遭捕获，亦仅我只身而已，故而行盗。嗣后，男丁偷盗，则使其妇足蹈炽炭，头冠红锅，刑而杀之。徜惧此刑，则各劝其夫，不从即首告之。”④

此外，还以牛录为单位，对偷盗事件采取株连法处理。天

① 《满文老档》上册，第241页，中华书局1990年版。
② 《满文老档》上册，第245页，中华书局1990年版。
③ 《满文老档》上册，第325页，中华书局1990年版。
④ 《满文老档》上册，第533页，中华书局1990年版。

命十年（1625）正月，努尔哈赤说："我国内之盗贼已起，谁之牛录因偷盗而治罪者多，谁之牛录无因偷盗而治罪者，著查档册。"[①] 查出结果之后，制定了给各牛录额真、代子、章京及甲兵不同数量之赏罚银两的办法。凡无偷盗并未被治罪者，发给赏银。有偷盗罪之牛录，各项人等均罚银两。用这种办法使同牛录之上下人等互相监督，以形成禁偷盗之良好风气。

为严禁盗窃，努尔哈赤还命令八旗各级官员写下誓书并存档备查。在《满文老档》第75册档中，全部记载的是八旗近百名官员以不偷盗和藏匿财物为主要内容的誓言书。如其中写有誓书的有车尔格、达尔汉侍卫、图尔格、阿山等固山额真级别的高级官员，也有游击、备御等中级官员，其发誓不奸不盗之辞如出一辙。以发誓来保证自己不偷不盗，这在当时是很有约束力的。

为说明问题，现举其中10例以佐证之，以见当时各级官员立誓之情况。其一，"蒙汗恩养，我阿山不负汗之委任，唯赖汗之赏赐及家养之牲畜，耕种粮谷，不盗不伪，忠正为生。"其二，"蒙汗恩养，我达尔汉今后不为贼盗奸狡之行，持以忠正，勤勉为生，以不负汗之委任。"其三，"蒙汗之委任，我劳萨定勤奋效力，在军旅则勤于管辖。唯赖汗之赏赐及家养之牲畜，耕种粮谷，不行盗骗，不为奸宄，忠正为生。"其四，"我达尔汉侍卫，今后若怀盗骗奸宄之心，必因已之罪而贬之。"其五，"蒙汗授我叶克舒以参将之职，唯赖汗之赏赐及豢养之牲畜，若行盗骗，我叶克舒必因已之罪而贬之，定以忠勤效力于委任。"其六，"我汤古岱唯赖汗赐给总兵官职赏，若行盗骗，必因已之罪而贬之，当竭尽所能管辖任事。"

① 《满文老档》上册，第623页，中华书局1990年版。

其七，“汗委阿什达尔汉以礼仪之职，任内必持以忠心，不伪不盗。如有军务，则竭尽所能勤奋效力。”其八，“蒙汗之恩，我雅虎得游击之职，不盗不伪，孜孜不倦，竭尽所能，管辖任事。”其九，“蒙汗授我汪善以游击之职，唯赖汗之赏赐及豢养之牲畜，若行盗骗，我汪善必因己之罪而贬之。再，我汪善若于军前奸宄而行，亦必因己之罪而贬之，定以忠正勤于委任。”其十，“永记汗之训谕，我完塔希备御必秉公效力，唯赖自家耕种之粮谷与豢养之牲畜，若怀盗骗奸宄之心，必因己之罪而贬之。”①

从这些八旗官员的誓书中，可以看到当时在八旗中进行了广泛禁偷盗教育，并且对偷盗者实行了严厉的制裁。通过三令五申和严厉的法律，在天命年间基本制止了偷盗的习惯，这从天聪、崇德年间处理偷盗案件越来越少的情况中可以得到证明。

不过在天聪朝仍然对偷盗奸宄者处以重刑，与此同时特别强调对八旗之教育与约束，用恩威并施的方法减少犯罪。天聪三年（1629）十一月，皇太极谕令：“固山额真及各级官员等，勤加管束本旗人员，明白训饬。爱士卒如子弟。若能晓之以理，爱之如子弟，则旗人视尔等如父母，教训之言，铭记不忘。临阵时亦愿效命于尔等之前，行则不违纪律矣。如此则旗人何至陷于重罪乎？徜各旗大臣不勤加约束见妄行奸盗者不诛，则纪律松弛，而为恶作乱者益炽，诛之则曾经效力之军士又实可怜。固山额真、甲喇额真、牛录额真当以此为念。”②

正是通过长期的强有力的整治，八旗中的盗窃之风渐熄，

---

① 《满文老档》上册，第722～736页，中华书局1990年版。

② 《满文老档》下册，第954页，中华书局1990年版。

八旗社会的不良风气受到控制，思想文化素质和法制观念有所提高，这也是通过法律制度对八旗社会整合的一种结果。

（三）军律制度与八旗社会整合

在八旗法律制度中军律尤其重要，自天命年间以来屡颁军律①，对约束与整合八旗社会起到了异常重要之作用。

八旗制度是政治、军事、社会、生产四者合一的社会制度，尤其是在八旗入关之前，军事是八旗社会的主要活动内容，“出则为兵，入则为民”是八旗社会的主要特点，故而八旗军律对整合八旗社会的统一性，对提高八旗的战斗力，都具有极为重要的作用。

八旗军律初步形成于1601年牛录创立之时。1615年八旗正式建立之后，军律较以前更为详细，天命元年（1616）努尔哈赤称“天任抚育列国英明汗”以来，随着八旗建制的确立和对八旗内部层层管理的严密，八旗军律有了更大发展。八旗军律在形成时期多以努尔哈赤之命令为准。最早而又较完备的八旗军律始于1615年建立八旗之时。史料记载军律要求八旗“行军时，地广则八旗并列，分八路。地狭则八旗合一路而行。队伍整肃，节制严明，军士禁喧嚣，行伍禁搀越。当兵刃相接时，被坚甲持长矛大刀者为前锋，被轻甲善射者从后冲击。俾精兵立他处，勿下马，相机接应。每预筹方略，了如指掌，战则必胜。克城破敌之后，察核将士战功，必以实。有罪者，虽亲不贯，必置之法。有功者，虽仇不遗，必加之赏。”②

在这各具有原则性的军律之下，具体的军律被不断细密

① 《钦定八旗通志》卷37，兵制六，第669页，吉林文史出版社2002年版。
② 《清太祖高皇帝实录》卷4，第20页。

化。如天命三年（1618）四月，颁布甲兵管束令。“凡军士自出兵日到班师，各随牛录勿离，如离本纛，执而讯之。甲喇额真不以所颁法令诫谕于众，罚甲喇额真及本牛录额真马各一匹。若谕之不听，即将梗令之人论死。”①

在天命五年（1620）九月，有两个典型的案例表明这一军令得到了严格执行。这一年“进兵奉集堡时，索豁洛、阿布泰、胡希布等三牛录下各一人，擅自离队，私掠财物。该三人，至班师后三日始归，遂以离队罪尽杀之。又，有于格根地方巡哨之布来牛录下一人，其自奉集堡城北岗，汗驻跸之地，猎获一猪携往城中。汗见之，遣人拿问，该布来牛录之人伪称‘不仅有我，还有十人’，遣人往查，知其谎报。遂以‘哨探之人，擅自离队杀猪，欲往投敌，追及拿回后，又不告以实情，反造谎言’而将其处死。”② 从以上两例案件中可以看到处理违犯军律事件之严。

执行军律不仅仅针对甲兵士卒，对八旗各级将领均一体视之。《满文老档》中记载了总兵、副将、参将、游击、备御所有级别官员关于遵守军律的誓书即保证书，以下试各举一例。

> 总兵官图尔格依，受领汗牌，以汗之法，秉公管理我所辖之一旗兵。不因好恶而徇情，不因亲戚而袒护，不因仇敌而欺压，善即为善，恶即为恶，皆告于汗。若不如此秉公约束，而行邪恶之道，则汗知其过必罪之，以至家破身亡。若不违汗之训谕之公正法典，则我子孙世代将因汗之慈爱而享富贵。

① 《清太祖高皇帝实录》卷5，第11页。
② 《满文老档》上册，第160页，中华书局1990年版。

副将巴都虎，受领汗牌，我所辖之一翼兵不离总兵官。若离总兵官，则将我巴都虎杀之。若不离，则由总兵官以未离而告上汗。以汗之法秉公辖之，不因好恶而徇情，不因亲戚而袒护，不因仇敌而欺压。善即为善，恶即为恶，皆告于汗。若不如此秉公约束，而行邪恶之道，则汗知其过必罪之，以至家破身亡。若不违汗训谕之公正法典，则我子孙世代将因汗之慈爱而享富贵。

参将代子副将纳钦，定以汗之法秉公管理受任之事。不因好恶而徇情，不因亲戚而袒护，不因仇敌而欺压，善即为善，恶即为恶，皆告于汗。若不如此秉公约束，而行邪恶之道，则汗知其过必罪之，以至家破身亡。若不违汗训谕之公正法典，则我子孙世代将因汗之慈爱而享富贵。

游击贝和齐，受领汗牌。我所辖之一甲喇五牛录兵，不离副将，若离副将，则将我贝和齐杀之。若不离，则由副将以未离而告上汗。以汗之法秉公管辖之，不因好恶而徇情，不因亲戚而袒护，不因仇敌而欺压，善即为善，恶即为恶，皆告于汗。若不如此秉公约束，而行邪恶之道，则汗知其过必罪之，以至家破身亡。若不违汗训谕之公正法典，则我子孙世代将因汗之慈爱而享富贵。

备御多克索和，受领汗牌。我所辖之一牛录兵，不离游击、参将，离时则杀多克索和。若不离，则游击、参将以未离而告上汗。以汗之法秉公管辖之，不因好恶而徇情，不因亲戚而袒护，不因仇敌而欺压，善即为善，恶即为恶，皆告于汗。若不如此秉公约束，而行邪恶之道，则汗知其过必罪之，以至家破身亡。若不违汗训谕之公正法典，则我子孙世代将因汗之慈爱而享富贵。①

从这些各级将领大致相同的誓书中可以看出，努尔哈赤对于军律等等方面的训谕已被各级官员熟知，并立誓保证遵守，军律之规定已普及到八旗上下。而在这个时期，凡违犯军律者皆给予处罚。如天命六年（1621）七月，缘事革巴都里总兵官之职，降为参将。革达尔汉侍卫总兵官之职，降为副将。革康古里副将之职，降为参将，此类事情在当时所在多多。

八旗军律的实施尽管在当时并未形成系统的法律条文，但是具有极强针对性的军律设立，还是对建立未久的八旗下各级将士起到了具有明显效果的约束力，成为整合八旗、整顿军纪的重要措施和手段。

进入天聪年间，八旗军律更为细密严格，尤其表现在出师征伐中的赏罚方面。如天聪三年（1629）征明，在战斗中“因总兵官康古里不与袁都堂军接战，论罪，削总兵官职，夺其一牛录诸申”②。备御郎球、韩岱也因为同样的原因被削职。天聪四年（1630）六月，论贝勒阿敏违犯军律弃永平等四城共16大罪，“拟诛，后免死下狱，尽夺其所属诸申和家奴、财物、牲畜”③。阿敏为努尔哈赤弟舒尔哈齐之子，位列四大贝勒，已经是最高级官员了，但仍不免以违军律罪被处罚。

天聪六年（1632）三月，对出征军律又作了详细规定。

汗曰：“凡遇出猎行兵，一出城门，勿忘法度，整肃而行，不广告喧哗。若喧哗，固山额真、梅勒额真、甲喇

① 《满文老档》上册，第737~765页，中华书局1990年版。
② 《满文老档》下册，第964页，中华书局1990年版。
③ 《满文老档》下册，第1057页，中华书局1990年版。

额真、牛录额真，以次相统，严行晓谕所属队伍，则何故喧哗？今若喧哗，坐该管队额真以应得之罪，其喧哗者杖。行军之时，其擅离大纛一二人私行者，执送本固山额真，罚私行者银三两，给予执送之人。驻芝时采薪取水，务令结队前往。有失火者，治以死罪。至军械，自马绊以上，俱书字号，马须紧系，印烙。倘有盗取马绊、笼头、马鞧诸物者，俱照旧例处治。倘有驰逐雉兔者，富者罚银十两，贫者杖责。自家起程之日，不得饮酒。倘有离纛后行，被守城及守边门人所拿者，则刺其耳。”①

对出征攻掠也有详细军令。如天聪六年（1632）四月二十八日曾下令：

汗曰：“进兵之地，有抗拒败走者杀之，不抗拒者勿杀。再者，勿离散人夫妇。分赏俘虏之前，勿淫人妇女。如有离人夫妇及淫妇女者，论死。杀不抗拒者及掠其衣服者，则夺其所俘，赏与首告之人，仍照例鞭责。除豚鸡可宰食外，羊及膻羊以上，不许擅宰，宰则亦夺其所俘，赏与首告之人，仍照例鞭责。勿毁庙宇，勿犯庙中为祭祀所设一切物件，违者论死。勿扰害庙内僧众，勿取其财物，可开载僧众数目来报。若人畜逃入庙中，则听俘获，勿屯住庙中。”②

军令即下，违犯者即予严惩。同月即以此军令处罚多人。如“镶红旗赖珠牛录下拜赛，康喀赖牛录下希福，奈曼部班

① 《满文老档》下册，第1256页，中华书局1990年版。
② 《满文老档》下册，第1275页，中华书局1990年版。

金台吉下多铎、拉巴希喜、布拉克泰五人，夺取图鲁什、劳萨前行招服蒙古人之锅七、狼皮一、狐皮十，为蒙古人告发。多铎、拜赛为首犯，杀之。拉巴希喜、希福鞭一百，贯耳鼻。布拉克泰鞭一百，以其父有功，免贯耳鼻。将失查之甲喇额真博尔善、赖珠、康喀赖，并照例罚赎。正黄旗下塔海牛录下阿布纳，宁古钦牛录下费约色二人，盗土谢图额驸部下蒙古马辔，失主认之，告于法司，将二人割嘴。"①

除以军律军令约束统辖八旗之外，对攻城掠地、勤于职守有功者亦给予升迁及赏人口、牲畜、银两等奖励，查《八旗通志》人物志、封爵表、世职表等，可知奖赏有功之人的军律也很细密。至崇德三年（1638）八月，八旗军律已更严密而制度化，此时皇太极颁布了系统而详细的八旗军律，举凡出征、行军、驻防、攻城、野战、号令及军械马匹管理、军事纪律等等，均作了具体规定。其中一些军律之以前曾宣示过的内容，此次颁布则更为条理化。如规定：

> 凡两军相对，必整齐队伍，各按泛地，从容前进。如擅离本队，随别队而行，擅离本泛，由他泛而入及众军已进而独立观望者，或处死、或籍没、或鞭责、或革职、或罚银，酌量治罪。……自出城门，务遵军律，肃静队伍，勿得喧哗。固山额真、梅勒章京、甲喇章京、护军统领、牛录章京，依次各有统束。统束严明，则该管队伍岂有喧哗之理。今后有喧哗者，该管章京坐以应得之罪。喧哗者责惩。军行时，如有一二人离旗行走者，许同行人执送本固山额真，执人者赏银三两。下营时，凡取薪水，务集众同行，妄致失火者斩。军士甲胄，俱书号记，胄两旁绵用

① 《满文老档》下册，第1276页，中华书局1990年版。

圆铁叶。无甲者，衣帽后亦书号记。一切军器，自马绊以上，俱书姓名。马必系牌烙印，不烙印者，罚银二两。箭无姓名者，罚银二十两，如得他人箭隐匿不出者，亦罚银二十两。军行时，若见禽兽骑马追射者，兵丁射以鸣镝，贝子、大臣坐以应得之罪。夜行时，各牛录人等有号吹竹为号者，执治贯耳，若不执治，议甲喇章京罪。盗鞍鞯及辔络马绊者，按法治罪。若马上行李偏坠应整理者，本旗人俱站立待整而行。兵入敌境，若有一二人离营私掠被杀者，妻子入官，仍治本管章京罪。勿毁寺庙，勿妄杀平人，抗者戮之，顺者养之。俘获之人，勿褫其衣服，勿离散人夫妇。虽不为俘获者，亦不许褫衣侵害。其俘获之人，勿令看守马匹。如有一二人妄取粮草被杀者，罪与离伍抢掠者同。勿食熟食，勿饮酒。①

此军律如此详尽，可知八旗军律已渐细密。

八旗军律的强化与实行，给八旗将士制定了行为规范和标准，严厉的惩罚和充分的奖赏，使原本凑集起来的各部族之人有了统一的思想纪律观念和军事行为标准，长期不断的对于八旗军律的坚持与实行，以及屡屡对八旗上下的奖惩，使八旗军律深入人心。久而久之八旗逐渐成为一支军纪较为严明的整体。至入关之后，随着八旗建制的不断细化，八旗的整体性和严密性得到了充分的加强，八旗社会也由此而渐入秩序化轨道。

（四）军功制度与八旗社会整合

军功制度是八旗的一项重要制度，同其他制度一样，对八

① 《清太宗实录》卷43，第16页。

旗社会之整合起到了重要作用，使八旗人人争思奋进，树立建功立业之社会风气。

在八旗不断整合过程中，惩罚与奖赏是规范八旗达到融为一体的重要手段与措施，也是整顿八旗社会、规范其思想行为的重要手段与措施。惩罚以约束来达到此目的，奖赏则以激励来达到此目的，两项制度殊途而同归。军功制度对于提高士气促进八旗之凝聚力从而达到整合八旗社会之目的，尤为重要。

努尔哈赤在起兵之初即已开始实行军功制度，并将这种制度逐渐完善。八旗军功制度比较复杂，择其大端，大致包括以下几个方面：

其一，以军功授予实职。

在八旗职官制度基础上，按军功之类别大小授予固山额真（都统）以下，牛录额真（佐领）以上各官，军功大者可以超拔。各级官职中又分为一二三等，分别授予官职。

其二，以军功授予爵位及世职。

爵位分为宗室封爵与异姓封爵两种，宗室封爵暂且不论，异姓爵位分为公、侯、伯、子、男五等，此外入关前还封了数位“王”，如耿仲明、尚可喜、孔有德均被封王。入关前公、侯、伯、子、男分别用满语称呼，爵位之设立也并不十分精密。入关之后，尤其是到了乾隆朝，封爵制度才重新规划，并固定下来。在这五等爵位中，每等爵位分为三个级别，获得的爵位子孙可以承袭。除此之外，军功不及封爵者，给予世职承袭。“五等之封，皆积功而递加者也。其功不能及五等，而勋劳亦不可湮没者，国家酬庸之典，亦核其等差，锡以世职。”①世职即可以子孙承袭的奖励之职位。世职入关之后称为轻车都

① 《钦定八旗通志》卷278，世职二，第3595页，吉林文史出版社2002年版。

尉、骑都尉、云骑尉，各分为三个等级，即三等九级，各等级世职都有一定的品级待遇，子孙可以世袭，这也是对有军功者后代的奖赏与鼓励。

其三，以军功减免差徭、罪责。

八旗各层各级成员，需负担差徭，有军功者视其功劳多少及所得封爵与世职之大小，可以得到减免差徭和减免罪责的优待。

其四，以军功赏赐人口财物。

有军功者不仅能够升迁并得到封爵和给予世职的奖励，而且还会得到人口财物的赏赐，成为八旗中的富裕之人。

军功制度给予了八旗精神和物质的鼓励。

八旗军功制度大约始于 1587 年。此年六月“定国政”，八月命额亦都取巴尔达城。“其所俘获悉以赐，遂赐号‘巴图鲁’。”①“巴图鲁”虽非官职之名，但仅赐与战功卓著之人，额亦都是八旗中最早获此称号者，其地位非同一般。1588 年，苏完部费英东、董鄂部何和里、雅尔古寨扈喇虎先后来归，都授为“一等大臣”。1613 年，以军功最著之费英东、何和里、额亦都、扈尔汉、安费扬古为佐理国政之“五大臣”，在异姓贵族中地位最高。这五大臣也成为实行八旗军功制度的代表人物。在军功制度之实行中，此五大臣及其子孙皆得到了优渥的待遇。

如费英东生前“以功授一等子世袭”。卒后，于天聪八年（1634）“以其子察喀尼袭爵，赐敕免死两次。崇德元年，追封费英东直义公，配享太庙，陪葬福陵。……顺治十六年，世祖章皇帝念佐命勋臣，诏晋费英东世爵为三等公。康熙九年，圣祖仁皇帝御制碑文，勒石纪勋。雍正九年，世宗宪皇帝加公

① 《钦定八旗通志》卷 135，人物志十五，第 2248 页，吉林文史出版社 2002 年版。

号曰信勇。乾隆四十三年，上追念费英东忠勋，晋爵为一等公。”① 子孙承袭爵位。“一大臣”中的何和里、额亦都、扈尔汉、安费扬古的境遇与费英东大致相同，其子孙亦多受重用，位在高官之列。如额亦都第三子车尔格，在皇太极刚执政时即被擢为“八大臣”之一，分理镶白旗事；第八子图尔格于同时被任命为“十六大臣”，随之升为“八大臣”；第十子伊尔登，亦位列“十六大臣”，不久亦升任“八大臣”；其第十三子超哈尔，崇德年间任“议政大臣”、礼部参政。其子孙既可世袭封爵，又可以以自己的军功被封爵或被赐予世职。如此一来八旗中的功臣世家数不胜数，地位与荣誉成为八旗追崇的目标，这也是军功制度整合八旗社会的一个显著效果。

八旗军功制度具有公开性和公正性，也具有普遍性，凡有军功者皆可得到奖赏。军功制度可以改变八旗人丁和家族的命运，这也成为八旗人人都思奋进的动力。在《满文老档》《清实录》诸书中，记载了大量以军功授赏授封的实例。以自身立功而受封者亦不在少数。从这些实例中，不仅能够看到八旗军功实施的具体情况，也能够体会到八旗骁勇的表现和八旗社会被整合后的精神面貌。

在《满文老档》天命九年档中记载了以军功赏赐八旗将领的情况，如“汗曰：贝珲斩彰部之额尔纳，在乌拉被刺伤一次，赏三等备御钱粮，六人。赏一名千总四人，三名把总各三人，三名守堡各二人。鼐谟欢在乌拉被射伤一处，槌伤一处，准折七两之罪。西尔哈在辉发被伤一处，密哈齐在辉发被伤一处，叶成额在蒙古路遇叶赫人而战，准各折五两之罪。”②

---

① 《钦定八旗通志》卷135，人物志十五，第2246页，吉林文史出版社2002年版。

② 《满文老档》上册，第598页，中华书局1990年版。

在《满文老档》天命十年（1625）档中，记载了努尔哈赤给八旗中各族有军功人员的敕书，这些敕书详细记述了受封赏的原因，而这些原因也正是八旗争取立功的标准，致使八旗将士能够为争取荣誉与赏封而战。在这些敕书中，镶黄旗下共44名，其中给康古里等人的敕书云："康古里，原系纳木都鲁路大臣，因弃地来归有功，复勤修政治，善于统兵，著为三等总兵官，免三次死罪，子孙世代勿绝恤典。喀克都里，原系纳木都鲁路之大臣，因弃地来归有功，复勤修政治，善于统兵，著为三等总兵官，免三次死罪，子孙世代勿绝恤典。乌纳格，勤修政治，善于统兵，著为三等总兵官，免死罪三次。"① 正黄旗下给敕书43人，其中给毕鲁海等人敕书云："毕鲁海，因弃明之地来归有功，复克尽厥职，不违指令，著为备御，免一次死罪，子孙世代勿绝恤典。库尼雅克塔，原系洪洋阔路之人，因弃地来归有功，著为备御，免二次死罪，子孙世代勿绝恤典。"② 这些敕书可以永久保存，是为其家族之荣誉。

至天聪年间，军功制度更为完备详细，凡在征战中有功之人均可以功受赏。

此阶段授予军功的形式有四种。其一，擢升其官职，如果阵亡，家族之人可袭其官，并赏给银两财物。其二，虽有战功，但尚不得升迁，将其功记录在案，赏银两财物，待再立功时准予升迁。其三，仅叙其功，观其以后立功情况予以晋升。其四，仅赏银两或财物，以此肯定其功劳。这四种形式均以其军功大小为根据来确定，并非仅由官员及皇太极意志决定，其公开性和公平性基本能够得到保证。

① 《满文老档》上册，第625页，中华书局1990年版。
② 《满文老档》上册，第658页，中华书局1990年版。

对阵亡者：一等副将赏银820两，二三等副将依次减10两。一等参将赏银620两，二三等参将依次减10两。游击赏银600两，亦依等级递减10两。备御赏银400两，也依次递减10两。半个备御赏银250两。小旗长、章京及执者赏银200两。甲兵赏银150两，非披甲之兵赏银100两。此外,对阵亡将士及受伤与倒毙马匹者,规定了比较详细的赏银制度。

对受伤者分四等，一等赏银50两，二等赏银40两，三等赏银30两，四等赏银20两。远处中炮者按等级各减10两。

对战死之马匹分为八等给予银两或财物。一等赏佛头青布90，缎二；二等赏佛头青布80，缎一；三等赏佛头青布70，缎一；四等赏佛头青布60，次缎一；五等赏佛头青布50；六等赏佛头青布40；七等赏佛头青布35；八等赏佛头青布30①。

以上的奖赏只是大致情况，其中对许多细节情况，如本队兵退缩时仍奋力杀敌者，本队兵退缩时而战死者及受伤者等等，也都有具体赏赐规定。总之这些规定对八旗实际而有效。

为阐述明白，现试举几例对有军功人员的赏赐情况，以见八旗军功制度之实施效果。它的客观性和以奖赏为主的激励作用，无疑给八旗将士树立了楷模标准。

天聪六年（1632）正月，叙攻大凌河城将士之功，其记录相当详细，可知军功制度之健全，其中有八旗将领，也有白身甲兵。现选部分叙功情况如下：

副将孟坦，于大凌河阵亡，擢三等副将为一等副将，以其子阿音塔穆袭职。升职缘由：昔夯家之雅木布鲁来归降汗。归降后土寨之人以其不谋而降，往袭击之。彼时孟

① 《满文老档》下册，第1199～1218页，中华书局1990年版。

坦之三兄被杀。孟库之父扎海叛归哈达，时孟坦之父接战被杀。孟坦之兄刚古利之子额尔纳，叛归哈达，孟坦因其背弃兄弟叛走，潜往擒之，来献于汗，杀之。孟坦又送纳林纳奇布之母来。孟坦自受职以来，所委之事，勤勉为之。夺城门时，孟坦破敌，被伤二处。因赐马一牛二。抚顺之役，孟坦率红旗护军进击，受刀伤三处，赐一马。于尚间崖，受刀伤一处、箭伤一处，赐马二。于叶赫，率旗兵攻战，箭伤一处，赐银三两。于辽东，率旗兵攻战，被伤一处，赏马一牛二。孟坦之兄弟阵亡者共八人，昔因有功擢为副将，今以其子袭一等副将职。①

阿山（备御）擢升（游击）缘由：先击败锦州兵时，虽伤四处，复率兵进击时，见敌围硕托阿哥，即刻进击退敌兵，解其围。先击败张道台兵时，率甲喇击敌。刚交战之初，颈被箭射透，仍不下阵，而率甲喇追杀敌兵至海，执蒙古人一名，即交与阿济格阿哥，获马十。此役也，彼共中伤六处，所乘六马均伤，一马毙。曾以阿山弃永平还后，竭力勉为，录功，加之此次，擢为游击。

康吉纳、马儿胡纳、豁济格尔、哈克萌哈、及鄂贝、苏纳额驸、布颜图、茂墨尔根八人，原系白身，无官职，均擢为备御。康纳吉、马儿胡纳擢升缘由：初战张道台，各执汗之护军大纛一，同谭泰并进。攻张道台后队时，见八旗众兵按兵不动，二人各执大纛一，离队率先进击，故两人均擢为备御。②

① 《满文老档》下册，第1198页，中华书局1990年版。
② 《满文老档》下册，第1205页，中华书局1990年版。

叙功赏银者，是记录其功绩，并赏银两，待其再有军功时予以晋升。如天聪六年（1632）正月，记载了叙其功并赏银者的情况。“正黄旗穆成格、诺木齐、喀布三人，各赏银四十两。叙其功，今后观其功绩，予以升授之。……赐拜赛银四十两，叙功。今后视其功绩，予以升授。叙功缘由：大凌河兵先出城时，率先进击，杀一乘青鬃马之解事之人，额孟格中伤仆，救出之。大凌河兵来攻台，率甲喇击败之。昔战张道台兵，徒步进击，中伤一处，二马倒毙，故叙之。”①

也有未赏银两而仅叙功者。“巴萨哈、额色依、巴雅尔图、阿囊阿、噶斯哈、穆成格六人，共叙其功，俟出力较多时，再行升用。”②

还有仅赏银而未叙功者。“库巴克泰、法依吉玛、布兰泰、达鼐四人，均未叙其功，仅赏银四十两。库巴克泰赏银缘由：率十人袭击明兵，遇明兵五十人，击败之，头被砍伤一处。战张道台兵，前队继穆成格进击，擒千总一员，进于汗，其马伤四处，为此赏之。”③

军功制度在八旗入关之前已形成为定制，每次大战之后，均叙八旗将士之功，除奖赏将士官职、银两、财物等之外，还分别不同情况封以爵位和给予世职，从而极大地鼓舞了八旗的士气。八旗的英勇行为和奋不顾身精神均与此有关，这对形成八旗社会的整体精神起到了促进作用。

与军功制度同时实行的还有惩罚制度，两者相辅相成。这种惩罚制度亦极严厉，如天命五年（1620）八月征明攻沈阳城，贝勒莽古尔泰深入敌阵，任“五大臣”之一的额亦都巴

① 《满文老档》下册，第1210页，中华书局1990年版。
② 《满文老档》下册，第1212页，中华书局1990年版。
③ 《满文老档》下册，第1215页，中华书局1990年版。

图鲁未跟随其后进兵，在后徐行，以至莽古尔泰险遭不测。于是定额亦都及其部下之罪，“诸从臣，尽夺其赏，削其功，贬其爵，各鞭三十。执法者拟额亦都以死罪入告，汗念额亦都旧日之功，免其死，取额亦都巴图鲁之诸申三百男，削其功。”①

天聪八年（1634）十一月，论征大同、宣府诸功罪，除有功者奖赏之外，违犯军规者严惩不贷。“正黄旗安楚兰，先与谭泰立军令状，约先登城，及进城，登梯不进而退，处死。正白旗额尔弼赫、明盖、梅赫，攻左卫城，先登阵殁，席尔泰在第四队，不相继登城，处死，没其家口，与先登三人之子为奴。八旗合攻左卫城时，镶红旗扈习礼、马式先登，扎零阿在第三队不继，处死，没其妻子家口，与先登者二人为奴。两黄旗合攻小西城时，前军先登，萨纳喇不继，处死，没家产给予本旗贝勒。”②

崇德五年（1640）十二月，“部议劳萨硕翁科罗巴图鲁等罪。先是，和硕郑亲王济尔哈朗，多罗武英郡王阿济格、多罗贝勒多铎。率兵征高桥北埋伏，令劳萨率兵三百前伏。次早遇敌兵三百，未曾进击，劳萨应革世职，罚银一百。先遣之甲喇章京伊尔都济、都沙、车克、胡礼布，阻挠军令，逗留不前，俱应革职，鞭一百，籍其家。同往之侍卫傅喀、图纳、席特库、格申应各鞭五十。”③

在以上这各个时期中，惩罚与奖赏每每同时实行，虽高级将领亦与一般甲士一样均以军律为准，一视同仁。

① 《满文老档》上册，第154页，中华书局1990年版。
② 《清太宗实录》卷20，第30页。
③ 《清太宗实录》卷53，第25页。

（五）人口户籍制度与八旗社会整合

在八旗形成发展过程中，始终以征服收取人口为第一要务。在统一女真（满洲）各部，征服蒙古诸部，以及占据辽东地区的过程中，大量人口被集中迁徙至辽沈地区。人口的激增一方面使八旗的势力不断扩大增强，另一方面因为民族不同、部落乃至部族的不同，而给八旗社会的稳定巩固与发展带来诸多问题。因此人口（户籍）的管理，便成为整合八旗社会的重要任务了。

八旗牛录、甲喇、固山的建制，实际上也是一种兵民结合的人口管理方式，但从普遍意义上来说，以旗统人包括八旗势力范围内所有人口的管理，实际上还要更复杂一些。

八旗人口之管理自努尔哈赤时代即已开始，编建牛录之初已经是在清查人口基础上进行的，对于人口的管理已有“以旗统人”的办法，对汉族人口的管理也很严密。努尔哈赤得辽东之后，俘获大量汉人，将汉人男丁数目全部点清，“分给”诸申都堂、总兵官各3 000丁，副将各1 700丁，参将、游击各1 000丁，备御500丁。赐汉人总兵官各4 000丁，副将各3 000丁，参将、游击各2 000丁①。并于天命七年（1622）正月“查点国中男丁，每百丁设百长一名”②，每二十丁抽一丁从军，每十丁出一人服役。此年三月，又下令：“著广宁前来之官员，将尔等所有之男丁数目，详加查点，不得隐瞒丁数，尽数呈报。”③ 这些人丁被严格管束，被安置在固定地方居住，如逃亡即捕获治罪。管理汉人尚且如此，八旗满洲

① 《满文老档》上册，第291页，中华书局1990年版。
② 《满文老档》上册，第290页，中华书局1990年版。
③ 《满文老档》上册，第366页，中华书局1990年版。

之人更是俱入档册了。

正式记录大规模编审壮丁，是在天聪四年（1630）十月。这次编审壮丁极为认真，八旗各级官员均需盟誓，如实清点。皇太极下令说：“今时值编审壮丁，凡总兵、副将、参将、游击、备御等官，俱家盟誓，牛录额真各查其牛录壮丁。其已成丁无疑者，即于各屯完结。凡当沙汰老弱及新编幼丁，系沈阳者，赴沈阳勘验。系东京者，赴鞍山勘验。此次编审时，或有隐匿壮丁者，将壮丁入官。本主及牛录额真、拨什库等，俱坐以应得之罪。”① 八旗壮丁都要记入档册之中，存于本旗及本牛录。崇德元年（1636）三月，就曾记载了这样一件事，正蓝旗下包衣牛录额真水色能，因“未能将杜明登、王德二男丁载入档册”② 而被革职。同时规定“旗员子侄，俟十八岁登记部档后，方许分居”③。说明八旗之男丁均需记入档册，以便管理。八旗入关之前，三年一比丁已成为定制。此外，对编为八旗之蒙古、汉军及外藩之蒙古，在崇德元年以后，亦多次编审人丁，每每都落实到户与人。

八旗人口管理之细还表现在对八旗成员的来源记录详细方面。八旗对俘获和投顺之人的一个重要处理原则是“勿离人父子夫妻”，即将其家族编在一处。这对清楚掌握人口，稳定八旗，都有重要意义，这从《八旗通志》与《八旗满洲氏族通谱》中能够找到根据。这两部书初编于雍乾年间，已入关百年。然而其氏族分布与来源仍记载得十分清晰，何人属于何姓，原居住于何地，何时被编入何旗，均一清二楚，甚至其始祖及其子孙任何职，亦能查找出来，可见八旗人口管理之细。

① 《清太宗实录》卷7，第27页。

② 《满文老档》上册，第1407页，中华书局1990年版。

③ 《钦定八旗通志》卷31，旗分志一，第536页，吉林文史出版社2002年版。

《八旗满洲氏族通谱》是汇集前代档册及家族资料，经过详细查明历时九年完成的，全书共录八旗满洲旗分内姓氏1 114个，记载的各姓人物超过二万人，囊括了八旗满洲所有姓氏。以这种情况而论，如无详细的人口管理档册和严密的人口管理机制，是无论如何也写不出这种《通谱》来的。

书中对所有姓氏的来源、地域分布、代表人物及入旗缘由与年代、所隶旗分，都详细列出。人口户籍能够如此详细，令人叹为观止。如记“瓜尔佳氏”，“瓜尔佳，本系地名，因以为姓。其氏族甚繁。散处于苏完、叶赫、纳殷、哈达、乌喇、安褚拉库、蜚悠城、瓦尔喀、嘉木湖、尼马察、辉发、长白山及各地方。”① 记“苏完地方瓜尔佳氏”云：“瓜尔佳为满洲著姓，而居苏完者尤著。其先有同胞兄弟三人，长曰佛尔和，次曰尼雅哈齐，三曰珠察。后离居，佛尔和仍居苏完，尼雅哈齐迁席北，珠察由瓦尔喀再迁西尔希昂阿济哈渡口。珠察生素尔达。素尔达生二子，长曰王沙鲁，次曰王扎拉达。王扎拉达生莽喀尼，莽喀尼生罗罗维尔根，罗罗维尔根生常喀尼墨尔根。常喀尼墨尔根生二子，长曰尼堪，次曰索尔果。索尔果为苏完部长，有子十人，其族最盛。”② 其后列苏完瓜尔佳氏重要人物的个人经历及入旗缘由和任职情况等，再后列其他地方之瓜尔佳氏情况。《八旗通志》等书，对人物及氏族的记载，也都极为详尽，其家族的来龙去脉和个人的经历事迹，均详细记载，此外还有各种大量的记载详细的旗档，可知当时即对人口户籍相当重视。

对一般旗人人口户籍的管理也很严格，从现存的清代户部

---

① 《八旗满洲氏族通谱》卷1，第31页，辽海出版社2002年版。

② 《八旗满洲氏族通谱》卷1，第32页，辽海出版社2002年版。

档案中可以找到大量关于八旗人口的记录，各地方驻防八旗之档案，也同样如此。对于旗人之管理，凡遇比丁、科举、考绩、升除、引见等等，皆需报明履历、年龄、家世、旗属和父祖三代之情况，即或旗人家奴也都登记造册。如《三姓副都统衙门档案》中，即记载了旗人家奴的记录情况。“镶黄旗巴图鲁佐领下披甲者保名下，乾隆五十三年领取钤印文约业已赎身之家生奴何二，二十岁，妻二十岁，何二之寡母六十五岁，何二之长女四岁，次女两岁，一户共五口。”① 对家下奴仆管理尚且如此严格，正身旗人当然更是不在话下。

八旗入关之后，重新严格了三年一次编审壮丁制度，雍正五年（1727）二月，重定编审制度。

> 嗣后造审丁户口册，俱令开写一户、另户，某人某人。有官职者，开明官衔。无官职者，开写闲散人。将伊父兄职名添注本人名下，将伊子弟造入户口下，俱作另户分造。满洲、蒙古旗下家奴，及满洲、蒙古并汉军家下壮丁等，俱开列花名，核明送部。其各省驻防官兵，以及地方文武各官家属，俱令户部行文各该将军、督抚查明，照此造具清册咨送。俟各处旗附入佐领册内，钤印报部存案。以后三年编审一次，俱令照此造册。俟命下之日，通行八旗并包衣佐领、珲托和，一体遵行。②

雍正七年（1729）时八旗人口管理更为细化，“嗣后自大

---

① 《清代三姓副都统衙门满汉文档案选编》第 26 页，辽宁古籍出版社 1996 年版。

② 《钦定八旗通志》卷 31，旗分志三十一，第 538 页，吉林文史出版社 2002 年版。

臣官员以下至闲散人等，凡属正身、另户，生有子女，俱令满月时即告之族长，呈报佐领注册。每年一次。令各佐领查明已故之数销案。至十岁时具结呈报参领，钤盖关防，保送至都统处注册。"① 旗人生子即须呈报佐领注册，十岁时呈报参领并存于旗档中，从此成为定制。

在八旗满洲中还设有族长一职，族长多由本族之有威望者担任，各佐领中均有设置，负责命名、继嗣、修谱、祭祀，以及教育管束族人等本族事务。《满文老档》中第79册、80册和81册，就记录了天命年间一部分族档情况。这部分档册共记录了第一族、第二族和第三族的情况。第一族共分12个塔坦，第二族共分13个塔坦，第三族共有12个塔坦。每个塔坦约10户左右组成。族与塔坦的设立是女真宗法社会结构的延续，它弥补了军事和行政制度管理的漏洞和不足，从而使八旗对人口户籍的管理更为深化，对八旗人口的约束也更为系统与严格。

具有特色的八旗户籍人口制度，对统一和整合八旗社会秩序也起到了至关重要的作用。这种作用主要有如下几个方面。其一，固定了每个旗人在八旗中的位置。每个旗人在入旗时即被编入某旗某参领某佐领下，并受到该旗都统、参领、佐领的统辖。他本人包括其家庭子女均与他所处的旗属与在八旗中的地位有关，其命运与前途也均与其有关。他所隶属的旗分也便成为他的"籍贯"。其二，增强了对旗人的约束力。旗人的户籍人口管理制度化，使旗人处于严密的组织管理系统之中，人的一切言论与行为均受到传统习惯法与成文法的制约。在层层严密的组织管理体系之中，各个阶层的旗人都受到监督和规范

① 《钦定八旗通志》卷37，旗分志三十一，第541页，吉林文史出版社2002年版。

制约，而奖惩制度的实施更增加了这种约束力。久而久之，旗人便形成了许多与民人不同的社会崇尚与风气。其三，形成了旗人对八旗的依附性。八旗户籍人口制度在实行过程中，一方面严格管理旗人，同时也追求对旗人利益的最大化，在籍的正身旗人可以得到许多包括奖赏、恩恤、俸禄、免除差徭等优惠待遇，他们的经济生活来源主要依靠于八旗制度，脱离八旗他们将难以生存。从社会角度看，旗人的政治地位与待遇也高于民人，他们在政治和仕途中有更多的出路，但是他们一旦逃离八旗便会成为被缉拿之逃犯，故无论从经济利益还是政治利益方面看，他们依附于八旗便成为一种必然。其四，增进了八旗的稳定性。八旗制度的一个重要原则是将同一乡党屯寨之人编入同一佐领，多以其家族首领为佐领，并另设族——塔坦形式管理，尽管原来所属之部落或部族被拆散，但家族之父子兄弟及妻子儿女尚能团聚，其家族之纽带未被割断。生老病死、婚丧嫁娶虽多受管束，然而统一与规范化的人口管理制度仍使他们从中获益。这使他们反叛之心渐消，而维护八旗利益之念渐强。八旗以整体面貌出现在历史舞台上时，便有了无坚不摧的力量。

总之，八旗户籍人口制度实现了对八旗人口和思想观念最大程度的整合，使八旗社会从分崩离析局面进入到了严整而系统的社会管理体系之中，从而结束了女真长期未能真正统一的历史。

八旗制度从制度层面对八旗社会的整合，还表现在前面已经提到的教育制度、土田制度、抚恤制度、科举制度、礼仪制度、婚丧制度、军礼制度、冠服制度等众多方面，这些制度也都对整合八旗社会起到了不同的作用，使八旗能够成为一个史无前例的多部族多民族组成的稳定的社会集团，并存在了长达三百年之久，这一切都与通过种种政策、制度与措施的制定施行，有着直接和密不可分的关系，研究和了解这些背景条件与原因，对深入系统地研究八旗有着重要的学术与现实意义。

三、八旗制度对满洲之文化整合

八旗制度在建立并逐渐完善的过程中，对女真（满洲）的文化进行了广泛而深入的整合，使女真（满洲）的思想文化发生了许多重要而深刻的变化。正是这种重要而深刻的变化，不仅使他们建立了政权，而且完善了政治制度、兵制制度、法律制度、职官制度、等级制度等等，同时也促进了道德观念的转型和各部落民族文化的融合与相互吸取，并在各部落原生态文化基础上，形成了更高层次的为八旗中女真（满洲）共同创造并且认同的思想文化，从而完成了由女真向满洲的转化，并逐渐成为一个强盛的民族，应该说这一切都是在八旗制度下完成的。

八旗制度建立之前，女真人不仅在形式上处于分裂状态，在思想意识上也处于分裂状态，相互征战甚至兄弟相残的局面就是当时状况最好的证明。

文化整合是女真向满洲转化的重要条件，也是满洲形成、稳定和发展的重要原因。在八旗制度的作用下，从后金一直到清政权建立的数十年过程中，对民族文化进行了强而有力的整合，从而促进了八旗社会的全面发展。

（一）整合语言文字

语言文字是一个民族特征的鲜明标志。八旗建立之前后，努尔哈赤就极为敏感地认识到了这个问题，故首先征服语言相同之女真诸部。天命六年（1621），在灭掉叶赫部后，努尔哈赤率众“对天地焚香，祝曰：天，父也；地，母也。今暴国肆虐，奉命征之，其乌喇、辉发、哈达、叶赫，同一语音之国，已蒙垂祐，悉以授予”①。皇太极也极重视这个问题。天聪八年（1634）对征黑龙江地方之将领说：“此地人民，语言与我国同，携之而来，皆可以为我用。攻略时宜语之曰：尔之先世，本皆我一国之人，载籍甚明。”②

明朝中期以来，女真文字已经失传，女真人主要采用蒙古文字来表达往来文书及记事，语言与文字脱节。1599 年，努尔哈赤力主创制满文，女真的社会文化由此进入一个新的发展阶段。天聪六年（1632），满文完善工作基本完成，满文由此而成为一种成熟的民族文字，并被运用了数百年之久。

满文的产生对八旗社会产生了重大而深远的影响，举凡往来文书、记录档册、书写政令军令、制定法律等等，皆用满文，满文的地位由此被加强。同时在入关以前，人名、地名、城邑名，一律以满语满文书写，满文逐渐在八旗中得到推广，《满文老档》等档册用老满文写成，即可看出满文在当时起到的作用。满文在天命间即得到广泛使用，有许多例证能够证明。如《满文老档》记天命四年七月，努尔哈赤命各固山额真，以及“梅勒额真、五牛录额真、牛录额真、章京，以及村拨什库誓言一份”③，是以甲兵以上各官皆需书写誓言，并留档备查。另外，天命六年七月档中记载有“每牛录各派十人书写档子”④ 之语，一牛录能出 10 人书写档册，会满文者应该不会太少。

---

① 《清太祖高皇帝实录》卷 7，第 10 页。
② 《清太宗实录》卷 21，第 14 页。
③ 《满文老档》上册，第 100 页，中华书局 1990 年版。
④ 《满文老档》上册，第 221 页，中华书局 1990 年版。

满文创制并开始使用之后，更主要的作用是在八旗中产生了文人阶层，最初之文人有额尔德尼、噶盖、达海、希福、库尔禅、额克兴额等，皆为著名的“巴克什”，在天命年间发挥了重要作用。

天聪年间出于政权发展的需要，也由于满文推行以来培养了一批文人，天聪三年（1629）设立文馆。

> 上命儒臣分为两直。巴克什达海，同笔帖式刚林、苏开、顾尔马浑、托布戚等四人，翻译汉文书籍。巴克什库尔禅，同笔帖式吴巴什、查素喀、胡珠、詹霸等四人，记注本朝政事，以昭信史。初太祖制国书，因心肇造，备列孰范。上躬秉圣明之姿，复乐观古来典籍，故分命满汉儒臣，翻译记注，欲以历代帝王得失为鉴，并以记己躬之得失焉。①

从此记录中可以看出，文馆之设立，推行文化是其重要目的之一。崇德元年（1636），改文馆为内三院，其中内弘文院之职为注释历代行事善恶，进讲御前，侍讲皇子并教诸亲王，以及负责颁行各种制度。这些职责对在八旗中推行文化并因此而改变观念，产生了重要影响。

满文的使用还通过翻译汉族传统儒家文化经典，对满洲产生了巨大而深远的影响。在满洲早期文人中，以达海最有成就，“其平时所译之书，有刑部会典、素书、三略、万宝全书，俱成帙。时方译通鉴、六韬、孟子、三国志及大乘经，未竣而卒。初我国未深谙典故，诸事皆以意果行。达海始用满文

---

① 《清太宗实录》卷5，第11页。

译历代史书,颁行国中,人尽通晓。”① 这段文字记述反映了满文创制之后，通过翻译汉文典籍给八旗社会带来的深刻变化。

满文的通行使用和翻译汉文书籍，对八旗社会的思想文化产生巨大的作用，主要表现在三个方面。其一，促进了八旗社会文人阶层的出现，满文创制之后，随之便有了设立文馆的条件。文馆中之巴克什便是八旗社会中的第一代文人，由于他们通晓文理，故重大军事行动和外交事务，皆派巴克什参加，传谕政令军令也由巴克什承担。巴克什在八旗中具有了以往从来没有的地位与作用，文人的作用在八旗中得到加强。其二，推进了科举制度的实现。满文与教育的推行，使八旗中的文化素质有所提高，随着读书人数量的增加，科举之实行成为可能。天聪八年（1634）四月，首次举行八旗科举，取中举人 16 名。崇德三年（1638）八月，再次举行科举，取中举人 10 名。崇德六年（1641）七月，取中举人 7 名。另外于天聪八年（1634）三月，“考试汉人生员，分别等第。一等十六人，二等三十一人，三等三百八十一人。”② 这些文人均被充实到八旗中去，使八旗渐受文化之渗透。其三，八旗中的尚文风气开始出现。八旗之中长久以来以尚武为荣，自满文实行，文化得以传播以来，在很多方面改变了八旗的思维方式和思想观念，尤其是对孔子和关帝的崇拜，使旗人的道德观念及文化追求逐渐纳入到儒家范畴之中，讲明义理、忠君亲上的封建理念，成为八旗普遍存在的一种追求，八旗的思想观念也因而逐渐统一。

在这一系列变化发展中，满语满文的强化使用是其关键，

---

① 《清太宗实录》卷 12，第 15 页。

② 《清太宗实录》卷 18，第 10 页。

也是满洲文化发展丰富的重要基础。为此天聪八年（1634）四月，下令："嗣后我国官名及城邑名，俱当易以满语，勿仍袭总兵、副将、参将、游击、备御等旧名。凡赏册书名，悉为厘定。"① 满语使用于城邑及官名极为紧要，每日见之，每日读之，使用频率极大，使八旗之人沉浸在满语环境之中，满洲及旗人之归属意识也会在不知不觉中增加，语言使用的效果不可忽视。

（二）强化骑射传统

"骑射"是女真人（满洲）最为突出的民族特征文化，故于对坚持骑射一事从未放松，并在八旗中通过强化手段进行整合。

八旗发展至崇德年间，政治军事均已巩固，尚文之风渐兴。而又由于在战争中俘获大量明朝官兵，并以任用，汉人之典章制度渗透到八旗中来，如六部两院之设立、科举之实施、服饰制度之制定等，皆因汉官之请而实现。汉文化之影响渐渐深入，以至满洲儒臣巴克什达海、库尔缠屡劝皇太极改满洲衣冠，效汉人服饰制度，骑射一事出现渐被淡化的趋势。

在这种情况之下，皇太极以《金史》为鉴，坚持满洲传统之语言骑射，致使满洲及八旗保持了骑射之传统。通过对骑射传统的重新定位与整合，使骑射成为满洲乃至八旗的核心文化。

崇德元年（1636）十一月，与群臣读《金世宗本纪》，云："朕思金太祖、太宗法度详明，可垂久远。至熙宗合喇及完颜亮之世，尽废之，耽于酒色，盘乐无度，效汉人陋习。世宗即位，奋图法祖，勤求治理，惟恐子孙仍效汉俗，预为禁

---

① 《清太宗实录》卷18，第13页。

约。屡以无忘祖宗为训，衣服语言，悉尊旧制。时时练习骑射，以备武功。虽重训如此，后世之君，渐至懈废，忘其骑射。至于哀宗，社稷倾然，国遂灭亡。”①

崇德二年（1637）四月，皇太极再次重申坚持骑射传统之决心。“我国家以骑射为业，今若不时亲弓矢，惟耽宴乐，则田猎行阵之事，必致疏旷，武备何由而得习乎？盖射猎者演武之法，服制者立国之经，朕欲尔等时时不忘骑射，勤练士卒。”②

崇德六年（1641）二月，皇太极又谕诸王、贝勒、大臣曰：“尔等何不亲率人习射耶？子弟辈壮者，当令以角弓羽箭习射，幼者当令木弓柳箭习射，如不执弓习射，好为搏戏、闲游肆市者，何不执之？我国武功，首重习射，不习射之罪，非烟之可比也。用烟之禁，前因尔等私用，故不能治人。至于射艺，切不可荒废。嗣后尔等当严加督率，互相激劝。”③

与此同时，凡举行大典、阅兵、出猎，以及与蒙古会盟，皆命较射，以推行骑射。如崇德二年（1637）八月，皇太极率亲王、郡王、贝勒、贝子等，至演武场较射，并选善射者每旗十人，分为左右翼一争胜负。又令亲王、郡王、贝勒、贝子等相互较射，以争高下。时贝勒岳托以病托辞不射，皇太极谕之再三，岳托引弓坠地五次，并将弓掷向诸蒙古部落之汗，因此而被降为贝子，罚银五千两，并解兵部之任④。

骑射之推行，使这一传统不仅在八旗而且在民间一直被保留，以至于满洲家生男孩则于大门挂弓箭，幼童以柳为弓习射，骑射之传统因此而被继承。

---

① 《清太宗实录》卷32，第8页。

② 《清太宗实录》卷34，第27页。

③ 《清太宗实录》卷54，第22页。

④ 《清太宗实录》卷38，第10页。

至入关以后，历朝帝王均以“国语骑射”为满洲根本，时加训诫，并于每年大阅之际，马步兵丁以上俱令较射，演武骑射成为八旗最重要的军事训练内容。如乾隆十七年（1752）曾下令给各省将军、都统：“骑射国语乃满洲之根本，旗人之要务。……著各省将军、都统等将伊不时教导，务令骑射优娴，国语纯熟。”① 咸丰四年（1854），上谕云：“八旗人员骑射、清文是其本务，即使于清文义理不能精通，亦岂有不晓清语不识清字，遂得自命为旗人之理?”② 故“国语骑射”已成为八旗尤其是满洲独立性和凝聚力强弱的主要标志，也成为满洲乃至八旗文化的核心内容，对满洲与八旗文化的规范和统一发展具有现实而长远的意义。故强化八旗骑射传统，不仅具有实用的价值，同时更具有整合满洲乃至八旗思想认识和文化观念的意义。

（三）整合民族风俗

民族风俗也属于文化范畴。八旗建立之后，随着各种制度和管理的日趋严密，传统的民族风俗也受到影响，各部族的民族风俗也渐渐趋于相同或相近。

明代以前，女真人分布广泛，部族甚多，其传统风俗于大同中有小异。然八旗既为整体，风俗之杂乱，亦会影响其统一与整体性，故八旗建立之后，虽然对各部族之风俗采取了宽容政策，但是也在很多方面进行了干预与整合，从而使八旗不仅在形式上而且在认识上加强了统一性，从而使八旗及旗人形象更为鲜明而突出。

---

① 《驻粤八旗志》卷首，敕谕，第13页，辽宁大学出版社1990年版。
② 《荆州防驻八旗志》卷3，敕谕，第78页，辽宁大学出版社1990年版。

统一发式。发式是女真（满洲）乃至八旗最直接最显著的外部特征。自努尔哈赤起兵之后，对八旗发式之要求即极为严格。此时之发式即已统一，其形式是将两耳际之前的头发及少许颅后发剃去，脑后留长发编为发辫，这种发式一直延续到清朝灭亡。

努尔哈赤时期女真之发式无图录可查，不过皇太极天聪八年（1635）八月成书的《满洲实录》中，其所绘后金女真发式已经是剃前留后，大约这种发式在后金时期已经定型。

从发式形式来看，北方民族均有剃发习俗，如辽之契丹、金之女真、西夏之党项、元之蒙古皆有剃发之俗，不过在样式上却无一定之规。

契丹之典型发式是剃去头顶及脑后之发，留额上及两鬓之发，或仅留两鬓之发，或留两鬓及脑后一绺之发。金人典型发式为剃去头上大部头发，留耳后两络头发编辫，或剃发梳双髻。西夏党项人与元之蒙古人亦剃发，形式多样，并不统一，这从许多墓室壁画和宋元图画中可以找到证据。以上各时期和民族的发式均与后金时期女真人发式不同。

从民族角度看，金代之女真与后金之女真应属同族源之民族。但从现有资料看，两者之发式并不相同，而且金代女真虽然剃发，然而发式多样并未统一。而明代女真自后金兴起后，发式便逐渐统一，只有一种样式而无其他，从此种情况来看，后金时期女真人之发式应该是被强行统一的，统一发式的目的，当然与后金政权建立后统辖民众有直接的关系。

关于何时起统一发式的记载，所有史书均未涉及。命归降之人剃发的最早记录，始于天命六年（1621），此年三月征沈阳、辽阳，“河东之大小七十余城官民，俱削发降”①。同年三

① 《清太祖武皇帝实录》卷3，第14页，北平故宫博物院民国二十一年版。

月，在给喀尔喀五部蒙古之信中，也提到剃发。《满文老档》记云："汗已驻跸辽东城，河东乃我征服之地，其国人皆已剃发归降。"① 这些史料虽没有详细说明，但足以证明统一剃发样式并均需剃发已成定例，八旗各项人等，均需剃如女真人之发式。自此以后，凡俘获和归顺之人尤其是汉人，皆强令剃发以示归降，并以此可以证明为后金（清）之属民，从而强化后金（清）政权和民族的独立性。这样的记录在天聪、崇德年间的档册中比比皆是，统一发式成为后金（清）政权以及女真（满洲）兴起与强盛的标志性措施，对于民族心理的自强与统一具有最为直接的效果与意义。而满洲的这种固定发式，大约与原始信仰及政治有关，而与其他原因关系不大。

统一服制。后金政权建立之前，女真人各部大多较为落后，经济基础比较薄弱，服制形式杂乱无章，虽然亦有如蒙古一类样式的服饰，然棉布缺乏，丝绸更为稀少，故服饰很难统一起来。

关于服制的问题，自后金时期即已重视，然未曾规范。天命五年（1620）正月，《清太祖武皇帝实录》记努尔哈赤与察哈尔林丹汗书中即提到："尔我异国也，言语虽殊而服发亦相类。"② 由此可知努尔哈赤对服饰相当重视。此后皇太极当政时期对蒙古各部也都谈到服制相类的问题，如天聪八年（1634）五月，给察哈尔各部诸部落书云："我与尔两国，语言虽异，服冠则同。"③ 对服制也相当重视。这个时期所言之服饰主要指服装之样式，而非服饰制度。

服制也是一个民族和一个政权最显著的外部特征，故统一

① 《满文老档》上册，第183页，中华书局1990年版。

② 《清太祖武皇帝实录》卷3，第10页，北平故宫博物院民国二十一年版。

③ 《清太宗实录》卷18，第26页。

服制相当重要。后金初定服制始于天聪六年（1632）十一月，皇太极下令说：

国家服式之制，所以辨等威、定民志，朝野各有遵守。我国风俗，素敦淳朴，近者奢靡僭越之风，往往而有，不可不定为法制，昭示国中。

八固山贝勒在城中行走，冬夏俱服朝服，出外方许服便服，冬月入朝，许戴玄狐大帽。据家，戴尖缨貂帽或貂鼠团帽。春秋入朝，许戴尖缨貂帽。夏月，许戴缀缨凉帽。素蟒缎各随其便，不得擅服黄缎及五爪龙等服。若系上赐，不在此例。平时勿着缎靴，惟夏月入朝，乃许用。八家福金等，居家服色，前已有旨。如冬夏外出，俱许服女朝衣。冬月，许戴尖缨貂帽。夏月，戴尖缨凉帽。至于满洲、蒙古、汉人，自固山额真以下，代子、章京、护军及牛录下闲散富足之人以上，冬夏在城，俱服披领袍，不得服小袍。贫人服无开襟袍。其果否贫穷，听各固山额真详查。若外出，俱许服小袍。

又闲散侍卫、章京、护军，及诸贝勒下闲散护卫、章京、护军以上，许服缎衣，余者俱用布。……又冬间许戴缀缨团帽，夏间许戴凉帽。应服缎者，不拘蟒素，各随其便。惟不许用黄及杏黄色，并五爪龙等服。若系上赐，不在此例。

黑狐大帽，大臣不得自制，惟上赐许戴。缎靴，不许平人穿用。应服缎袍者，入朝、与宴方许穿。

又在城内不许戴黄狐大帽，冬月外出方许戴，其尖缨帽及杂色皮棉帽，概不许戴。

> 又宽带及皮、棉齐肩挂外套，在城不许服用，出外许服用。①

在此之前，努尔哈赤于天命八年（1623）六月，也曾定官民服制，但不甚周详，如《满文老档》记载云：“汗赐以职衔之诸大臣，皆尚戴金顶大凉帽，着华服。诸贝勒之侍卫，皆戴菊花顶凉帽，着华服。无职巴牙喇之随侍及无职良民，夏则戴菊顶新纱帽，着蓝布或葛布之披领，春秋则着毛青布披领。若行围及军事，则戴小雨缨笠帽。于乡屯之街，则永禁戴钉帽缨之凉帽。禁着纱罗，将纱罗与妇人衣之。”②

八旗入关之后，对服制之规定更为周密，满族服饰风行海内，尤是旗袍及坎肩一类，成为满族的代表服装。

满族服饰之统一，对满族的形成发展也产生了巨大而深远的影响，除了具有政治与民族意义之外，尤其在民族心理和民族自我意识方面影响巨大，同样也是民族发展进步，乃至增强民族凝聚力的不可缺少的重要条件。故而皇太极对儒臣劝他改换服饰制度时说：

> 先时儒臣巴克什达海、库尔缠，屡劝朕改满洲衣冠，效汉人服饰制度，朕不从，辄以为朕不纳谏。朕试设比喻，如我等于此聚集，宽衣大袖，左佩失，又挟弓，忽遇硕翁科罗巴图鲁劳萨挺身突入，我等能御之乎？若废骑射，宽衣大袖，待他人割肉而后食，与尚左之人，何以异也？朕发此言，实为子孙万世计也，在朕身岂有变更之

① 《清太宗实录》卷12，第37页。

② 《满文老档》上册，第512页，中华书局1990年版。

理！恐日后子孙忘旧制，废骑射，以效汉俗，故常切此虑耳。①

皇太极将坚持民族服饰与保持民族传统，以及保持民族发展联系起来。所以坚持和统一规范满族服饰，对延续满族传统文化与推进满族在相对独立道路上的发展，都具有极为重要的意义。事实证明，满洲在走向强盛的过程中，民族服饰的坚持与规范确实发挥了作用。

移风易俗。八旗建立之初，八旗社会之中各民族各部族人等聚集一处，各部风俗杂乱，为使八旗稳固而发展，社会风尚和思想观念归于一统十分重要。对于这个方面的整顿，除了制定制度法律予以规范之外，移风易俗、革除陋习成为重要手段。在八旗入关之前，对不良风气后金和清两朝政权均以拨乱反正之法予以规范。天命四年（1619）六月，努尔哈赤开始注意较有系统地整治民风，以促使八旗风气淳良。此月云：

为国之道，以教化为本，移风易俗，实为要务。诚乱者缉之，强者驯之，相观而善，奸慝何自而逞，故残暴者当使之淳厚，强梁者当使之和顺，乃可几仁让之风焉。舍此不务，保必克臻上理耶？②

在八旗中移风易俗、革除陋习一直被推行着，举凡禁止嗜酒、禁烟、禁赌、禁裹足、禁巫、禁私嫁、禁毁寺庙等等，一并实行。

① 《清太宗实录》卷32，第9页。
② 《清太祖高皇帝实录》卷6，第18页。

在长期不断的移风易俗中，八旗陋习得到遏制，社会崇尚被规划统一，满洲各部及各色人等之差异逐渐缩小，满洲及八旗之整体意识也随之增强，从而实现了对满洲乃至八旗风尚与观念的整合。

禁戒嗜酒。北方民族多有嗜酒之俗，成为社会不能稳定和阻碍八旗发展的一种障碍。对这种不良习俗，努尔哈赤很早就有清醒认识。天命三年（1618）四月，努尔哈赤曾谈到嗜酒之害。

从来国家之败亡也，非财用不足也，皆骄纵所致耳。若夏桀、商纣、秦始皇、隋炀帝、金完颜亮，咸贪财好色，沉湎于酒，昼夜宴乐，不修国政，遂致身死国亡。近日哈达国万汗，听事不辨是非，富者虽非亦是，贫者虽是亦非。公断不行，惟尚货贿，故所创基业及身而败。昔我六贝勒，原与国君相等，因兄弟交嫉，攘夺货财，几致丧乱。乌喇贝勒布占泰，朕擒之于阵，厚加恩恤，纵令归国，乃不思报德，恃其才力，嗜酒妄行，遂被天谴，国以灭亡。今蒙古贝勒，不务政事，荒废于酒。父因酒殒，子复嗜之。兄因酒殒，弟复嗜之。加以贪财黩货，争夺无已。父子兄弟，互为仇雠，国亦作乱。凡我子孙，若效其所为，耽嗜酒，溺货利，存心邪辟，不敬守基业。则覆辙不远，可不戒欤！①

在这段话中，努尔哈赤历数嗜酒之害，对嗜酒一事极为反感，力主戒之。

---

① 《清太祖高皇帝实录》卷5，第23页。

天命十年（1625）八月，努尔哈赤又专门下了禁戒嗜酒之令。

> 汗曰：饮酒之人自古有之，曾闻有因饮酒而得何物、习何艺之说乎？然饮酒或与人殴斗以刀伤人抵罪，或坠马伤手足折颈而亡，或为鬼魅所魇而死，或患闷气噎食之症，或失欢愉父母兄弟，或酗酒损毁器皿，败坏家业之语，确有所闻。酒不果腹矣，或制小面饼煮汤而食，或制麻花而食，或炸饺子而食，或制各种面食、黏饭而食之。酿酒、制饽饽皆出于黍也，然毁之于酒而饱之于饽饽，为何不食饱而毁于饮也？无能之辈饮之而丧身，贤德之人饮之而败德，并为汗与诸贝勒所见罪。夫饮则妻厌之，妻饮则见怨于夫，家奴不堪而逃之，饮酒何益！古之贤者云：良药苦口利于病，美酒适口害其身，谗言悦耳毁其道，忠言逆耳利于行。切勿过饮之！①

满洲人饮酒常出事，诚如努尔哈赤所言。至皇太极执政时期，以酒而生事者最典型的例子，是四大贝勒之一的莽古尔泰与皇太极之争。天聪五年（1631）八月，莽古尔泰因事与皇太极争执，有拔刀犯上之罪，被“革去大贝勒，降居诸贝勒之列，夺五牛录属员，罚驮甲胄雕鞍马十，进上。甲胄、雕鞍一，与代善。素鞍马各一，与诸贝勒。又罚银一万两入官”②。对“拔刀犯上”这种举动，莽古尔泰的解释是，“我以枵腹饮酒四杯，因对汗弟狂言，言出于我之口，竟不自知。”③ 此事

① 《满文老档》上册，第641页，中华书局1990年版。
② 《清太宗实录》卷10，第8页。
③ 《满文老档》上册，第1139页，中华书局1990年版。

虽非一定是如此之原因，但可以证明饮酒一事应该在满洲中习以为常。

皇太极对八旗饮酒之风气亦多警惕，多次训诫不许酗酒。如天聪八年（1634）五月征明，出师之际谕八旗："师行时勿离本纛，勿践踏田禾。"① 同时下谕蒙古诸贝勒及三顺王孔有德等，令其"勿餐熟食，勿饮酒"②。崇德六年（1641）二月，皇太极查出八旗满洲、蒙古中有48个牛录俱贫。对此种现象皇太极总结为嗜酒所致，故严加训斥：

> 牛录下多有贫乏者，皆因牛录章京及拨什库等耽嗜饮酒，不办理牛录之事，晨醉则至暮不醒，夜醉则日中不起，荒惰弃业。职此之由，昔皇考太祖时，太祖素不饮酒，因而群臣庶民，凛遵教训，故太祖国势振兴，诸臣迄今殷富。皇叔贝勒嗜酒，其部下臣子俱效之，故皇叔之政渐衰，而部下臣民渐贫。自正蓝旗莽古尔泰、德格类在时，耽于曲蘖，其部下之臣及本旗之人，皆相习成风，以致败亡。镶红旗王、贝勒、公等，亦惟酒是嗜，其部下本旗人，共相仿效，故瓦尔喀什之族，年未老而先衰。镶蓝旗郑亲王，先时嗜酒，一旗人皆效之，今郑亲王虽戒饮，而部下之人各习已久，不能禁止。似此沉湎废事，致令牛录贫困者，诸王、贝勒、贝子、公等，何不明议处，属下贫困者，何不加恩赡养。③

自此以后，八旗饮酒之风有所收敛，风气有所改变，致使

① 《清太宗实录》卷18，第24页。
② 《清太宗实录》卷19，第4页。
③ 《清太宗实录》卷54，第21页。

饮酒滋事之不良习俗得到控制。

在八旗入关之前，在整肃八旗风气、增强其一统性方面，除禁酒之外，还采取了禁烟、禁赌、禁裹足、禁私嫁等一系列措施与法规。

禁烟。在八旗中禁烟为之已久，但民间多未遵守，对于这种情况，皇太极于天聪八年（1634）十二月，再次提出禁烟之要求。“上谕和硕贝勒萨哈廉曰：烟之为禁已久，民间仍有不遵守而自擅用者。……因谓固山额真纳穆泰曰：尔等诸臣，在公署禁人用烟，及至家又私用之，如此复何颜责人耶？以此推之，阳奉阴违。尔等竟无一可信之事矣。朕所以禁烟者，每见穷乏之家，其仆人衣服不周，犹复市不已，无益妄费，故禁之耳。”① 禁渐的法令在当时也是非常严格的，凡违禁者均严厉处理。

如崇德五年（1640）十二月，查出“驻守新城牛录章京张什八、阿球、库尔泰、方金、吴大寿五员下，家人九名，各携银两私出边外，往朝鲜国市烟，被固山额真英尔岱于义州擒获，送户部审实。奏闻，上命张什八等五人革职，各鞭一百。库尔泰罢管牛录事，不令驻防。张什八纳银赎罪，其出边家人，俱没入官。”② 以上之处罚可用严酷来形容。

禁赌。赌博也属于社会不良习气，故亦被禁止之列。

禁赌令正式颁布是在天聪六年（1632）二月，其令曰：“近闻游惰之民，多以赌博为事。夫赌博者，耗财之源，盗贼薮也。嗣后，凡以钱及货物赌博者，概行禁止，违者照例治罪。”③ 因犯赌博而被处罚最典型的例子是将宁完我解职为奴

① 《清太宗实录》卷21，第23页。

② 《清太宗实录》卷53，第20页。

③ 《清太宗实录》卷11，第15页。

隶之事。

宁完我，天命年间归降，原为贝勒萨哈廉奴仆，后因通文翰拔入文馆，寻授二等甲喇章京之职，赐田庄奴仆。八旗“征北京时。令宁完我留守永平府，以赌博为李伯龙、佟正首告，审实，汗宥其罪。汗知其行止不端，屡加诫谕，竟不能改。后复与大凌河归附甲喇章京刘思宁赌博，为刘思宁家人告发，审实。拟宁完我罪，革其职，凡汗所赐诸物，悉数夺回。解任，仍给萨哈廉贝勒为奴。籍刘思宁诸物，发尚阳堡为民。”①

以犯禁赌之罪将二名甲喇章京（参将），一解任为奴，一抄家谪戍，可以想见执法之严厉和禁赌之决心。以此种力度整治，赌博之风焉能猖獗。

规范婚嫁。对婚嫁一事，八旗管理亦甚严格。天聪九年（1635）三月，制定八旗婚嫁制度。“凡官员及官员兄弟、诸贝勒下护军、护军校、骁骑校等女子、寡妇，须赴部报明，部中转问该管诸贝勒，方准嫁。若不报明而私嫁者，罪之。其小民女子、寡女，须问明该管牛录章京，方准嫁。凡女子十二岁以上者许嫁，未及十二岁而嫁者，罪之。”② 此前凡宗室王公贝勒之女出嫁，必经皇上批准。如此一来，八旗婚姻皆在管理之中，且不许幼女早嫁。此事看似简单，实际亦是整合统一八旗之法也。

对婚嫁靡费之风，也有限制。崇德元年（1636）十月，定亲王以下至庶民“娶妻、嫁女、娶媳”筵宴及聘礼制度。其中规定了亲王、郡王、贝勒、贝子、公、固山额真、昂邦章

① 《满文老档》下册，第1395页，中华书局1990年版。

② 《清太宗实录》卷23，第2页。

京、梅勒章京、甲喇章京、牛录章京、庶民等各级官民娶妻嫁女的聘礼、陪嫁的数额和婚宴的规模。并规定“倘越制多杀（猪、羊）、多用、还礼，则依法罪之。无力之人，少于限额，无罪”①。

如固山额真（都统）娶妻设宴“准宰羊十，备酒二十五瓶，设席十五桌。前去定亲，准宰羊六，备酒二十瓶，缎衣三袭，缎被褥二套，毛青布衣一袭，毛青布被褥一套。金项圈一、二钱金簪子二，金男女大耳坠……庶民娶妻娶媳妇举宴，准宰羊二、备酒五瓶。前去定亲，准宰羊一，备酒三瓶，毛青布衣一袭，毛青布被褥一套，银男子大耳坠”②。从上面规定的婚娶物品及设宴规模看，均属节俭，并不奢华。此项规定，一可以于八旗中推行节俭之风，二可以阻止婚嫁之攀比风气盛行，对保持淳朴民风和良好的社会风气多有益处。

规范丧葬。丧葬之风气于社会风俗关系甚大，故也被重视，屡次规范。

天聪二年（1628）正月，皇太极重申丧葬之制度。“丧葬之礼，原有定制。我国风俗，殉葬燔化之物过多，徒为靡费，甚是无益。夫人生则资衣食为养，及其死也，以人间有用之物为之殉化，死者安所用之乎？俟后，凡殉葬燔化之物，务遵定制，勿得奢费。”③

天聪八年（1634）二月，定丧祭焚衣及殉葬制。“自贝勒以下，牛录额真以上，凡有死葬者，许焚冬衣、春秋衣、夏衣各三袭。庶人许焚冬衣一袭、夏衣一袭、春秋衣一袭。自贝勒至庶人，有不及此数者听之。若原制有衣服者，仍照定数焚

① 《满文老档》下册，第1629页，中华书局1990年版。

② 《满文老档》下册，第1634页，中华书局1990年版。

③ 《清太宗实录》卷4，第2页。

化。如旧衣不足，毋得新制充数。若逾定数，及无旧衣而新制以焚化者，被人告发，首告之人，准离本主。将焚化衣物赔出，以二分入官，一分给首告之人，该管牛录额真及代子、章京，俱坐以应得之罪。又妇人有欲殉其夫者，平居夫妇相得，夫死，许其妻殉，仍行旌表。若相得之妻不殉，而强逼侍妾殉者，其妻论死。其不相得之妻及媵妾，俱不许殉。违律自殉者，弃其尸，仍令其家赔妇人一口入官。有首告者，将首告之人，准离本主。夫族兄弟，各坐以应得之罪。"① 这一规定，不仅在物资缺乏之际推行节约之观念，而且开启了杜绝落后的殉葬习俗之法，对八旗社会移风易俗，铲除愚昧思想，均大有益处。

至于禁娼妓、禁裹足、禁盗窃、禁斗殴等等法令，于天命至崇德年间也多次颁布，法令即下，惩治亦严，效果显著。这些禁令于前面所列之法令，成为满洲乃至八旗文化观念与举止言行的规范，八旗之素质也因通过对风俗之整合而迅速提高，一统性与整体性也随之增强。

（四）禁巫觋邪教

八旗满洲素信奉佛教与喇嘛教并极为笃诚。如后金时期，努尔哈赤就在赫图阿拉建玉皇庙、佛寺等七大庙。崇德年间，于沈阳建实胜寺等喇嘛庙，并延请高僧，宣扬佛教。与此同时，对八旗中拆毁寺庙之人，严加惩罚，敬佛一事在八旗中广被推行。

除了对佛教包括喇嘛教尊崇之外，凡以佛道之名蛊惑人心或另立新教招徒授法之现象，概予取缔。从而在宗教方面对满

① 《清太宗实录》卷17，第28页。

洲乃至八旗进行了规范与整合。

皇太极时期第一次惩罚僧人，是在天聪初年。此时清太祖努尔哈赤陵寝尚未修成，其梓宫暂停城内，有僧名陈相子者率徒于梓宫前诵经，其意是求佛引太祖之灵上升于天。皇太极闻之曰："太祖神灵上升于天，岂待众僧祷求，始受生善地耶？自来惑众罔民者，皆此辈僧人也。因下相子于所司，杖四十，勒令还俗为民。"①

天聪五年（1631）闰十一月，对和尚、喇嘛进行了一次大清理。其时新造寺庙颇多，对"违法新造者，务治其罪"②；对"诈称喇嘛班第和尚，容留妇女，不守清规者，勒令还俗"③。至于"满洲、蒙古、汉人、土默特、喀喇沁巫觋星士等，妄言凶吉，蛊惑妇女，诱取财物者，实繁有徒。此等满洲、蒙古、汉人，岂无本主该管，何以不加禁止，任其妄行？嗣后，若不严行禁止，有被获者，将此妄行之人，必杀无赦。该管牛录额真、章京及本主，各坐以应得之罪。有用巫觋星士者，亦坐应得之罪。若道士及持斋之人，妄行惑众，亦一体治罪"④。这次清理涉及到了和尚、喇嘛、道士及巫觋星士，凡清静正直守法人皆不干预，而对蛊惑妄行不守清规者，严厉打击，以此来保护社会的稳定性。

对于喇嘛的妄行，皇太极亦给予揭露及禁止。天聪十年（1636）三月，谓诸大臣曰："喇嘛等口作讹言，假以供佛持戒为名，潜肆邪淫，贪图财物，悖逆造罪。又索取生人财帛牲畜，诡称使人免罪于幽冥，其诞妄为尤甚。喇嘛等不过身在世间，造作罪孽，欺诳无知之人耳。至于冥司，孰念彼之情面，

① 《清太宗实录》卷5，第8页。

②③ 《清太宗实录》卷10，第29页。

④ 《清太宗实录》卷10，第30页。

遂免其罪孽乎！今之喇嘛，当称为妄人，不宜称为喇嘛。乃蒙古等深信喇嘛，靡费财物，忏悔罪过，欲求冥魂超生福地，是以有悬转轮，结布旛之事，甚属愚谬。嗣后俱宜禁止。”① 其后尚有多次训诫喇嘛及处死女巫之事。如崇德七年（1642）十月，便处死了巫人荆古达。其缘由起自多罗安平贝勒杜度有病时，巫人荆古达至其家作祈祷，并剪纸作九人，半焚半瘗之。杜度死后，其妻瞒其事并怨怒于皇太极。此案处理的结果是杜度之三个儿子俱被革去公爵，黜宗室籍，与之有牵连之太监、仆人俱鞭一百，贯耳鼻。巫人荆古达照议正法②。对这些事的处理，表现了皇太极整肃宗教的决心。与此同时，对传统之宗教如佛教、喇嘛教、道教允许其正常活动外，对新创之教则严厉制裁。

崇德年间，镶红旗满洲有创“善友教”者，其信徒分布于镶白旗、镶黄旗、镶红旗、正蓝旗四旗之中，共300余人，皇太极云：“自古僧以供佛为事，道以祀神为事。近有善友邪教，非僧非道，一无所归，实系左道也。且人生为善，则死亦无罪。若无罪戾，虽为善友何益？与其积恶为善友，何若行善之为愈乎！”③ 于是杀为首之13人，并永行禁止，再有违禁者，杀无赦。

皇太极在执政期间对于宗教的整治，在一定程度上稳定了当时还不十分秩序化的八旗社会，对满洲和八旗的宗教观念及认识产生了巨大而深远的影响，佛教、喇嘛教、道教较为正常的发展，也是在这种背景下实现的。自此以后，满洲和八旗在宗教问题上，并没有发生重大事件，这也表现了八旗入关前对

① 《清太宗实录》卷28，第5页。
② 《清太宗实录》卷63，第22页。
③ 《清太宗实录》卷60，第25页。

宗教进行干预管理和规范整合的突出效果。

（五）统一民族信仰崇拜

民族信仰崇拜是一个民族自远古以来形成的内在的精神支柱与追求，也可以说是一个民族灵魂之所在，故而对一个民族来讲能否坚持继承民族信仰崇拜，是这个民族能否存在发展的关键因素。

明代以前，女真各部都极重祭神、祭天与祭祖，各部落部族均设有专门祭祀的“堂子”。在平定征服各部族过程中，其城寨部主凡抵抗者皆杀之，其所属人民尽皆迁走，其城寨亦多被毁，如长白山之讷殷、朱舍里、鸭绿江三部，扈伦之辉发、乌拉、哈达、叶赫四部，以及东海与黑龙江诸部，均是如此。这些部族抵抗之部主皆被杀，其堂子木主亦被毁，各部女真便失去了作为原部族共同的祭祀主体。即便是主动投顺者，亦不许自立堂子祭祀。但从目前搜集到的满族萨满文本看，作为部落中的许多家族还保存了本家族的祭祀传统，然而部落的堂子祭祀除了爱新觉罗家族之外，一概销声匿迹，不再存在。

后金时期筑城于赫图阿拉，其时已有堂子，天命年以来由努尔哈赤和皇太极主持拜谒堂子的记载开始增多，如天命三年（1618）四月征明，“上率诸贝勒及统军诸将，鸣鼓奏乐，谒堂子而行。”① 天聪元年（1627）正月，“上率诸贝勒大臣，诣堂子，拜天，行三跪九叩礼。”② 天聪八年（1634）十二月，牛录章京刘学诚奏：“立郊社坛以敬示天地。今盛京门外，设立堂子，遇朔望，车架亲诣行礼。昭事之诚，亦已至矣。”③

---

① 《清太祖高皇帝实录》卷5，第12页。

② 《清太宗实录》卷2，第1页。

③ 《清太宗实录》卷21，第24页。

崇德元年（1636）六月，制定“祭堂子神位典礼”制度，可知堂子祭祀已成制度。从以上记载中可以看出，设立和拜谒堂子，不再是民间行为而是政权行为了。

八旗入关之前，堂子建于盛京抚近门外。八旗入关之后，“建堂子于长安左门外，建祭神坛于正中，即汇祀诸神祇者。南向前为拜天圆殿，殿南正中设大门祭立杆石座。次稍后两翼分设各六行，行各六重。第一重为诸皇子致祭立杆石座，诸王、贝勒、公等各依次序列。均向北。东南建上神殿，南向，相传为祀明将邓子龙位。盖子龙与太祖有旧谊，故附祀之。岁正朔，皇上率宗室、王、公、满一品文武官诣堂子，行拜天礼。凡立杆祭神于堂子之礼，岁以季春、季秋月朔日举行。……大内祭祀后，越日为马祭神于堂子如仪。……凡出师展拜堂子之礼，皇上亲征。诹吉起行。内府官预设御拜褥于圆殿处，及内门外御营黄龙大纛前，兵部陈螺角，銮仪卫陈卤簿均如仪。皇上先诣圆殿，次诣前，均行三跪九叩礼。六军凯旋，皇上入都门，先诣堂子行礼。命将出师，皇上率大将军及随征将士诣堂子行礼，仪均与亲征同。凯旋日，诣堂子行告诫礼。”①

八旗入关之前，王公及民间祭祀并不规范，为此皇太极于崇德元年（1636）六月，定祭堂子、神位典礼制度，谕云：

前以国小，未谙典礼，祭堂子、神位，并不斋戒，不限次数，率行往祭。今蒙天眷，帝业克成，故仿大典，始行祭天。伏思天者，上帝也，及天祭神，亦无异也。祭天祭神，倘不斋戒，不限次数，率行往祭，实属不宜。嗣

① 昭梿：《啸亭杂录》卷8，第23页，中华书局1990年版。

后，每月固山贝子以上各家，各出一人，斋戒一日，于次早加一日，遣彼诣堂子神位前，供献饼酒，悬挂纸钱。春秋举杆致祭时，固山贝子、固山福晋以上往祭，祭前亦须斋戒。除此外其妄率行祭祀之举，永行禁止。①

随之又“训谕致祭之人：在神位前祝辞：‘上天之子，尚锡之神，月已更矣。某年生小子具挂钱，惠我某年生小子，赐以嘉实兮，畀以康宁。’在堂子前挂钱时祝文：‘钮欢台吉，武笃本贝子，月已更矣，某年生小子具喜挂钱，惠我某年生小子，赐以嘉详兮，畀以康宁。’”② 这些规定不仅规范了皇室成员的祭礼行为，也广泛影响到了八旗满洲各姓之祭祀活动。

满洲入关之前祭神祭天已有定制，各部族姓氏也都有祭神祭天之俗。爱新觉罗氏以政权掌控者之身份祭神祭天，可视为“国祭”。各姓氏之祭神祭天，可视为“家祭”。至乾隆朝，命臣下“依据清文详加推译”③，编定为《钦定满洲祭神祭天典礼》（以下简称《典礼》）一书。书中云：

我满洲国自敬天与佛与神，出于至诚，故创业盛京，即恭建堂子以祀天。又于寝宫正殿，恭建神位以祀佛、菩萨、神及诸祀位，嗣虽建立坛庙，分祀天、佛暨神，而旧俗未敢或改，与祭祀之礼并行。至我列圣，定鼎中原，迁都京师，祭祀仍遵昔日之制，由来久矣。而满洲各姓，亦均以祭神为至重。虽各姓祭祀皆随土俗微有差异，大端亦

① 《满文老档》下册，第1514页，中华书局1990年版。

② 《满文老档》下册，第1521页，中华书局1990年版。

③ 《钦定满洲祭神祭天典礼》卷首，奏折，第3098页，《辽海丛书》本，辽沈书社1985年版。

> 不甚相远。若大内及王、贝勒、贝子、公等，均于堂子内向南祭祀。至若满洲人等，均于各家院内向南以祭。又有建立神杆以祭者，此皆祭天也。
>
> 凡朝祭之神，皆系恭祀佛、菩萨、关帝。惟夕祭之神，则各姓微有不同。原其祭祀所由，盖以各尽敬诚，以溯本源。或受土地山川神灵显佑默相之恩而报祭也。①

以上面记述之中可以知道，其一，堂子祭祀是皇家之专利，其他满洲各姓均不许建堂子，只能在各家院内祭祀。其二，规定了朝祭的对象，夕祭则满洲各姓可以祭祀本姓神灵。其三，规定了祭神祭天的内容及程序。其四，从《典礼》中，大致可以得知后金至清时期满洲祭神祭天的情况。

《钦定满洲祭神祭天典礼》实际是对前代满洲祭祀的一个总结，也是对后世满洲各姓祭祀的一种规范，故在成书之后，“满洲人等有情愿抄录者，俱准其抄录。庶为臣仆者，仰沐皇仁，满洲旧俗，不致湮没而永远奉行。”②

查嘉道间河道总督镶黄旗满洲麟庆，曾写有《鸿雪因缘图记》，其中有“五福祭神”一篇。其家祭之内容、程序、用具，均与《典礼》所记相似，唯规模小些。而就目前搜集到的满洲各姓家祭文本看，绝大多数也与《典礼》相近，两者之间的密切关系显而易见。

总之，在努尔哈赤创建八旗和建立政权以后，女真（满洲）最为重要的传统精神文化即民族信仰，从一开始就被进

---

① 《钦定满洲祭神祭天典礼》卷1，第3103页，《辽海丛书》本，辽沈书社1985年版。

② 《钦定满洲祭神祭天典礼》卷1，第3102页，《辽海丛书》本，辽沈书社1985年版。

行了规范。满洲各姓之祭祀不仅附属于皇家祭祀之下，而且祭祀之主要神灵包括释迦牟尼佛、观世音菩萨、关圣帝君均为满洲崇拜之对象。而在满洲诸神中，绝大多数有满语读音之神不知其为何种神，然传承已久，不敢更改，这些神灵仍被各姓祭祀。

从这种情况中可以看出，满洲祭祀一直被坚持和传承了下来，但与女真（满洲）未被统一之前相比，他们的祭祀活动被纳入了八旗体制的管理之中，尽管他们各姓在祭祀中尤其是在夕祭中可以祭祀不同的神灵和各自的祖先，但是皇家倡导和祭祀的主神如释迦牟尼佛、观世音菩萨和关圣帝君等等，都已被八旗及满洲各姓接受，成为满洲各姓和八旗共同祭祀的神祇，加之普遍存在于满洲各姓中的大体相同的、具有鲜明民族信仰特色的祭祀内容及形式本身，在被统一规范整合之下，形成了共同性鲜明的民族信仰文化。这种在八旗制度影响之下形成的民族内部相近与相同的民族信仰崇拜，从另一个方面，增进了满洲各姓以及八旗内部的凝聚力，这也是八旗制度对民族信仰崇拜整合的效果之一。

（六）余论

女真为什么能够完成向满洲的过渡？满洲为什么会实现由一个自在的民族向自觉的民族的转化？满洲为什么会成为那个时期最强盛的民族？应该说这种情况的出现与存在有着众多的原因，而在这些众多原因之中，八旗制度的建立以及它逐渐完善的组织形式，是其中最为重要最为根本的原因。

八旗制度是一种最适合于满洲形成和崛起的制度，它在将原本处于分裂状态的各个部落部族纳入到统一管辖体制内的同时，还对原来处于纷乱状态的文化进行了多方面的整合。在八旗制度建立以后，尤其以坚持民族特征文化和核心文化为本务，并重新对民族文化进行了定位。将“国语骑射”视为民族和立国的根本，强化了最具民族特色文化的服饰制度。与此同时，在生产方式和生活习俗有所变化的基础上，对社会中流行的种种不适于时代发展的观念和习俗加以禁止。八旗制度对满洲的这种文化整合，使八旗中的满洲成为有了新的文化认知和归属感的民族。正是因为通过文化的整合，女真文化发生了许多重大的改变，它不仅在内容上更加丰富，在发展层次和阶段上也更加先进，女真文化也由此脱胎演变成满洲文化，完成了这一时期的文化过渡。

八旗制度对文化整合的另一个结果，是将处于自在状态的女真文化推进到了自觉状态的满洲文化。自从八旗制度建立以来，在八旗范围内所有的文化都要受到八旗制度的制约，文化的存在与发展便有了规范性，不再处于盲目自在状态，而当这种文化自觉形成的时候，民族自觉也随之出现。满洲的强盛以及他们控制局势的能力，便是这种民族自觉所产生的直接后果。因此可以说，八旗制度对民族文化的整合，是促使满洲形成和强盛不可忽略的原因。

最后需要说明的是，八旗制度对民族文化的整合，几乎包括了文化范畴的各个方面，内容既多，涉及面亦广。比如在八旗制度之下兵民合一的社会结构，对他们的生产生活方式的影响以及由此而产生的文化和观念变化，也涉及到文化整合的内容，如此等等，不一而足。因文章太长，暂且略去。

八旗中“汉人满化”现象论析

在中国的民族关系中有一种极为特殊的现象，这就是八旗中的“汉人满化”现象，即八旗中的汉人自认为是满族成员，即便在今天他们清楚地知道自己的祖先来源于汉人的时候，他们仍然执著地坚持满族（旗人）人的身份。在现实中这种现象并非仅有几例个案，而是具有一定的群体性，也就是说在中国范围内，尤其是在东北地区，这种现象具有相当的普遍性，它普遍的程度达到了在东北三省和关内原汉军驻防之地都能找到实证的地步。这在社会和学界都注意“满人汉化”的时候，对这个课题的研究似乎有了更多的意义。这种研究的意义主要集中在可以更具体地说明以下几个问题：其一，八旗汉军对满族文化的广泛吸收成为“汉人满化”的基本条件。其二，八旗中满汉民族关系有着特殊性及特殊形成原因。其三，八旗制度对满汉民族关系产生了影响。其四，旗人意识的形成成为“汉人满化”的重要原因。实际上，“汉人满化”和“满人汉化”所涉及的内容涵义并不等同。“满人汉化”多指满人大量吸取了汉文化而削弱了本民族传统文化，而“汉人满化”则指汉人在吸取了满族文化的同时，在社会生活以及民族心理意识上，逐渐接近满族，经过长期的发展衍变之后，成为了满族的成员。从这个角度看，“汉人满化”的课题便更具有了研究的必要。本文正是从这一考虑出发做如下阐述。

一、八旗中“汉人满化”的历史状况

八旗中“汉人满化”现象主要出现在隶属八旗之下的这一部分汉人之中，这部分人又可细分为八旗汉军、八旗满洲内务府汉姓人，以及投充随旗的汉人几种类型。这部分人在清朝无论他称还是自称，都称为“旗人”。在清帝逊位、八旗解体之后，“旗人”的实体已不存在，在需要进行“民族”选择的时候，他们中的绝大多数便自报为满族。在今天确定民族成分的时候，政府也对他们的这种民族认同给予了充分的确认。

这种现象在中国尤其是在东北地区，是一种普遍存在的现象。我们不妨先看一下美国人杜格尔德·克里斯蒂所著《奉天三十年（1883—1913）》中，对当时东北地区的民族情况是如何感受的。杜格尔德·克里斯蒂作为一个过去从未到过中国东北地区的外国人，尽管由于民族、文化的不同他的感觉并不一定完全符合实际，但不可否认的是他也许更具有客观性。作者在初到奉天（沈阳）的时候，正值清朝末年，他看到的是一幅满族风情的社会图画，并进行了生动的描绘。

> 那些初来乍到的观察者会问：满洲人怎么可能是汉人呢？因为无论去哪里，他都会看到奇怪的、别具一格和非常有代表性的满族妇女的发式，从而被那些闪闪发光的、银质的、镀金的和彩绘的装饰品所触动。她们穿着满人的长袍，而不是汉族妇女常穿的夹袄和裙子，他们用天足走路，而不是如汉族妇女一样把脚裹成残疾，像跛子一样走路。如此明显的满人风格，怎么可能是汉人呢？事实是：她们不是满人，而是满洲人。
>
> “您的老家在哪里？”你问一个人。

> “我的老家在山东。”
> “您到满洲多久了?”
> “两百年。”他庄重回答。
> 每年，移民仍然继续从山东、直隶和其他省份涌入满洲。在老家反对露齿而笑和留长指甲的妇女们解开小女儿一英寸宽的裹脚布，随着丈夫来到遥远的满洲，在天足大脚和面色红润的北方姐妹中间住了下来。她们长着天足，穿着满人服装。等到了因该谈婚论嫁的年龄，还要按照满人风格盘起头发，因为她们已经是满洲人。①

作者对这种现象的感触相当深刻，但是他的认识却并不准确，他所认为的“满洲”是指中国东北三省地区，但是却认为“满洲”与“满人”并无关系，实际上这种“满人风格”就是“满族化”了的一种表现。然而正是在他真实细致地描绘中，使我们今天仍然能够看到当时东北地区“汉人满化”的普遍程度。而那位出关已经二百年的满化了的汉人，很可能就是汉军旗人。他们受满族习俗濡染已深，当另有闯关东的人来了之后，也多是在他们的影响下逐渐满化了的。只不过由于历史环境的严酷，当八旗解体之后，满族地位下降，他们中的一些人便不再固守满族习俗罢了。但同时我们应该看到，即使如此，仍有许多人一直坚持满人的身份，并没有动摇自认为是满族的意志，这些人绝大部分都可能是早年入旗的汉军旗人，这在下面的论述中可以得到证明。其实“汉人满化”现象自清初就已经出现了，下面所举的例子只不过说明它确实早已存

① ［美国］杜格尔德·克里斯蒂：《奉天三十年：1883—1913》，第14页，张士尊、信丹娜译，湖北人民出版社2007年版。

在罢了。

八旗中“汉人满化”的例子很多，比如尚可喜宗族便是一例。《尚氏宗谱》现存于辽宁省新宾满族自治县永陵镇头道砬子村尚世昌家中。尚世昌为尚可喜直系后代，自报为满族。

尚可喜原为明朝副将，天聪八年（1634）降，授为总兵官，自领所降之人马为“天助兵”。天聪十年（1636），封为智顺王，入关之初改封平南王。《尚氏家谱》中有康熙十四年（1675）尚可喜写的序言，有康熙五十三年（1714）重修家谱序，有乾隆十七年（1752）再修家谱序，可知首次修谱当在康熙十四年。从其家谱中可以看到其后人“满族化”的情况。

此家谱之前有“先王实训”一篇，文中曰：“王（尚可喜）先世山西洪洞人，高祖讳生，迁真定府衡水县。生二子，长继芳，无嗣；次子即曾祖，讳继官。生子二，长学书，仍居衡水，次即祖，讳学礼。三世皆以王贵，赠平南王。先是曾主携学礼公过辽东，因家海州，遂为辽东人。”从这段记述中可以知道尚氏后人对家族的世系源流了如指掌。尽管如此，尚氏后人仍然以尚可喜曾任平南王和其家族隶属于汉军旗的历史为准，自认为是满族。这份家谱的持有人是尚可喜第三十二子的后代，他们分为五支，一居辽宁省海城市，一居吉林省山城镇，其余三支均居于新宾满族自治县，这些尚氏后代均自报为满族。

八旗中另一个“满化”典型的例子，是明朝开国重臣常遇春的后代自报为满族。

现居住在吉林省吉林市昌邑区土城子满族朝鲜族乡聂司马村的常氏后人，是常遇春第九世孙常朗的后代，这个村的满族则主要是由常氏家族人口构成。明朝末年常朗于辽东辽阳府任职，天命六年（1621）后金攻占辽阳城，辽东大小七十余城俱降。常氏的家谱中没有记载此事，不过从常氏第十三氏祖名阿虎达，十四祖名扎勒彬的情况看，满语化的名字似乎能够说明他们有被隶于八旗之下的经历。据《常氏宗谱志》记载，至常氏十八世祖常邦国，于顺治年间被编入吉林打牲乌拉，隶属于正白旗满洲，自此以后常邦国一支成为旗人。他们在八旗制度环境下，吸取了满族文化并在心理意识上与之接近，完成了满族化的过程。

此外，辽宁省凤城市李姓之后代也自报为满族，据《朝文子孙宗谱录》中收录，“朝文”即李朝文，为其族之始祖。其族“原籍山东省登州府莱阳县野桃园”，清初迁居“辽东南嵩子沟”。据谱书中所收录清光绪二十五年写的序中说，“吾族雍正四年入旗”，隶“汉军镶黄旗”。此李氏家族现分布于辽宁省凤城市、抚顺市、本溪市、东港市、铁岭市等地，均以家谱为依据自报满族。

另如现居住于辽宁省本溪县的王氏家族，也自报满族。王氏家族现存《王氏家谱》，初修于清嘉庆年间，再修于清咸丰年间。

据《王氏族谱》嘉庆二十五年序中记载，“本贯山东蓬莱县人，村落居址莫可考矣。”先迁至辽阳，后迁至沈阳，“授田入册，旗分镶红旗第一佐领”，又记载着：“吾王氏自国初以来，世居辽阳镶红旗磨石峪，至四世从祖有强、有时、有亮时，遂迁至沈阳城南镶红旗界各镇堡住。”王氏家族多以农耕为业，与前面几例为汉军人不同，王氏隶于镶红旗满洲。

再有如居住于辽宁省辽阳市的张氏一族，也自报为满族。

辽阳张氏家族有光绪三十年重修的《张氏宗谱》。其中“宗谱小引”介绍了家世情况，“我张氏之原籍，前无遗册，不知所本。由大清起义，我始祖等投诚来归，而纪念之也。为我始祖兄弟三人，择据京师之外城，明曰彰仪门，清改广宁门，又改广安门之人也。及清世祖入关，定鼎燕京，编为汉军正黄旗。迨八年，遂将我始祖张起云者，拨往盛京驻防，命其随汉军镶红旗第二佐领下当差。”从家谱中可以知道，张氏是在八旗入关之初被编入汉军旗的，顺治八年被拨往辽东，至此居住于辽阳，也是满族化了的汉人。

还有居住于辽宁省新宾满族自治县上夹河镇的马氏家族。亦自报为满族，他们的先世也有入旗的经历。

在《马佳氏谱书》序中，马氏“自始代太高祖原是山西籍贯太原府太鼓县马家村人氏。初随龙到关东，至兴京界鼓楼处落户。嗣后，大清得国，四方宁靖，旗分满汉，设五府而分六部。祭分大小，按四季以供三陵。迨至雍正八年，分领地段，拨民入旗。我三代先祖马成龙改民为旗，拨入户部，始得庄缺，承领官地，分劈耕种。每年课赋，俱系供应陵寝祭品、仓库正款，以及杂项差徭，不能备载。”

马氏应该是八旗入关之前即被掠来的汉人，而后编入八旗，领地耕种，成为官庄庄头，为关外三陵之祭祀和承应差徭提供服务。马氏家族的这种历史，也使其后人与满族接近而自认为是满族一员。

现居住于辽宁省辽阳市的高氏家族，其祖先隶属于正白旗汉军，祖籍山东，也自报满族。其家现存有道光十年修立、民国六年重修的《高氏宗亲谱册》。其“谱序”中说，高氏原籍山东登州府蓬莱县高家庄，后迁至辽东，“康熙二十二年，入于沈阳汉军镶白旗第三佐领下……世为旗仆，入省充兵，获食粮饷。至我八世文彩赴佐当差，仰赖祖有阴功，积德甚厚，蒙宪拔擢，屡次超迁，现为盛京汉军镶黄旗第一佐领官职。”

据宗谱册记载，高氏家庭于清代多有于八旗中任官职者。

如除八世祖高文彩任镶黄旗汉军佐领外，九世祖高起銮任镶红旗汉军佐领，九世祖高德庆任正红旗汉军佐领，十世祖常禄任镶白旗汉军骁骑校补用佐领，十一世祖高殿文任正红旗汉军佐领候补知府等等，另有为领催、甲兵者多人。

从目前情况看，以上各姓家族自报为满族者，每个家族人口数量大约都在 200 人以上。从这种情况看，全国“汉人满化”之人口当不在少数，尤其以东北三省、河北省为最多。

二、八旗中“汉人满化”的文化心理表现

上面所谈，不过是在说明确实有数量众多的祖先为汉人的家族，在历史的发展衍变中满族化了。究其根源，他们的这种表现并不是如有些人认为的是为了寻求个人的利益，而是确实有他们历史的、文化的和心理意识方面的原因，也许他们与满族还不能完全相同，但是他们与汉族的差别或许更大一些。旗人的共同经历和他们对满族的民族认同，成为他们逐渐满族化的主要动力。

这些满族化的汉人，并不是仅仅依靠家谱，就将自己满族化了的，他们的这种情感和认识，是在长期的历史发展中经历了文化的转变和情感的变化而实现的。如果我们真正深入了解每一个家族的历史，那么就会发现这种转变与变化，都是在与满族漫长的密切接触中相互浸染而完成的，它甚至不是一种自觉的而是一种自然的行为后果。如果不承认他们这种对自身民族身份的选择和认定，那么一定会引发他们带有强烈民族情感的不满。

“汉人满化”之表现除了他们自报为满族之外，还有许多“满化”了的具体内涵和表现，这主要反映在如下几个方面。

其一，家族的入旗历史成为他们满族情感的基础。

自报为满族的历史上为汉人的家族，大多数家族是知道本家族确切的入旗时间的。即使有些家庭难知确切入旗时间，但也知道大致年代和本家族隶属于哪一旗。

在前面所列举的例子中，所有家族都十分清楚本家族在清代的八旗中隶属于哪一旗，有些家族甚至清楚地流传下来了入旗的原因和时间。这种现象除了能够表明这些家族有过入旗的经历并具有旗人身份之外，更为重要的是这种现象反映出这种经历和这种身份已经为这个家族打下了深深的烙印，成为这个家族历史文化传承的重要记忆和组成部分。在清代就已经形成的“只分旗民，不分满汉”的环境和观念，直到今天仍然对这些家族产生着重要的影响。对家族历史的缅怀和对祖先的敬畏，更使这些家族的后人产生了延续家族历史与文化的强烈愿望。在他们津津乐道于家族历史的时候，并不是哪个方面给他们的人为设计，而是出自于他们对家族的历史文化自觉传承的结果，这无疑更具有主动性，当然也更符合于历史与现实的真实性。

正因为如此，至少有十数代人曾有过的旗人生活的家族，无论在现实的生活方面，还是在文化与思想情感方面也就更贴近于满族，这也成为他们今天自报满族的重要原因。

其二，姓名的满化反映了他们鲜明的民族归属感。

满族人的姓名标写方式自清代中叶以来就已经出现了汉化的趋势，为此乾隆皇帝曾下过严厉的谕旨予以痛斥，然而入关之后清朝皇帝之名，如福临、玄烨、胤禛、弘历，都具有了汉化的特点，禁止满人采用汉名，实际上已经成为了不可能之事。现代尤其是当代以来，满人之名几乎完全汉化。

与这种发展趋势有些不同的是，在满人之名逐渐汉化之际，八旗中的汉人之名却表现出满族化的倾向，这不能不令人深思。

当然八旗中的汉人命名方式并非都发生了这种变化，也就是说还有相当大的一部分家族的姓名没有满化，但已经出现了的并且还可以说是为数不少的汉人姓名满化现象，就足以证明八旗中汉人满化现象的存在了。这种情况自清代以来可以找到相当多的例证，这些例证也能够对八旗中汉人的满化作出合理的解释。

始纂于乾隆朝的《八旗满洲氏族通谱》中，记载了“满洲旗分内之尼堪姓氏”，即八旗满洲中世居辽东的汉人姓氏。在这些满洲旗分内的汉姓家族中，绝大多数都有使用满族形式命名的情况。如李氏，“李拔，镶黄旗包衣人，世居沈阳地方，国初归来，原任佐领。其子四十六，原任云南鹤丽镇总兵官。孙七十、孟来，俱任护军校。黑色，原任游击。杜来，原任三等护卫。”① 除李拔之外，其子孙均改用满族化命名方式。

如王氏，“王宏德，镶黄旗包衣管领下人，世居沈阳地方，来归年份无考。其子西特库，原任四品官。孙乌嘞，现任护军校；常保、佛保，俱现任员外郎。曾孙吉庆，现任郎中，巡视河东盐政；常住、傅庆，俱现任笔帖式；伊福如、伊福柱、常德、常泰，俱现任监生。”② 此王姓自王宏德以下不冠姓氏而全部采用满名。

如周氏，“周义强，镶黄旗包衣管领下人，世居集屯地方，来归年份无考。其子噶布拉，原任护军参领；老格，原任主事。孙关保，现任二等侍卫。曾孙平安，现任郎中。玄孙爱星阿，现任护军校。”③ 此周姓自周义强以下全部采用满名。

---

① 《八旗满洲氏族通谱》卷74，第805页，辽海出版社2002年版。
② 《八旗满洲氏族通谱》卷75，第812页，辽海出版社2002年版。
③ 《八旗满洲氏族通谱》卷76，第826页，辽海出版社2002年版。

如吴氏，“浩善，镶黄旗包衣管领下人，世居中后所地方，来归年份无考。其子七十，原任内管领。孙西特库，亦原任内管领。曾孙常福，现任内副管领；常亮、常泰、傅海，俱现任笔帖式。玄孙武通额，亦现任笔帖式。”① 此吴姓自入旗始，已全部改用满人之名。

如康氏，“费扬古，正白旗包衣管领下人，世居沈阳地方，来归年份无考，原任牧长。其子西特库，原任员外郎。孙三元，原系库使；王六，原任笔帖式。曾孙索泰、齐瓦图，俱现任员外郎；永泰，现任内副管领；保格，原任内副管领；十格，现任员外郎；八格，现任笔帖式。玄孙长莫，现系举人。”② 此康氏也从入旗第一代起就改用满族化之命名方式。

如侯氏，“优才，镶黄旗包衣管领下人，世居沈阳地方，来归年份无考。其孙六格，现任永定河道；国柱，原任员外郎。曾孙常舒，现任参领；七十九，现任员外郎；陶柱，现任七品官；柏龄，现任笔帖式。玄孙延福，现系库使。”③ 此侯氏也是从入旗第一代改用满族化命名方式了。

如沈氏，“丰库，正黄旗人，世居辽东地方，来归年份无考。其孙沈都立，原任员外郎；绰尔岱，原任吏部侍郎；迈萨里，原任笔帖式；申保、原任主事。曾孙率柱，现任郎中；西泰，原任协领；僧额勒，现任编修；常占，现任司库；福禄，现任笔帖式；常柱、华善，俱原任笔帖式；七十八，现任八品官。玄孙三保，现任笔帖式；英受，原任主事。”④ 此沈氏除第二代名沈都立外，其余子孙皆系满名。

① 《八旗满洲氏族通谱》卷77，第837页，辽海出版社2002年版。
② 《八旗满洲氏族通谱》卷77，第842页，辽海出版社2002年版。
③ 《八旗满洲氏族通谱》卷78，第851页，辽海出版社2002年版。
④ 《八旗满洲氏族通谱》卷79，第860页，辽海出版社2002年版。

如赵氏，“常武，镶蓝旗人，居抚顺地方，来归年份无考。其孙华敏，原任护军校。曾孙王臣，原任典仪。玄孙哲先，原任工部侍郎。四世孙台柱，现任御史；台敏，现任同知。”① 此赵氏亦用满族命名之法。

这样的例子还有许多，这些家族在为子孙命名的时候，不仅完全依照满人的习惯起名，而且有的还舍弃了汉姓。仅从名字上看，已经不能分辨出他们是满人还是汉人了。

还有的家族在起名之时，其子孙之名满汉相间。

如马氏，“马偏额，正白旗包衣人，世居沈阳地方，来归年份无考，原任郎中兼佐领。其子桑格，原任吏部尚书；费雅达，原任陕西潼关总兵官；马二格，原任佐领。孙马维品，原任副将；萨齐库，原任郎中兼佐领；马维翰，原任佐领；马维范，原任骁骑校。曾孙葛本额，现任护军校；德林，现任千总；倭升额，现任笔帖式。玄孙永泰，现任二等侍卫。”② 此马氏家族，马偏额之名即满汉兼用，其子孙之名或用汉名或用满名，大致以满名为主。

从以上所列举的例证中，可以感受到在八旗满洲旗分内汉姓人，他们满族化的倾向已经非常清晰了。他们的后人自视为满族，应该说有着充分的依据。

以上这种现象除了八旗满洲旗分内的汉姓人存在之外，在八旗汉军中也有表现。

如前面所列举的现居住于吉林省吉林市昌邑区土城子满族朝鲜族乡聂司马村的常氏家族就是如此。据《常氏宗谱志》记载，常氏自始祖常遇春第十八代孙常邦国于清初入旗之后，

---

① 《八旗满洲氏族通谱》卷 80，第 867 页，辽海出版社 2002 年版。

② 《八旗满洲氏族通谱》卷 74，第 808 页，辽海出版社 2002 年版。

第二十代已经出现与汉人命名不一样的“七十”、“二格”、“五七”等名字。第二十一代也出现了“猛姑”、“憨班”这样具有满族色彩的名字。从第二十二代起，一直到清末的第二十九代，常氏家族子孙的命名就完全满族化了。

比如第二十二代中有南珠勒、乌达气、拜色、四达色、阿库哩等完全满族化了的名字。第二十三代人中，则有七十八、明德、五达儿、八达儿、乌育气、乌灵阿、开德、开成、多龙额、都龙额、希龙额、珠龙额、宝山等名字，而且都不冠“常姓”。第二十四代人中，则有华连、华顺、哲楞太、布林太、福林太、乌林保、包理奈、吉林保、明福、金保、德亮、富勒通、依灵阿、爱兴阿、伊勒登保、穆勒通等名字，并且也不冠以“常”姓。自第二十五代至二十九代子孙更是如此，几乎没有一人起用汉名，而且完全依照满族习惯，在名字前面不冠姓氏。

如现居住于辽宁省新宾满族自治县永陵镇头道砬子村尚世昌的先人，是平南王尚可喜第三十二子的后代，原隶于正黄旗汉军。尚氏这一支派以尚达为始祖，据《尚氏宗谱》记载，尚达以下皆用满名，无一人用汉名。如尚达之子名阿拉蜜，阿拉蜜共三子，长曰合德，次曰花色，三曰伯德。合德生七子，长曰巴海清，次曰巴图力，三曰得成，四曰得楞额，五曰九保，六曰石保，七曰太保。花色生四子，长曰海青，次曰海隆，三曰哈尔萨，四曰哈达。伯德生二子，长曰五林太，次曰依林太。据《尚氏宗谱》记载，一世祖尚达以下直到第九世，各世子孙均采用满名，并且不冠以“尚”姓。

还有一些八旗汉军家族，虽然并不是从始祖以来都是用满名，但是满汉兼用的情况也不少见。总之，满族文化已经在很大程度上浸染和影响了八旗汉军人。

其三，风俗的衍变显示了他们对满族文化的热衷与认同。

八旗汉军旗人之民俗虽然不尽同于满族，却也有许多与满族相通之处，而与民人则有较大区别。

以祭祀而言，据东北各县方志载，汉军祭祀祖龛供于厅堂高处，旧汉军供五堂，即左起为财神、关帝、七神、观音及祖先。新汉军供四堂，没有财神，每于初一、十五炷香行礼。遇大祭，则先设香案，挂画像神位五轴，左置家谱。主祭者率众在神位前奠酒，行三叩跪礼，用猪一在神位前“领牲”，然后宰之，将猪首、猪肉贡献于神位前。晚间请跳单鼓者跳神，其人装饰如满族萨满，戴神帽，穿长裙，手执单鼓，连击连唱，大约二三个小时。跳神之后，移神像于室内。次日午间，仍跳单鼓，主人祭拜神位，筵款亲友。晚间跳单鼓者仍戴神帽，披五彩条装饰服，系腰铃，手持单环鼓，边舞边唱，其余三四人依声和之。舞毕，将供于神位前的猪首用手撕开，然后唱送神歌。有许愿、还愿者，则用纸袋内装纸钱等，在路边焚烧，谓之“烧包袱”。

汉军旗人的这种祭祀方式与汉人多有不同，不仅程序上不相同外，在祭祀形式上尤其是汉军“烧旗香”上，为汉人所没有。汉军之祭祀也因此被称为“烧香祭”或“烧旗香”，甚至直接被称为“跳单鼓”。这种形式的祭祀明显地受满族祭祀中跳萨满的影响，而“烧包袱”也与满族相同。

汉军婚俗与满族婚俗几乎完全相同，这在前面列举的杜格尔德·克里斯蒂的描述中也可以得到证明。比如汉军与满族均不像汉族那样指腹为婚，都是先由媒人介绍，女家同意后男方父母率其子拜见女方父母，并送猪、酒。送猪和酒都有名目，此猪满语曰“载他哈”。另外，迎亲之际，新郎衣裳穿戴以及轿马仪从，皆与满族相同，新娘至婿家后，方开脸梳头，而发式同于满族。汉族新娘则于出娘家之前即已开脸梳头完毕，发式绝不同于满族。满族传统婚俗中并无新娘之轿落地之后射三箭和跨火盆之形式，故旧汉军也无此俗，后来满汉风俗相互浸染，满族方见此俗。另外，汉军族人在迎亲前一日，要烧香祭祖，跳单鼓神，这也不同于汉人。汉军旗人和满族因同为旗人，所以在婚姻方面，都重门第而轻贫富，不似汉人以贫富为重。

在丧俗方面，汉军旗人与满族也有许多相近之处，而与汉族有别。如汉军与满族父母丧后，即日成服，汉人则三日内成服。汉军与满族孝服，以白布制成，前后开缝，腰带用一丈二尺白布制成，女子白布包头，孝服不开缝，帽与鞋也均用白布制成。汉人则用白布而襟袖皆毛边，孝帽用白布，于一端开一缝，腰系麻绳。汉军则与满族相同，孝帽多用白毡帽，且不系麻绳，女子不系腰带。此外，汉军与满族遇有丧事，均于院内竖二丈余高杆，杆上挂长丈余之红色幡，名曰“魂幡”，为汉人所无。此外，汉军与满族的丧礼较为简单，不似汉人那样繁缛复杂。另外，旗人与民人之风俗在一些方面还有许多不同，如满族家谱多用布而少用纸，汉军家谱用白苎布，汉人则主要用纸而少用布者。旗人于百日内（约 90 天）除服，汉人则必满百日方可除服。旗人之居房，其烟筒建在房屋两侧地上，而汉人则建在屋脊，如此等等，不一而足。

从具体的例子来看，前面介绍的吉林常氏家族，即具有典型的汉军旗人的风俗，近满人而远汉人。如他们的房屋样式与满人一致，其屋内也是如满族南、西、北三面环炕，并于西墙上供有祖宗板。其服饰饮食习惯，亦多同于满族。吉林常氏家族至今仍能够演示其家族的“汉军旗香”，并于2001 年 8 月为在吉林市召开的中国国际萨满文化学术研讨会上进行演示。“汉军旗香”除了在吉林省仍有保存之外，在辽宁省的丹东市、铁岭市地区，以及黑龙江省的宁古塔地区，都有保存，有些地区正在申请成为省、市级非物质文化遗产项目。

从以上情况可以看出，汉军旗人风俗自清代开始已经与汉人民俗有了区别，并且有些民俗习惯沿袭至今。虽然这些民俗随时代发展略有变化，但其影响仍根植于其思想意识之中，时时都会展示出来。如近年满族（包括汉军）秧歌的兴盛，以及旗人家族修谱风气的盛行，都是这种旗人文化的典型表现。

三、八旗中“汉人满化”的主要原因

八旗中的“汉人满化”现象有着众多的原因，其中最为重要的有历史的原因、现实的原因和心理意识方面的原因，但是同时这些原因又不是孤立存在的，相互间有着密切的联系，正是这些原因的综合作用，使汉人主要是汉军旗人及其后代逐渐满族化。

其一，八旗中“汉人满化”的历史原因。

促使“汉人满化”的历史原因，主要是八旗制度产生的作用。满族入关之前，建八旗满洲、八旗蒙古、八旗汉军。满洲、蒙古、汉军同在八旗制度管理之下，他们的政治环境、经济环境、文化环境、制度环境基本一致，“旗人”成为一个区别于“民人”的具有独立性的社会集团。他们不同于民人的社会生活和社会结构，使他们在许多方面与民人有了重大区别，八旗制度的严密性和八旗的整体性，使旗人内部产生了强大的凝聚力，长期生活在同样环境的经历和八旗内部的通婚，更使旗人产生了密不可分的联系。

八旗建立以来就被视为政权的根本，至入关之后更被视为国家的根本，对汉军之管理一如八旗满洲。如康熙二十六年（1687）选派一批八旗满洲官员任八旗汉军副都统和参领，其目的是加强对汉军“训练其骑射，导率以矩范一如满洲也”①。而在八旗之各项制度方面，比如八旗兵制、八旗俸饷制、八旗军律、八旗抚恤制、八旗土地制、八旗服制等等，皆为统一之制度。与此同时，八旗无论是京旗驻防，还是各直省驻防，旗人都单独聚居与民人分开，严密的管理和集中居住的方式，使旗人成为一个相对独立的社会群体，在这种环境之中，八旗满洲、蒙古和汉军的相互濡染，也就成为了一种必然的趋势。清朝廷一再强调八旗为国家根本，并给予旗人更为优厚的待遇，使八旗中不同民族间的融合成为一种现实，“旗人”成为了八旗满洲、蒙古和汉军的统称。在这种形势之下，经过近三百年的发展衍变，“旗人”已经成为了在现实中确实存在的社会实体，八旗汉军及其后代的满族化也就成为一种必然的趋势。

其二，八旗中“汉人满化”的现实原因。

八旗中“汉人满化”的现实原因与其历史原因有着直接的联系。民国初期，八旗制度已经消亡，八旗已经解体，但是八旗的影响仍然处于惯性运动之中。在北方尤其是东北三省，八旗制度的影响一直都或多或少的存在。

进入现代以来，东北地区原八旗驻防之地的人口基本保持稳定，并没有大的迁徙活动。这些地区，如辽宁省的新宾、清原、本溪、宽甸、岫岩等县，吉林省的吉林市、珲春市，伊通县，黑龙江省的宁安市，以及齐齐哈尔等等地区，旗人文化并没有遭到彻底破坏，仍然以各种形式在保留和传承，甚至在这些地区的汉族文化中，也或多或少地掺杂了旗人文化，旗人文化以满族文化为根基，成为了东北地区具有特征性的地域文化。这从东北地区的各县县志之中，都能找到旗人文化以鲜明

① 《钦定八旗通志》卷首8，敕谕，第157页，吉林文史出版社2002年版。

个性存在的证据。

自中华人民共和国建立之后，民族政策给予了满族包括旗人更为公正的待遇。从1985年开始，在辽宁省、吉林省、河北省的满族和旗人聚居地区，相继建立了十三个满族自治县，满族的政治权利和地位都有了进一步提高，汉军旗人的后代也有了自主选择民族成分的权利。在这种形势之下，曾与满族长期生活在一起的汉军旗人的后代，绝大多数都填报了满族成分。从民族学的经典理论角度分析，我们会从他们家族二百年以上的经历中找到答案，也能从他们对自己家族历史演进的充满激情的表述中得到答案。以血统论民族的观点，显然完全不适合于他们。

其三，民族心理和意识的原因。

从上面论述八旗中"汉人满化"的情况中可以看到，这些汉人的满化绝不只是形式上的变化，更不能归结于各种利益的驱使。除了上述原因之外，还有更为深刻的理由，这就是他们的民族心理和自我意识都已经满族化。

首先，他们能够熟知家族的历史。这些满化的汉人尤其是大家族，对本家族的历史相当重视，他们不仅用各种方法顽强地保存好自己的"宗谱"，作为家族永久的记忆，而且口手相承传授给子孙。他们家族有功绩的人物也都成为家族子孙骄傲的资本。前面提到的《常氏宗谱志》中，就记载了数十位在清代为官为宦的人物。并且多次修谱，以使宗亲和睦，家族繁盛。前面介绍过的《尚氏宗谱》《李佳氏家谱》《马佳氏家谱》《高氏宗谱》等等，也都是如此。其中尚氏先祖尚可喜在清代被授封平南王，常氏先祖常遇春在明代被授封开平王，其先世都出自汉族。但尽管如此，旗人的身份和生活经历使他们完成了满族化的转变，旗人意识已经根深蒂固，使他们更为感到荣耀的是其先祖在清代八旗中的经历和所得到的功绩和荣誉。这种强烈的有别于汉人的心理与意识，成为他们坚定认为是满族的重要因素。

其次，他们坚守并传承着旗人文化。坚守和传承旗人文化是他们的思想意识决定的，而对旗人文化的坚守与传承更体现了这种思想意识的坚定。

不要说以往，即使在当今，凡是自认为是满族的家族，都在不同程度上保存了旗人文化或者说是满族文化。续修家谱算是一例。保存久远的先祖遗物包括清廷的诰命、圣旨等，又是一例。今天仍能够演示“旗香”也是一例。至于婚丧嫁娶，衣食住行，在农村仍能够找到大量旗人文化的元素。比如经调查，辽宁省抚顺县马圈子乡金斗村的满族，基本上都是汉军旗人的后代，他们对自己的满族身份言之凿凿。并且他们在草房翻盖为砖瓦房的时候，仍然按照满族住房烟囱落地的老样式盖起新房。至于他们的饮食和起居方式，也依然具有满族习惯而处于不自知状况。满族的文化与习俗已经成为他们的生活方式，成为他们溶于血液中的一种本能。

正是由于东北文化是以满族文化为基础的文化，所以尽管二三百年来有数倍于满族人口的汉人迁入，也仍然没有使东北地域文化发生彻底的改变。东北文化在中国文化中的特殊性，显示了满族文化旺盛的生命力，以及汉人满化在这种格局中的作用。

再次，对满族有强烈的民族归属感。汉人满化的原因从民族意识角度看，是他们对满族有强烈的民族归属意识，这种意识既来自于内部，也来自于外部。

在这方面最为典型的例子，是福建省长乐市的琴江满族村。清代福州驻防设立于康熙十九年（1680），三江口水师旗营设立于雍正六年（1728），全部为汉军，即今琴江村所在地。三江口水师旗营驻防之汉军，均为早期入旗之辽东汉人，故又称“老四旗”，非入关前后入旗之汉军可比。

这部分汉军由于入旗年代久远，在清代满族化的程度已经很深，他们的祖籍在东北，故与福建的风土人情相去甚远。三江口水师旗营有单独的营地，不与民人混居，所以一直能保持旗人风俗。直至辛亥革命八旗解体之后，这些人仍独成体系，他们也一直被当地汉人称为“旗下人”，没有能与当地汉人融为一体。又因为他们是汉军旗人，自中华人民共和国成立之后，他们便成为了汉族，但当地仍没有改变对他们“旗下人”的称呼。即使在这种情况下，琴江汉军旗人及他们的后代，仍一直保存着大量的历史文物和民族文物，他们对自己先人的业绩念念不忘，尤其是对在中法海战中作出的牺牲与贡献感到非常骄傲。当地汉人对他们在民族上的不认同，以及他们对满族强烈的认同意识，使琴江村的汉军后裔在1981年集体申请改报满族，并得到了批准，随之建立了琴江满族村。

福建省长乐市琴江满族村的这种情况，可以说是八旗汉军及其后裔在民族归属感上的典型反映，其他汉军后裔自认为是满族，应该说是与琴江汉军旗人及其后代的意识和感情是一致的。这种民族归属意识具有强大的力量，他们全村千余口人，在八旗1911年解体之后，又经过了70年再次提出加入满族，这不能不说明他们久已形成的满族归属感意识有多么强烈。这种民族的自然认同与融合，为“汉人满化”的过程及原因提供了极好的说明。

结　语

在本文之末需要重新说明以下几个问题：

（一）在目前各界而不仅仅是学术界都重视“满族汉化”问题的同时，还应该重视“汉人满化”现象及其意义。这一现象不仅可以使我们对如何认识“民族”尤其是中国环境下的“民族”加深理解，也可以使我们更深刻地了解中国民族关系的历史与现实。

（二）“汉人满化”这一课题所涉及的主体，主要是八旗汉军旗人及其后裔，在八旗满洲内包衣人及旗下人中的汉姓人中也多有这种情况。

（三）“汉人满化”和“满人汉化”的逆向运行，为我们研究满族和满汉关系，以及研究八旗制度，提供了丰富的内容，有志者可以深入开展此项研究。

（四）“汉人满化”在现实中是一种真实的存在，但在理论上这一提法却不十分科学。这是因为这部分汉人的确自认为是满族，并以满族自称，但是他们的来源却是“旗人”。尽管满族与汉军同为旗人，但是旗人还没有最终形成为一个民族。实事求是地讲，八旗满洲和八旗汉军在一些方面还是有所区别的，并非八旗汉军旗人完全摒弃了汉族文化和传统，只不过是在八旗解体之后，他们“旗人”的身份也随之丧失，在需要他们在满、汉之间选择民族成分的时候，相当一部分人选择了满族，这是因为他们的历史与文化难于归入汉族而更亲近和认同满族罢了。

因此，“汉人满化”这一课题研究的内容实际上相当复杂，本文只能在相对性的层面上对这种现象给予总体上的论析。

八旗文学分期论

“八旗文学”是指八旗制度产生直至解体这一时期由旗人创作的文学。

在研究满族文学的过程中，我发现同处于八旗制度之中的八旗汉军和八旗蒙古，与八旗满洲处于同一社会生活环境之中，尽管他们之间有这样或那样的不同，但是相同的方面却是主要的。在八旗崛起之时，尤其是在对明朝全面进攻并取得了全国政权的过程中，八旗是一个完整的整体，尽管八旗满洲是这个整体的主要组成部分，然而八旗汉军和八旗蒙古在取得胜利过程中却也起到了不容忽视甚至不可缺少的作用。在这种情况之下，八旗满洲、八旗汉军和八旗蒙古的政治、经济利益是一致的，八旗的兴衰直接关系到八旗整体的每一个组成部分，故而他们都在为八旗的兴盛而努力。出于这种原因，他们在思想意识、利益追求、伦理道德、风俗习惯、文化特征等等方面，逐渐趋于相同或相近，表现出与民人（关内汉人）和外藩蒙古的明显区别，并形成了特定环境下产生的八旗文人阶层，他们在文学创作上也逐渐形成了具有八旗文化特色的八旗文学。

目前，在研究满族文学尤其是清代作家文学时，满族文学的界限由于八旗汉军作家和八旗蒙古作家的存在而难以划定，故而有人只承认八旗满洲之作者的作品属满族文学；有人则只将八旗满洲中之满族之作定为满族文学，内务府人及汉军人作品均不列入；也有人将内务府人之作品列入而不列八旗汉军人作品；还有人将汉军作家选入若干，而不论其余。众说纷纭，皆不能准确论述在特定环境、特定条件下产生的具有特定政治、经济、文化涵义的社会集团——八旗所创造的文学的外在面貌及内部形态。同时我们还应该看到，八旗是一个完整的社会集团，他们的文化包括文学是相互影响的，不全面研究八旗文学，满族文学的研究也不会深入和精确，故研究满族文学必应研究八旗文学，舍此则非为良法。

八旗既为客观存在之事物，在八旗共同的政治、经济、文化基础上产生的八旗文学，也必然为客观存在之事物。既如此，“八旗文学”之说可以成立，“八旗文学史之分期”可以研究划分矣。

中国文学史之分期以何种原则为标准？至今未能一致，专家学者见仁见智，于是有大跨度划分者，如分为上古文学、中古文学、近代文学；有稍为细密者，如分为先秦文学、秦汉文学、魏晋南北朝文学、唐宋文学、辽金元文学、明清文学；另外还有一些断代文学史和分体文学史，甚而有妇女文学史。体例不一，分期原则标准自然不同，各有特色，亦各有所长。近些年来，少数民族文学史陆续出版，各民族文学之历史发展情况不同，分期之标准亦不统一。八旗文学史与上述几种文学史的情况均不相同，目前所出版的中国文学史描述的是中国汉族文学发展之经历成就，少数民族文学史描述的是一个少数民族文学发展之经历成就，八旗文学既非为一个民族的，也非为贯穿古今的，它只是在八旗制度的条件下存在了一个较短阶段的文学，在这种情况下，它的历史发展分期便较为困难。

同时我们应该看到，八旗尽管由满洲、蒙古、汉军三部分组成，八旗满洲却是八旗政治、经济、文化的核心，在八旗各方面的发展中起着主导作用。另外，八旗的兴衰始终与清朝国势的兴衰相一致，两者之间密不可分，而八旗文学之发展兴衰尽管不是与之完全同步，但其运行轨迹，大致相仿。鉴于以上所说这些情况，八旗文学史之分期可有三种方法。

其一是两分法，即分为入关前之文学与入关后之文学。这种分法优点在于，入关前之文学创作以满语文为主，入关后之文学创作以汉语为主，可以清晰地看到以满族文化为主的八旗文学在入关前对满族文化的保持与发扬，以及入关后对汉族文化包括文学的积极汲取。同时还可以看到八旗满洲、蒙古作家在文学创作角度、风格上的转变，八旗汉军作家在沟通满、蒙古与汉人之间联系中所起的作用。其缺点在于八旗入关之前时间太短，其文学发展尚未成熟，作家作品数量不多。而入关之后时间很长，作家作品大量涌现，成就影响日益增大，叙述过详，则有头轻脚重之嫌，叙述过简，则不足概说全貌。

其二是三分法，即入关前为一期，顺、康、雍、乾、嘉、道为一期；咸、同、光、宣为一期。这种分期方法保留了入关前为一阶段的特点，而将入关之后分为两个时期。将入关后分为两个时期的理由是，入关后八旗作家的汉文作品增加，各种文学体裁的作品也陆续出现，从文学发展角度看，经历了一个由兴盛到衰落的过程，这个过程大致以道光、咸丰两朝为分界线，道光以前八旗文学处于兴盛阶段，从咸丰开始八旗文学逐渐衰落，当然这种衰落并不是八旗作家的减少，而是其文学作品在整体质量水平上的下降。将入关后的八旗文学分为两个时期，能够更清楚分析出八旗文学发展的历程和八旗文学发展变化的特点。但是这种分期法仍嫌不够缜密，因为八旗在入关之后经历了 268 年的历史时期，是入关前时间的 4 倍，在 268 年中经历了兴盛、鼎盛、转折、衰落四个阶段，从八旗文学发展的历程看，大致也经历了这样四个阶段，因此要更科学地分析论述八旗文学的发展轨迹，更准确地描述八旗文学发展的自身规律，就有了第三种分期方法。

其三是四分法，即入关前为一期，顺治、康熙、雍正三朝为一期，乾隆、嘉庆、道光三朝为一期，咸丰、同治、光绪、宣统四朝为一朝。这种分期方法仍保留了入关前为一期的特点，衰落或者称渐变期也没有改变，只是将兴盛期分为两个时期。将兴盛分为两个时期是有理由的，因为从顺治到道光六朝共207年，在这二百多年中，顺康雍三朝共92年，占了这一历史时期将近一半的时间，当然这还不是主要的理由，更重要的是在这九十余年中，八旗文学处于渐渐兴起的阶段，八旗作家开始增多，在各种文学体裁的创作中，诗词作家和作品取得的成就最为突出，如词中之纳兰性德、曹寅，诗中之岳端、文昭、揆叙、高其倬等等所达到的文学水平，后世八旗诗词家则很难超过。而在乾嘉道三朝，共115年，除诗词继续发展外，小说、散文、子弟书所取得的成就最大，像小说中曹雪芹的《红楼梦》、和邦额的《夜谭随录》，散文中麟庆的《鸿雪因缘图记》，笔记中昭梿的《啸亭杂录》，子弟书中奕赓的《老侍卫叹》等等，都是八旗中前所未有的文学成就，加上翻译文学的不间断出现和满文诗赋作品的增多，使八旗文学到了乾嘉道三朝在文学体裁方面已经无所不备，八旗文学作品在思想内容方面也随着旗人生活的不断丰富而更加广泛和深入了，至此八旗文学达到了鼎盛阶段。鉴于上述情况，将顺治至道光朝分为两个时期，显然更合理贴切，故而我选择了这种分期方法。

现将具体想法条述如下，以就教于方家。

一、入关前的八旗文学

从努尔哈赤起兵至崇德八年（1583—1643），历时共61年。这个时期八旗制度创立并逐渐完善，是八旗文学的兴起和奠基阶段。

入关前的这段时间虽然只有六十余年，但是对满族和八旗的发展，却是极为重要的一个历史阶段。

在这个阶段中，八旗制度建立并逐渐完善，除满族人外，大量的蒙古人和汉人以及其他民族之人被编入八旗这个共同的组织之中。先后建立了后金和大清政权，并设立了内三院和六部等机构，同时确定了“满洲”为族称，表明了一个新的民族的诞生。在政治和军事力量不断增强的情况下，不仅统一了女真各部，而且统一了整个东北。

在这种形势之下，八旗成为一个多民族的复合体。在文化方面，八旗文化也表现出它的复合性。尽管八旗以满洲为主体，八旗文化也仍然以满洲文化为主体，但是其他民族文化尤其是汉族文化，在满洲人主动汲取的情况下逐渐渗透到满洲的各个阶层之中了。与此同时，满洲文化包括其他民族文化，也逐渐或多或少地被八旗汉军人所汲取，八旗蒙古的文化情况也大致类此。这样一来，八旗文化就呈现出了多元性，在以满洲文化为主的同时，八旗文化表现出它特有的复杂性。

由于在这个阶段中，八旗处于形成崛起阶段，政治和军事的发展是其主要任务，文化包括文学的发展相对要迟缓得多。

因为八旗文学正是从这个阶段开始奠基并兴盛起来，所以对这个时期的八旗文学应给予特殊的重视。

这个时期八旗文学的主要形式和内容表现在以下两个方面。

其一，民间文学。在这个阶段民间文学是八旗文学的主要形式，由于初建旗时未分满蒙汉，分为满洲、蒙古、汉军之后仍以满洲为主，故满族民间文学成为当时八旗民间文学的主体。形式上有神话、传说和故事，内容上包括满族形成前和形成过程中的创作，同时还有在萨满教影响下的文学作品。在这些作品中有一个不太为人们所注意但却非常重要的现象，即在不少作品中融合了蒙、汉文化的因素，这是八旗文化包括文学相互影响的结果。

关于神话　现今满洲神话保存下来的比较多，主要在黑龙江、吉林两省。其保存和流传方式有两种，一种是萨满文化的组成部分，主要保存于各部族的神谕之中，由萨满来流传；一种产生于民间，由口头来传承。

前一种神话几乎在每一个满族的部族和姓氏的萨满神谕中都有发现，所涉及的内容相当广泛，有关于天地万物及人类起源的神话，有关于祖先神的神话，有关于各部族、姓氏所祭祀神的神话，有关于自然万物神的神话，有关于英雄人物的神话。在各部族各姓氏所创造的各种神话之间，很少有相互传承的关系，绝大多数都是由各部族各姓氏独立创造的。这些神话反映了满族先人对自然现象和社会现象原始阶段的认识，这种认识在八旗制度建立之后，由于萨满教的盛行，仍有很大的影响。不过从总的形势看，这种影响在留居于原地的满族人中比较大，而在迁出并随军作战的那部分满族人中影响较小，这也是这些神话集中保存于黑龙江、吉林两省的原因。从这些神话中，可以看到满族先人丰富的想象力和文学创造力。八旗建立之后，八旗满洲继承了本民族的这种长处，将其绵延不断地保存下来，形成了比较完整的神话体系。

除了萨满教文化创造了一系列神话之外，民间文学家们也创造出了神话，不过由于这种创作和流传主要采取了口头的形式，所流传下来的并不多。除了《尼山萨满传》外，至今能看到的最重要的一个神话，是关于满族族源的神话，这就是非常著名的“三仙女生布库里雍顺”的神话。

这个神话最早记录于《满文老档·天聪九年五月初六》之中，出自被征服的黑龙江女真人之口，这个神话是说满族先人是仙女吞神鹊衔来的朱果受孕而生的。在编写《清太祖武皇帝实录》《满洲实录》时，则被润色为一个非常美丽的故事，仙女所生的布库里雍顺也不再是满族的先祖，而成为爱新觉罗氏的先祖了。

这个神话的原始状态表明在很早以前民间就流传着关于族源的神话，它只表明人们对自己祖先产生的理解和认识。而被润色后的这个神话，则更多地带有了皇权天授的政治色彩。这是满族唯一一个被记录于正史的神话，它之所以受到如此的重视，一是因为到了天聪九年（1635）八旗的政治、军事力量已经相当强大，他们不仅希望与明朝平起平坐，而且已经有取而代之的意图，为了达到这个政治目的，除了军事外交等方面的行动之外，还需要舆论上的宣传。二是至天聪九年以后，八旗满洲、八旗蒙古、八旗汉军部众日益增多，除了在组织形式上需要加强管理之外，思想意识上的统一也变得非常重要，从而巩固爱新觉罗家族至高无上的统治地位。不过这个神话再现于《清太祖武皇帝实录》和《满洲实录》等书中的时候，已经不再是纯粹的民间传说，而是文人加工后的作品了。

关于民间传说　八旗的民间传说现在能见到的主要以满族的民间传说为主，这些民间传说种类繁多，内容广泛，研究者将其划分为历史传说、人物传说、风物传说等类型，内容则涉及到了满族生活的诸多方面。近十几年来经过搜集整理，出版了大约十余种这方面的书籍，近年又搜集出版了20余种长篇叙事作品。这些民间传说大致可以分为四种，一种是关于祖先起源和万物之神的传说，如《天宫大战》等；一种是描绘女真人活动的传说，如辽金时期的阿骨达和金兀术的传说；一种是八旗建立后出现的传说，如关于努尔哈赤及其他人物的传说；一种是由萨满创作的传说，如《尼山萨满传》。民间传说主要以口头传承方式流传，往往经过了几代甚至几十代人，而口头传承方式必然使民间传说处于动态状况之中，后人往往给予不同程度的加工润色，所以有些民间传说可以通过其反映的时代和社会背景确定它大致产生的年代，但也有一部分难以下定论。

有关阿骨达、金兀术以及反映部族生活、风物的传说，因为它表现的年代和具体的生活生产方式都比较久远，所以它产生的时期一定较早。这些传说能够较为完整地流传下来，是满族对自己传统思想文化的一种本能继承，这种继承也是民族思想文化发展的一个普遍规律。满族入关前产生的民间传说的数量也很多，除了历史传说、风物传说之外，在人物传说中有关努尔哈赤的传说数量最多，形成了一个系列传说故事。这些传说可分为“小罕的传说”和“老罕王的传说”两部分，前者主要讲述了努尔哈赤年轻时代的故事，后者则讲述了他起兵统一女真各部及对明朝战争的故事。在这些传说中同时还解释了许多满族风俗及崇拜对象形成的原因。特别引人注意的是在这所有的传说中，都自然而然地流露出对努尔哈赤的崇敬心理，表现出满族形成前后普遍存在的一种民族凝聚意识，这种民族意识通过对努尔哈赤的歌颂，集中地表现出来，也成为满族诞生的一个基本条件。《尼山萨满传》是一部历史价值、民俗价值、语言和文学价值都很高的民间传说，它以用满文记录、表现了萨满文化和带有浓郁的神话色彩而在所有的民间传说中占有重要位置。据研究者考证，《尼山萨满传》大约产生于明代中叶，后经过流传，在八旗入关前后形成手抄本，以后又经过加工丰富。从《尼山萨满传》中所描写的内容来看，它产生的年代应该更加久远，因为它描绘了原始社会残余的情况以及他们的生活生产方式，只不过它随着时代的发展而被人们不断丰富，以至于出现了奴隶社会和封建社会的某种状态描写。从满文记录情况看，满文是公元1599年创制的，天聪年间才得到完善，这个传说的定本自然要在天聪年以后。《尼山萨满传》中还提到了清太宗皇太极，这也说明它的手抄本不会出现太早，而大约在入关前后。总之，《尼山萨满传》是一个有多方面文化价值的非常重要的满族民间传说，它的发现（现已发现6种手抄本）使我们对满族社会生活和萨满教文学有了进一步了解，同时也丰富了满族民间文学的内容。《尼山萨满传》之所以能够得到较为广泛的流传，除了萨满教文化的影响之外，处于入关前八旗建立、满族诞生这种崛起的形势之中，社会集团和民族的整体意识都在增强，对传统文化不仅有继承的热情，而且有发展的愿望，传说中描写的清太宗皇太极敢于将能够出入阴阳两界的尼山萨满锁入井中，就表现了民间对八旗制度情况下皇权权威的看法，从一个侧面表现出满族乃至八旗的心理状态和对自身发展的认识。

关于民间故事　民间故事现实主义的特征非常显著，不像神话和传说那样带有浓郁的幻想和传奇色彩。八旗中流传的民间故事仍以满族民间故事为最有特色。八旗汉军中流传的民间故事一部分是原在汉族中流传的民间故事，一部分是从满族那里学来的，八旗蒙古的情况大致类此。民间故事由于它的现实成分很多，又是一种民间娱乐形成（过去讲故事称为瞎话儿)，加之讲述人的经历、文化素质方面的不同，讲述时随意性比较大，它发展的动态效果更为明显，故而有些故事的产生年代更难确定。

满族民间故事比神话和传说流传的地域更为广泛，比如神话和传说以黑龙江和吉林两省流传的数量最多，而民间故事在东北三省、河北省乃至其他满族聚居地区都有流传。在内容上由于它与人民生活更为贴近，因此内容更为广泛，其中以爱情故事、人参故事、聪明人的故事等等为主。这些民间故事经过长期的锤炼，语言更加口语化、生动风趣而又富于哲理，故事情节由于类型化的存在，有些故事之间稍有雷同，但是对语言的准确运用和对主人翁的细微刻画，使同一类型的故事同样五光十色，引人入胜。纯熟的白描和渲染结合的手法，浓厚的生活气息，共同认可的道德伦理标准，使这些民间故事充满了生命力，经过一代又一代人流传下来，又经过一代又一代人新的创作而丰富发展着。

其二，作家文学。八旗入关之前已经出现了作家文学。从文字使用上来划分，可分为满文和汉文两种。

满文作品　满文是努尔哈赤在公元1599年下令创制的，在后金天聪年间达到完善。从它产生时起就成为后金和清规定使用的文字。满文的创制和使用对满族乃至八旗的思想文化发展起到了重要的影响和作用，对八旗文学的发生发展也起到了重要的影响和作用。

在八旗文学中，最早可以称为作家文学的作品是《满文老档》，这是自满文创制以来首次大规模的正规的使用，这部史书记录了从努尔哈赤起兵后不久的1607年至皇太极改后金为大清的1636年间，后金政权三十年中所发生的事件。这部史书尽管在编写体例、记录事件的选择上不尽完善，在叙述笔法、人物描写方面不够精熟，但是它毕竟带有了较为明显的文学色彩，成为满文作品和八旗作家文学作品的开端。这部史书的出现还说明了两个问题，一是八旗满洲文人已出现并逐渐形成了一个阶层，二是文人的作用逐渐被重视起来，在努尔哈赤时期，即设有书房。皇太极于天聪三年（1629）设立文馆，崇德元年（1636）三月，改文馆为内三院，八旗文人成为八旗之中不可缺少的组成部分。

满文作品的另一种表现形式是，在八旗入关之前即已出现翻译文学。据有关史料记载，入关之前曾用满文翻译过多种汉文典籍，其中就有《三国演义》。《三国演义》是一部文学性很强，并带有兵书性质的小说，翻译之后深受不懂汉文的八旗满洲的喜爱。他们也因此而受到启发，在入关后的最初几十年中就出现了许多私家翻译作品，而且陆陆续续一直到清末都没有停止。翻译文学的一个重要成果，是丰富了满语语汇和满文的表达技巧，因此，无论是从文学还是从语言文字发展角度看，翻译文学都有其特殊的文化价值。

汉文作品　在八旗中，八旗汉军人数众多，他们多为世居辽东的汉人，其中不乏名门望族之后人，像范文程即为宋代名臣范仲淹之后代，从整体上他们的文化水平比八旗满洲要高。努尔哈赤尤其是皇太极很清楚这一点，故而大量选拔满汉八旗中的文人儒士充当谋士或办理政事，这些人在入关前是否有文学作品？由于资料缺乏难以考证，但是他们的诸多奏议多被收录于《天聪朝臣工奏议》和《清太宗实录》中，其中不少是精彩的议论文。像天聪五年（1631）闰十一月参将宁完我关于“立谏臣、更馆名、置通政、辨服制”奏议和崇德五年（1641）正月都察院参政祖可法、张存仁，理事官马国柱、雷兴等关于分析“治理之要、进取之计、讲和之策”的奏议，都有论有据，条理清晰，分析透彻，说服力强。他们的建议多被皇太极采纳，对八旗的军政策略和方针起到了极大的影响作用。如祖可法等人在“论进取之计”时，首先驳斥和分析了皇太极“剪枝伐树”策略（即先攻取京城外诸城，如先剪去枝叶然后伐树）的不当之处，指出这犹如“去人一手而人不死，去人一足而人犹生”、“若断喉刺心，则其人立毙矣”。“断喉”即直取山海关，可使明之京城与山海关外诸城陷于孤立；“刺心”即派大军围困京城，使明朝政权顷刻瓦解。同时还从各个方面分析了“断喉刺心”策略一定成功的可能性。这种论述，观点鲜明，论据充分，层次清楚，语言精练，在议论的方法上是先破后立，不由人不信服。从后来八旗攻取山海关和京城的情况看，基本上是按照这一策略实行的。

入关前八旗文学的主要特点如下。

1. 入关前八旗文学主要得自于满族传统文化。在这个时期民间文学是八旗文学的主体，而民间文学继承了满族先世创作的神话、传说和故事。同时在满族崛起之际，又产生了许多反映这种历史变化的民间文学作品，这些民间文学作品的产生和流传，反映出满族乃至八旗心理意识和文化追求的趋向，为入关后民间文学乃至于作家文学的发展都创造了条件。

2. 入关之前虽然出现《满文老档》，但并不是严格意义上的文学作品，而《满文老档》对入关后八旗作家文学的发展也并没有产生深远的影响，不过它对八旗尤其是满族的心理意识则产生了很大的影响，对他们在写作中坚持民族文化特色起到了作用，故而对《满文老档》应给予足够重视，然而对它的文学价值不宜评价过高。

3. 入关前的八旗文学受到了其他民族尤其是汉族文化的影响，这除了八旗中有汉军旗人和八旗进入辽沈与汉人接触更多之外，翻译文学起到了很大的作用。入关前对《三国演义》的翻译影响非常深远，这不仅仅表现为入关之初直至清末翻译小说一直没有间断过，也表现为《三国演义》中表现的军事思想和儒家思想多被八旗人所接受，并且影响到了他们的文化观念和思想观念，这对后来他们从文学角度反映这种观念起到了作用。总之入关前的八旗文学在不少方面都接受了汉族文化的影响，这与他们入关后迅速采用汉族文学形式进行写作有着密切的关系。

二、清代初期的八旗文学

顺治元年至雍正十三年（1644—1735），历时共92年。这个时期是八旗文学崛起并逐渐兴盛的阶段。

顺治元年，八旗入关，迅速占领北京，建立了大清政权，同时开展了统一全国的战争。在这个过程中，清廷采取了文武并重的策略，用武力镇压反抗，以文教收拢人心。除所降之明朝官吏一律任用之外，还开科取士，兴办教育，并且提倡儒家思想。这些做法一是出于统治全国汉人占绝大多数之形势需要，一是消除汉人之反抗情绪，以达到“为我所用”之目的。这些做法果然奏效，十余年间全国大部分地区基本平定。康、雍两朝政局基本稳定，除平定“三藩之乱”及西南、西北地区之叛乱之外，内地没有大的战事发生，文教一事便显得更为重要起来。这期间科举频繁举行，大批士子应试，许多知识分子成为清廷批准的进士、举人，他们或留居京师，或被派往各地，都秉承了清廷的旨意，康熙朝还曾举行恩科和博学鸿儒科，将汉族中的名人宿儒召集京师，这样一来，京都便成了全国的文化中心。汉族中众多的著名学者和文学家聚集京师，一方面推动了汉族文学的发展，另一方面也为入关后之八旗创造了学习掌握汉族文化和文学的良好环境，八旗文学就是在这种形势下兴起并繁荣起来的。

顺、康、雍时期八旗文学的崛起和繁荣，有如下四个方面的表现。

其一，真正意义上的八旗作家文学出现。八旗在入关之前还没有真正意义上的作家文学，在当时只有一部《满文老档》和一些奏议，缺乏纯粹的文学创作意义上的作品。

入关之初，八旗作家文学首先在八旗汉军和八旗满洲中兴起，八旗蒙古现知仅有一人。顺治朝出现的汉军作家有卞三元、范承谟、丁思孔、梁儒、朱国柱、佟国鼐、佟国玙、佟国器、佟凤彩、金世德、范承斌、朱昌祚、张所志、吴兴祚、宫家璧等等。满洲中有鄂貌图、高塞、图尔宸、禅岱、费扬古、佟蔼等等。蒙古中有色冷。这些人主要是以诗（其中三五人善填词）登上清初文坛。康熙至雍正间，八旗作家大量涌现，仅《熙朝雅颂集》辑录的就有五百多家，不可不谓发展迅速，不可不谓蔚为大观。

其二，八旗文学取得了令人瞩目的成就。八旗文学刚刚登上清代文坛，便引起了文坛大家的注意。如清初诗坛盟主王士禛对鄂貌图和高塞都有评价，其他如卞三元、梁儒、佟凤彩、吴兴祚等人，也都受到汉族文人的好评。汉族文学家们重视八旗作家，主要还是因为他们在文学创作上取得了成就。在清初这一阶段，这种成就主要表现在诗词方面。

清初八旗诗歌已经相当兴盛，除了涌现出大批诗人之外，作品的内容和风格也别具特色，与汉人诗坛交相辉映。清初八旗诗歌的内容以表现昂扬的精神和大一统思想为主，因此其风格也就以雄健清俊为基调。就其具体情况而言，清初八旗诗歌最主要的成就在于对山水诗的推进和发展。

清初汉族诗人的山水诗，基本上沿袭以往的路子走下来，就描写地域而言，也仍然是中原与江南一带，而且重在描写绮靡秀丽的风光。八旗诗人登上诗坛之后，对内地和边疆过去他们不熟悉的山水风光，产生浓厚的兴趣。他们尤其喜爱描写高山大川、荒漠野岭的雄奇景色，在描写的手法上也依然坚持了雄浑清俊的艺术风格，这与他们特有的民族性格和饱满的民族精神有密切关系。

在山水诗方面他们主要选择了两方面的题材，一是描写中原景色，一是描写边疆风光。描写中原景色的八旗诗人以李锴、陈景元、长海为代表，这些隶属于八旗而又来自于辽东的诗人，以他们特有目光描绘了身经目历的种种自然风光，为清初山水诗的发展开拓了另一条蹊径，他们别开生面的艺术表现方法，不仅为清初山水诗的发展作出了贡献，也得到了诗坛的高度重视和赞许。描写边疆风光的诗人较多，他们之中有文臣，也有武将，在他们经历过的地区，如蒙古、新疆、西藏、云南、贵州等地，都留下了为数众多的诗歌，这些诗歌气势更为宏大，用笔更为雄健，犹如浓墨重彩的边疆万里图。这种题材的作品，由于汉族诗人很少有机会到边疆去，而由八旗诗人占据了主要位置。这两类诗歌由于在描写内容、表现的思想精神、表现手法上具有相当的一致性，故而形成了八旗山水诗的总体风格，并且成为“北方诗派”的重要表现形式之一。

除了诗歌之外，八旗词坛的成就也令人对他们刮目相看。在这个时期八旗词坛出现了在清代词坛上很有影响的两大词家，一是纳兰性德，一是曹寅。纳兰性德在京都任侍卫之职，曹寅在江宁任织造，他们二人对词特别偏爱，填写了许多词作。由于他们的职位与皇帝接近，又都富有文才，故能够各自联络了一批汉族著名词家在其周围。他们的词作尤其是纳兰性德的词作，自清初以来就以“哀感顽艳”著称，其影响相当久远，是为清初三大词人之一。后人论及清词，必谈纳兰性德，他的词风在清代词坛上可谓“别树一帜”。

其三，除诗词之外，其他文体逐渐被八旗文人所掌握。在清初这一段时间里，汉旗的各种文体能够被八旗所掌握并且能创作出高水平的有论、记（包括游记）、序、笔记、铭、赋等。其中最有特色的是对边疆风土人情、山川地理、制度沿革的记述。如满洲马思哈于康熙二十九年（1690）随军征准噶尔时驻兵古北口时所写的《塞北纪程》，果亲王允礼奉使西藏时所写的《西藏日记》，汉军张学礼于康熙元年（1662）奉使琉球时所写的《使琉球纪略》，汉军孙绍昌于康熙年间写的《西征纪略》等等，都具有很强的文学性。

短篇的记述文章，也有许多文辞意境高妙者。如汉军佟世思的《游红螺山记》，情景交融，用笔俊逸；《悠然堂记》则深怀忧民之心。另如满洲鄂海《修西岳庙记》、达礼《重修杜工部祠堂记》、莽鹄立《环水楼记》、常安《游西山记》，汉军范承勋《清溪庄记》、李锴《梅子坞记》、鲍钤《俊逸亭记》等等，皆可称之为记述类文章中之上品。

除此之外，在这个时期八旗文人还开始传奇的尝试创作，岳端与擅写传奇的孔尚任、顾彩等汉族文人友情甚笃，故亦作有《扬州梦传奇》。与之同时的曹寅作有《续琵琶记》。自这两部传奇出现以后，至清代中期出现了唐英的《古柏堂传奇》17种，李锴的《击筑记传奇》，和邦额的《一江风传奇》等等。

从以上可以看出，在清代前期八旗作家已经能够采用多种文体进行创作，其中不乏一二流水平的作家和作品，这一切说明八旗文学在清代前期已经逐渐走向成熟。

其四，在文学理论方面，八旗文论在这个阶段开始出现，并有其独特的见解。文论的水平在一定程度上标志着文学创作水平，八旗文化成为这一时期八旗文学发展的一种表现形式。其中有代表性的文论有满洲纳兰性德的《原诗》《赋论》、常安的《二十二史文抄序例》、允禧的《花间堂诗钞自序》。汉军中鲍铃的《风论》、靳治荆的《南雷文定序》、张纯修的《饮水诗词集序》、刘廷玑的《葛庄诗钞自序》、蔡珽的《味和堂诗序》等等。著作类的诗文评有满洲额尔登谔的《一草堂诗说》，汉军卢震的《杜诗说略》、郎廷极的《集唐要法》、郎廷槐的《诗问》《文则》。另外在他们的笔记、书信、题跋中，也阐述了许多文论思想，表现了他们对文学创作和文学发展的观点。

纵观清代前期八旗文学状况，有如下几个特点：

1. 八旗文学在入关后的不长时间里即迅速崛起并走向繁荣，表现出八旗对汉族文化浓厚的兴趣和他们追求先进文化的强烈愿望。入关之前八旗上层已经开始注意吸收汉族文化，组织人力翻译汉文典籍便是有代表性的一例。入关之后，在更广更深程度上接触汉族文化的时候，这种吸取便不仅仅局限于八旗上层，而是逐渐扩展到中下层了。

从八旗文学发展过程看，诗文是他们最先进入的领域，在顺治朝八旗诗文家还屈指可数，但是仅仅经过三四十年，到了康熙中期的时候，八旗诗文家已到了难以胜数的程度，其发展之快，水平提高之迅速，令人瞠目。这一方面表现出八旗接受新鲜文化的巨大潜力，另一方面也表现出中华民族文化之融合趋势，同时也从文化角度证明了中华民族凝聚力的强大。

2. 八旗文学在崛起和繁荣过程中，逐渐形成了自己的思想内容和艺术风格特色。八旗文学在吸取和学习汉族文学的时候，并没有丢弃他们原有的文化，在这两种文化接触、碰撞、融合的过程中，都各自显示出强大的力量，这两种力量在接触的时候并不是将排斥而是将吸引作为主要形式，故而这个时期八旗作家的诗文大都具有浓郁的与汉族作家有明显区别的色彩。这些作品在思想内容上精神饱满、慷慨激昂，在艺术风格上清新典雅、豪放刚健，与清初有亡国之痛的汉族文人作品相比相去甚远。值得一提的是，八旗是作为一个整体社会集团出现的，因此这种主要特色不仅仅表现在八旗满洲方面，八旗蒙古和八旗汉军中的作家作品也显示了同一文学特色，从而使八旗文学具有了更为丰富的内涵和发展壮大的能力。

3. 清代前期八旗作家文学是在一块未被开垦的处女地上产生发展起来的，他们面对的是过去非常陌生的汉族文学(八旗汉军除外)，所以在清代前期中，绝大多数八旗作家都有直接受教于汉族文人的经历，这使他们的写作免不了要走模仿的道路，其中只有少数人（如纳兰性德）能够挣脱出来，多数八旗作家多少都带有模仿的痕迹。尽管他们在内容选择和风格表现上也有自己的特点，但在总体上说没能达到自由创作的境界，个人特色鲜明突出者不过三五人而已，他们在整个清代文坛上的地位和影响，远不如他们在清代中期来得广泛和深刻。

4. 清代前期八旗文学还有一个缺陷，即是在这个时期没有能够产生小说作品，也没有能够产生优秀的散文作品。由明至清，小说和散文都很发达，都产生过一些很有影响的作品，但是在八旗之中，却没有这类作品问世，这不能不说是八旗文学的一个缺陷。这种现象的出现当然有它必然的理由，简单地说是八旗文学尚未发展到十分成熟的地步，他们在诗词方面出类拔萃，而在其他文体方面则难与同时期汉人并驾齐驱。

三、清代中期的八旗文学

乾隆元年至道光二十年（1736—1840），共历时 105 年。这个时期是八旗文学发展的鼎盛时期。

乾嘉道三朝是清代政治上的鼎盛时期，尤其是乾隆朝发展到了清代的顶峰，其时政治、经济、文化都得到了全面的发展，“八旗生计”问题虽已显露端倪，但是还未达到严重程度，旗人特别是上层旗人之政治、经济地位仍很稳固。嘉庆中期以前仍能保持这种鼎盛余势，至嘉庆晚期，经济发展日趋缓慢，政治矛盾日渐突出，“八旗生计”也开始成为一个严重的问题。进入道光朝，鼎盛的动力渐渐消失，此时只能承其余威而已。文学的发展与政治、经济状况有极为密切的关系，然而在一定的阶段之内也并非绝对同步，乾隆一朝涌现出大量的优秀作家和作品，嘉道时期也未尝没有出类拔萃的作家和作品出现，他们与乾隆时期的八旗作家共同建造了这个时期富丽堂皇的八旗文学大厦。

在这个时期八旗文学鼎盛局面的表现，主要有六个方面。

其一，八旗文学队伍不断壮大，文学创作在八旗之中蔚然成风。乾隆至道光的一百余年中，涌现出较前代更多的八旗作家，除了在满洲、汉军中出现了更多的作家之外，在八旗蒙古中也涌现出一批著名作家，这在清初是很难见到的现象，尤其是出现了一些卓有成就在文坛上产生了影响的作家，如八旗蒙古中的梦麟、和瑛、法式善、倭仁、花沙纳、恩麟等等，他们的作品不仅壮大了八旗文坛的声势，也受到了汉族文人的赞许，如梦麟、法式善、倭仁都是很受推崇的人物。此外，在这个时期八旗妇女作家的数量也激增，从另一个方面促进了八旗文学的鼎盛。同时在这个时期里八旗文学创作的风气最为浓厚，赋诗填词成为众多八旗文人日常生活的重要内容，以至出现了像乾隆朝大诗人袁枚所说的“近日满洲风雅，远胜汉人，虽司军旅，无不能诗”的局面，而且出现了一门之中祖孙、父子、兄弟、夫妻俱善诗文的八旗家庭，如英和与其父其子均先后入翰林院，后都位至高官，并且均有文名，成亲王永瑆曾为其书一匾“祖孙父子兄弟翰林”，足见八旗文风之盛。八旗文风的浓厚，还表现在八旗文人热衷于诗文交往方面，他们或三五良朋酌酒赋诗，或十余好友结社联吟，或评点诗文，或结集付梓，都离不开文学创作，在许多八旗人中，文学活动已经成为他们不可缺少的生活内容了。八旗人尤其是满洲人的文学活动与清初相比发生了一个很大的变化。清初的八旗文学家主要是与汉族文人交往，这主要是因为清初的八旗文学还不够成熟，总体上还处于学习模仿的阶段。如清初八旗著名的几位文学家纳兰性德、曹寅、岳端、允禧等人，他们与之交往最为密切频繁的，都是一些汉族名士，八旗人为数甚少。而至乾隆以来，与汉族文人交往的情况虽然依然存在，但八旗文人之间相互主动的交往却形成了一种风气，其中最有代表性的是宗室落魄文人，如永忠、永𧶘、书诚、额尔赫宜、成桂、恒仁、敦诚、敦敏、德满、福善、恩昭、敦奇等等，他们之间过往甚密、酬答之作很多。这固然是由于他们生活经历和思想意识相近的缘故，却也表现了他们文学的独立性在逐渐增强。

其二，文学创作在这个时期已经成为八旗社会中的一种风尚。进入乾隆朝以后，八旗文风日盛，乾隆、嘉庆、道光三帝继康熙帝之遗风，尤重诗文，尤其是乾隆帝，写作诗歌四万多首，数量惊人，每日写诗以为常事，帝王对文学的喜爱，鼓舞了众多的旗人自觉地投入到文学队伍中来，致使八旗文学形成声势。也正是在这种情况下，八旗文人更加留心于八旗文学的创作成就，他们开始自觉地搜集、整理和总结八旗文学的成果，清代规模最大的八旗诗歌总集——《熙朝雅颂集》，就是在嘉庆初年由满洲旗人铁保搜集完成的。这一百三十四卷八旗诗歌总集的出现，既表明了八旗文学的繁荣丰富，也表明了八旗作家对八旗文学的肯定和由此而产生的自信心与自豪感。显然，他们已经明确感到了八旗文学的兴盛和所达到的高度，这也是八旗文学完全成熟和他们对八旗文学有更高层次认识的一个里程碑。八旗文人对文学创作有强烈自觉意识的另一个重要表现是，在这个阶段出现了更多的专门从事文学创作的作家。这些作家一生不曾入仕或只有很短的入仕经历，他们生活中的主要内容就是进行文学创作，这些人可以称为专业作家了。如汉军诗人李锴、陈景元、陈景中与满洲诗人长海，都以能诗名世，有“辽东三老”之称，他们生于雍乾之间，一生不曾入仕，诗名以入乾隆之后影响更大，成为八旗诗坛乃至清代北方诗派的重要代表作家。

其三，这个时期的文学作品在思想内容方面，较以前更广泛、更深刻。从八旗入关到乾隆初年，历时共百余年，在这百余年里八旗经历了复杂的发展过程，生活经历逐渐丰富。而乾、嘉、道三朝也经历了百余年，旗人的政治和生活经历随着官场局势的变化，也更加曲折。家庭和个人升降沉浮、宠辱变幻的经历，为他们的文学写作提供了丰富的素材，也提供了创作的欲望和激情，他们写家庭的遭遇，写自己的感受，真切而生动，涌现出许多文情并茂的好作品。不仅如此，由于他们阅历的加深，感受力和观察力也更为准确深刻，他们不仅仅对发生在自己身上的事情感兴趣，而且将目光投向更为广阔的现实社会，对现实中腐败的不满和对劳动人民的同情，也成为他们文学创作的一个重要内容，如八旗满洲诗人博明的《舆人言》、伊汤安的《捞石谣》、英和的《煤窑民》、斌良的《窖水叹》、奕绘的《挖煤叹》、吉年的《童丐行》等等，均为同情怜悯百姓的作品。

其四，这一时期八旗文学作品特别是诗歌的艺术风格也更加多样化。清初之际，八旗正处于统一全国的战争之中，正是旗人建功立业的好时机，战争的胜利和政权的巩固，使八旗处于上升阶段，这种局势使八旗文学形成了以雄健豪放、清新典雅为主的艺术风格。而进入清代中叶以后，虽然政局稳定，外表繁华，但内部的分化已经开始，又因他们对汉族文学有了更深入广泛的了解，对以往各种艺术风格都已掌握，故而这一时期八旗文学的艺术风格呈现了多样化的局面，典雅、沉郁、凄凉、浑厚、疏俊、奇丽等风格无所不备，甚至同一位作家在艺术风格上也有变化，显示出八旗作家在艺术上的成熟程度。

其五，八旗文坛出现了以往所没有的长篇白话小说和短篇文言小说集，同时笔记和游记类作品达到了其自身发展的高峰。在清初，八旗作家已经掌握了众多的文体进行创作，唯独没有出现小说。乾隆年间，八旗作家创作出了至今还深有影响的两部小说，一部是曹雪芹的《红楼梦》，一部是和邦额的《夜谭随录》。（还有一部短篇文言小说集《萤窗异草》，托名“长白浩歌子”著，《八旗艺文编目》收录，认为是庆兰所著，然无明证，疑其不确）八旗小说的出现，使八旗文学体裁至乾隆年以来更加完备丰富。

从笔记类和游记类作品看，嘉道年间出现了两部非常重要的著作。一部是昭梿的《啸亭杂录》，一部是麟庆的《鸿雪因缘图记》。前者是八旗笔记类作品的代表作，从著作内容的广度和深度以及其文采来看，在八旗同类作品中都堪称巨制。后者为作者编年体游记散文，记其一生宦游经历，颇有文采，在八旗乃至清代文学中别具特色。

另外，八旗在乾隆年间还创造出了“八旗子弟书”这种艺术形式，子弟书话本也应运而生，其发展势头一直延续到清末。

其六，八旗的诗文理论有所发展并出现了一批在文坛上产生重要影响的人物。在乾隆朝以前，八旗诗文理论多见于散篇，八旗满洲与蒙古中未有专集问世，乾隆朝以来情况则有变化。这个阶段出现诗文评专著有满洲恒仁的《月山诗话》、蒙古和瑛的《杜律》、蒙古法式善的《梧门诗话》、汉军杨霈的《筠石山房诗话》等等。八旗诗文理论著作的增加，在一定程度上反映了八旗文学的发展与繁荣。

与清初八旗文坛相似的情况是这个时期也出现了一些文坛上有影响的人物，不过他们与清初纳兰性德、曹寅等人情况不同的是，这些人如铁保、英和、松筠都曾多次任乡、会试主考官，法式善也曾任国子监祭酒，其门生故吏几半天下，加之他们都善诗文，又都以诗文相号召，在八旗乃至汉人中产生了很大影响，使八旗的诗文创作更加趋于成熟，也更加丰富多彩。

总之，这个时期的八旗文学表现出了很强的实力，呈现出了丰富多彩的局面。

在这个时期八旗文学的主要成就和特点是：

1. 八旗文学已经彻底超越了学习模仿的阶段，他们的创作已经达到了随心所欲的程度，并且能够用自己的思维方式来理解和诠释文学创作，形成了八旗文学所特有的文学特点和风格。

2. 在清代前期八旗文学发展的基础上，形成了庞大的八旗文学队伍，并以其特有的文学成就在清代文学中占据了相当重要的位置，确立了八旗文学在清代文学中的地位。

3. 八旗文学较前代产生了更为广泛的影响。这种影响主要是指对汉族文坛的影响，它一方面来自于清朝政治文化政策；另一方面则来自于八旗中优秀的作家和作品，如“辽东三老”中的李锴、陈景元、马长海；“农曹七子”中的胡星阿、峻德、保禄、卓奇图等，以及英廉、尹继善、唐英、萨哈岱、梦麟、甘运源、曹雪芹、永瑆、铁保、法式善、昭梿、英和、麟庆等，都以其在官场和文学上的地位以及其文学作品，对汉族文坛产生了较大的影响，清代各种文学总集几乎无不收录八旗作家和作品。

在这个时期，八旗在文坛上已经完全树立起了自信心，在清代文坛上别是一军。铁保《熙朝雅颂集》的出现固然算是一例，曹雪芹《红楼梦》、麟庆《鸿雪因缘图记》在思想艺术上的创新，则可作为补充说明。李锴、陈景元、马长海对山水田园诗的发展，法式善造“诗龛”广收海内诗歌的举动，也无一不是这种自信心的表现。

4. 清代中期八旗文坛，除了涌现出大量优秀作家和作品之外，在各个阶层如宗室、官吏、布衣、妇女中都有作家出现，并能采用所有的文体进行创作，是这一时期八旗文学鼎盛的重要标志，也是对前代八旗文学的一个重要发展。

四、清代晚期的八旗文学

道光二十年至宣统三年（1840—1911），历时共72年。这个时期是八旗文学逐渐衰落的时期。道光二十年，鸦片战争爆发，帝国主义列强加紧瓜分中国，而后签订了一系列不平等条约，国内则发生了太平天国起义、捻军起义和义和团运动，清朝政府处于风雨飘摇之中。在这种局势下，八旗制度逐渐瓦解，至1912年中华民国成立之时，八旗制度也就随之解体。

在这72年中，八旗的政治地位和经济生活都在逐渐下降，往日兴盛的局面已经一去不复返了，这给八旗人的精神和文化带来了极大的冲击。从文学的发展情况看，尽管这个时期八旗人的文化素质已经得到很大提高，对文学创作的理解更加深刻，文学技巧更加成熟，但是国家的衰败和家庭生活的窘迫，使他们很难创作出慷慨高歌和清新流畅的作品了，八旗文学进入了渐变的最后阶段。

晚清的政治逐渐走向衰落，八旗文学却不完全与之同步，尽管它已不如以往兴盛，却仍然有着时代的和八旗的特色，故称这个时期的八旗文学为渐变期似乎更为恰当。

这个时期八旗文学的特点和成就主要表现在如下四个方面。

其一，八旗作家和作品的数量仍然很多。依据恩华的《八旗艺文编目》集部统计，这个时期八旗作家的数量与以往各阶段比较，并没有减少，八旗满洲作家数量约占道光朝以前数量的三分之一，八旗汉军作家的数量也是如此，而八旗蒙古作家的数量则是以往八旗蒙古作家数量的两倍。八旗作家数量不仅没有减少反而略有增加的这种现实，说明在清代晚期八旗文学仍然具有较强的生命力，用“衰落”来概括并不十分准确。

八旗作家的数量不仅多了起来，而且文学创作活动也较频繁，除创作了大量的诗文作品外，结社联吟也较普遍。如道光中晚期震钧之父叔等结“漱芳文社”，他本人也于光绪十五年（1889）与文友结社。同治初年，京师以八旗为主之文人组成“探骊吟社”，并选刻八旗26人诗词作品为《日下联吟集》，影响颇大。

其二，从作家及其成就看，八旗文学在晚清文坛上占有重要地位。在这个阶段八旗文坛出现了一批著名作家。如八旗满洲中小说家文康，诗词家中之承龄、斌良、宝鋆、麟庆、多隆阿、庆康、锡缜、继振、毓俊、宗韶、志润、盛昱、英瑞、志锐、震钧、敦崇、奭良；八旗汉军中诗词家之斌桐、斌敏、宗山、陈良玉、徐同善、郑文焯、继昌、杨钟羲等等，均在晚清文坛上产生了影响。八旗蒙古中之柏春、托浑布、延清、三多，也在文坛上享有盛名。这些作家的出现，使八旗文学在晚清文坛上仍然占有一席之地。

从文学成就看，八旗作家在小说、诗词、子弟书和出使日记方面取得的成就最为突出。文康的《儿女英雄传》早为人们所喜爱自不待言，奕赓等人创作的子弟书也成为至今所存子弟书的精华。而在诗词，尤其是词作方面，出现了几位晚清词坛大家，其中以承龄（著《冰蚕词》）、继振（著《五湖烟艇词》）、宗韶（著《斜月杏花屋词稿》）、英瑞（著《疏帘淡月词草》）、震钧（著《涉江词》）、郑文焯（著《大鹤山房全书》其中有词七卷）、继昌（著《左庵诗余》）最为著名，他们的作品在晚清词坛上产生过重要影响。在这个时期八旗大臣出使各地的游记骤然增多，除记载了政治活动之外，不乏描写风土人情、山川景色的内容，文学色彩也很浓厚。其中有蕴秀的《赦汉纪程》、宝鋆的《奉使三音诺颜汗纪程》、文祥的《黑龙江松花江游记》《巴林纪程》《蜀轺纪程》、麟庆的《奉使科尔沁行记》《奉使鄂尔多斯行记》、恩锡的《出边纪程》、魁龄的《东使纪事诗略》，锡珍的《台湾日记》《喀尔喀日记》《朝鲜日记》、联芳的《星轺指掌》等等。这类作品的数量是嘉道以前这类作品数量的两倍，从中可以看出游记作品的发展趋势。

另外，这个时期八旗诗话、词话、笔记类著作的成就也很大，其中影响最大的著作是继昌《左庵词话》、杨钟羲的《雪桥诗话》、郑文焯的《五声二变说》《词韵谱》《词谱订》，以及震钧的《天咫偶闻》、敦崇的《燕京岁时记》、福格的《听雨丛谈》、双保的《铁若笔谈》、宗山的《希晦堂杂著》等等。晚清时，八旗文人辑刻的诗文总集数量也不算少，如有锡缜的《感旧拾遗集》、恩锡的《吴中倡和集》、恒善的《强哉行汇刊》、毓俊的《西山集》、志润的《日下联吟诗词集》、延清的《遗逸清音集》、盛昱与杨钟羲的《八旗文经》、杨钟羲的《白山词介》等等，从另一个侧面反映出晚清八旗文学的状况。

其三，晚清八旗文学与前代相比，表现出了鲜明的时代特征。晚清之际，国势颓败，清代文学随着历史的发展也进入一个新的阶段，八旗文学也是如此。在这个时期矢志报国、同情民众之疾苦，成为八旗文学创作的主调。

以词为例，在这个时期中八旗词作出现了大批忧国忧时的作品，如镶黄旗满洲承龄的《满庭芳·风急天高》、正白旗满洲麒庆的《减字木兰花·送春》、镶白旗汉军陈良玉的《望海潮》、正蓝旗满洲锡缜的《满江红·庚申滦阳晚眺》、正白旗汉军郑文焯的《月下笛》《瑞龙吟》《谒金门》《永遇乐》、宗室盛昱的《水调歌头·题观海图》、正白旗汉军继昌的《凄凉犯·闻雁》、正白旗满洲阔普通武的《摸鱼儿·无题》、镶黄旗满洲奭良的《满江红·奉题岳忠武王画像》、正白旗汉军李孺的《长亭怨慢》等等都是这种思想情绪的代表作。在诗歌中，这种内容的作品也有很多，而且大量出现同情人民疾苦的作品。如庆康的《悲荒歉》《水灾叹》、宝廷的《无衣叹》《无衾叹》、宗韶的《质女行》《石壕》、志润的《捉车行》、毓俊的《霸州大水行》《哀流民》等等。这种忧民的思想与忧国思想密切相关，非常突出地显现在晚清的八旗文学作品之中，反映出时代变化的特点和八旗作家的创作特色，以及与清中期以前八旗文学的区别。纵观清代晚期八旗文学，大致有如下几个特点。

1．在国家局势逐渐衰落的时候，八旗文学仍在继续发展，与前几个发展时期相比，作家和作品的数量不仅没有减少，反而略有增加，证明了八旗文学队伍仍有很强的实力。但从另一个方面看，这个时期虽然有一些出名的文学家，然而与清代前中期相比，其文学成就和影响都要小得多，也缺少如《纳兰词》和《红楼梦》这样的代表作品，其总体发展趋势在渐变之中呈现衰落迹象。

2．八旗文学进入清代晚期，随着国家政治局势和他们地位、环境的变化，作家的思想和作品所表现的内容及风格也发生了变化。外强的侵夺与朝廷的腐败使八旗的地位急剧下降，“八旗生计”问题也到了最为严重的时刻，此时八旗作家所表现出的最为突出的思想便是忧国忧民，这种思想与他们亲身经历联系在一起，便创作出了许多现实主义色彩非常浓厚的文学作品。从文学作品的内容上看，主要表现在三个方面，即慨叹国势不振、抒发报国情怀、痛悯人民涂炭，而清代中期大量出现的描写水光山色和闲情逸致的作品，在此时已极少出现。此为时代不同使然，也是八旗文学在内容上的一大转变。八旗作家思想和作品内容的变化，导致了艺术风格的变化。清代中前期八旗处于兴盛阶段，八旗文学的总体艺术风格以清新典雅、慷慨豪放为主，而在此时却难再见到，与作家情感与作品内容相适应的是沉郁悲壮、哀婉凄清的艺术风格。八旗文学的这种基本内容和基本风格，构成了清代晚期八旗文学的主要特色。

3．清代晚期，八旗的说唱文学有所发展。除了道光、咸丰年间出现了长篇评话《儿女英雄传》外，“子弟书”唱本大量涌现，成为子弟书发展的兴盛时期。另外，清末八旗对昆曲和京剧的爱好日趋强烈，使他们在剧本的创作上也有所贡献，汪笑依便是一位代表人物。

从民间文学来看，晚清时期发展缓慢，新创作的作品不多，流传也不广泛，主要是传承以前的神话传说和民间故事，少量新出现的传说和故事地域性很强，这与八旗驻防分散有关，故影响不大。

八旗文学的形成基础

近些年来，对满族文学尤其是清代满族文学的研究逐渐深入，然而对与八旗满洲同处于八旗制度中的八旗汉军和八旗蒙古的文学，却极少有人研究，这也许是这两部分作家的民族族属难以确定的缘故。于是出现了这样一种情况，研究“民族文学”的人很少涉及到他们，而研究“中国文学”的人也很少注意到他们，这两部分作家和作品受到不应有的轻视，致使对“八旗文学”的研究尚未展开。

实际上，八旗汉军和八旗蒙古作家的人数要占八旗作家总数的一半以上，大约有五六百人之多。自清初至清末出现了一些当时在文坛上很有影响而现今鲜为人知的作家，比如八旗汉军中的刘廷玑、高其倬、施世纶、英廉、鲍珍、李锴、陈景元、佟世思、佟世南、朱孝纯、顾邦英、甘运源、斌桐、郑文焯、继昌、杨钟羲，八旗蒙古中的法式善、梦麟、倭仁、三多等等，这些人在诗词方面都卓有成就，他们的鲜为人知，很大程度上是由于今人的研究不够。

同时，清代八旗是一个整体，在很多方面都有相同相近之处，故提出和研究“八旗文学”实属必要。此文提出这一观点。以期望能推动对“八旗文学”研究的开展。

“八旗”是女真（满洲）人创建的一种政治、军事、社会、生产四者合一的社会制度，主要由满洲、蒙古、汉军三部分人组成。由于他们来源于不同的民族，所以在诸方面存在一定的差异。又由于他们生活在相同制度下的环境之中，互相影响、互相渗透，故又有许多共同之处，正是这种同与不同，构成了八旗文化的内涵，而八旗文化对八旗文学之形成有密切关系。

“八旗文化”是一种多民族文化的融合体，主要由满洲文化、蒙古文化和汉族文化构成，当然还有北方其他民族文化的成分。在这种文化中为主体的是满洲文化，而吸收最多的是汉族文化，甚至满洲文化的形成发展也与汉族文化的影响有重要关系。当然作为八旗成员，蒙古和汉军也吸收了许多满洲文化，使他们与各自的民族有了区别。如同满洲文化与女真文化的关系一样，八旗蒙古和汉军的文化也与各自的民族母体有不可分割的关系，因此“八旗文化”是一种既区别于满洲文化，又区别于蒙古和汉军文化的一种文化。八旗文化固然以满洲文化为主，但是却不是满洲文化所能完全涵盖的。而一种文学是在一定文化基础上产生的，如果以“满族文学”来代替“八旗文学”，显然失之偏颇。如果包括了八旗蒙古和汉军文学，那么实际就成为了“八旗文学”。在编写《满族文学史》这类著作的时候，有人欲将汉军的作家和作品纳入“满族文学”，有人则不想收入汉军的作家和作品（对汉军的民族成分，史学家至今众说纷纭）。而对于八旗蒙古的作家作品，一般都划入了“蒙古族文学”。实际上八旗汉军和汉人、八旗蒙古和外藩蒙古，无论在政治地位、经济地位、生活环境或是思想意识、文化观念上都有所不同。他们的思想和文化观念既与各自的民族有千丝万缕的联系，又由于生活在具有强烈社会属性的“八旗制度”之中，以至与各自民族的思想和文化观念有所区别，这种区别在文学创作上便具有了种种表现。

严格说来，“八旗制度”虽然是满族人创造的，但是“八旗文学”却不是“满族文学”所能代替的。“八旗文学”既不仅仅是一个时代的文学，也不仅仅是一个民族的文学。

这是因为它不是以一个历史时期如清代为时限的，“大清”出现之前，八旗制度已经产生，它以八旗的兴亡为时限。同时八旗的组成不仅仅有满洲，而且有蒙古和汉军，那么它的文学来源就要复杂一些，其文学的内容和风格也就别具特色，此外“八旗文学”与清代的汉族文学及其他民族文学也有区别。在清代，“旗人”生活于“八旗制度”之中，他们与“民人”有生活条件和环境地位之不同，在社会中所承担的角色和作用不同，当然还有心理性格和道德崇尚的不同，这就决定了他们的文学创作不可能与汉人的文学创作相一致。从八旗文学的实际情况来考察，可以明显地感觉到，他们的作品内容自有一种倾向，他们的作品风格自有一种特色，他们的文学创作道路自有一种轨迹。可以说“八旗文学”是在特定历史条件下，由特定的社会集团所创造的具有鲜明个性的建立在多元文化基础上的文学。它的出现与繁荣，表现了中国民族文化关系的大趋势，也表现了中国民族文学相互影响的各种特点。

“八旗制度”大致存在于与清代相始终的三百余年中，在这个期间，涌现出了许多八旗文学家，粗略统计，人数超过千人，他们从清初至清末一直活跃在文学的舞台上，在诗词文赋小说戏剧创作方面，都显示出了惊人的才华，并且取得了可称为卓越的文学成就。如词人纳兰性德、西林春（顾太清）、承龄、郑文焯、继昌，诗人岳端、文昭、铁保、法式善，小说家曹雪芹、文康，散文家昭梿、麟庆，皆为一代文学大家。他们在文学上的新奇创作，给清代文坛增添了另一种笔墨。这些成就不仅使八旗文学大放异彩，而且促进了清代文学的繁荣发展。

“八旗文学”这个概念过去不曾有人明确提出过。没有明确提出，不等于它不存在，只能说它没有被人认识和注意。清代的八旗制度相当严密，旗人对八旗的整体性认识非常一致，自称“旗人”现象就是一例。另如《八旗通志》《八旗处分则例》等书籍、法令，也都将八旗视为一体。旗人对其创作的文学作品也非常重视。从康熙朝开始就有人搜集宗室诗歌结集，先后有玛尔浑的《宸襟集》、文昭的《宸萼集》。八旗诗歌结集，最早见于雍、乾年间人伊福纳的《白山诗钞》，而后又有卓奇图的《白山诗存》，但均未最后完成。铁保辑八旗人诗歌为《白山诗介》。“白山”指长白山，泛指东北，寓意则为八旗。至乾嘉之际出现了一部有134卷之多的诗歌总集——《熙朝雅颂集》，此书由隶八旗满洲的铁保搜集整理，嘉庆皇帝赐名，全书共收八旗满洲、蒙古、汉军诗人600余位，诗歌7000余首，实际上是一部八旗诗歌总集。此外，还有隶八旗满洲的盛昱和隶八旗汉军的杨钟羲合编的《八旗文经》，隶八旗蒙古的恩华所编的《八旗艺术编目》，李放的《八旗画录》等等。这些人都是将八旗文学作为一体看待的，将八旗文学的成就作为他们整体的成就，而不是将八旗满洲、八旗蒙古、八旗汉军分别开来。《熙朝雅颂集》就是在《白山诗介》的基础上扩充而成的，序中说：“自八旗诸王、百僚、庶尹以及武士、闺媛，凡有关风俗人心、节义彰瘅诸篇，得一百三十四卷。”① 这里明确说出了是八旗人之诗作，而并非仅录满洲人之诗作。他读这些诗的感觉是：“及观诸先辈所为诗，雄伟环琦，汪洋浩瀚，则又长白、混同磅礴郁积之余气所结成者也。余尝谓读古诗不如读今诗，读今诗不如读乡先生诗。里井与余

① 铁保辑：《熙朝雅颂集》，嘉庆帝序言，清嘉庆九年刻本。

同，风俗与余同，饮食起居与余同，气息易通，瓣香可接，其引人入胜，较汉魏六朝为尤捷，此物此志也。”① 八旗文人对待八旗文学都具有这种感情。以此看来，“八旗文学”过去虽然没有被明确提出，但是它的内涵却早已为旗人所认识，并且进行了对八旗文学的搜集整理工作，只不过不十分全面和系统罢了。

“八旗文学”的存在和提出，还不止以上所说的这种理由。一种文学的出现，有一定的社会原因和文化原因，是在一定的历史条件和文化条件下形成的。以往人们对八旗文学多出于感性认识，缺乏理性的分析，这在八旗制度存在的清代，也许不成为问题，因为人们就生活在那个时代，但是在年代相隔久远的今天，分析一下“八旗制度”如何孕育了“八旗文学”，仍然很有必要。

“八旗文学”的出现，源始于“八旗制度”的建立与巩固。

“八旗制度”的建设经过了一个较长的时间。宋元之际，东北完颜部女真人（满族先人之一部）建立过金国，元兴金亡，女真人文化渐渐落后，到了明代，他们创造的女真大字和女真小字已经失传，书面文化几乎是空白，往往用蒙古文和汉文书写文件和书信。此时他们的生活方式也很落后，农业、商业和手工业都不发达。女真人是满洲人的先人，此时的女真人分为“野人”女真、海西女真和建州女真三大部分，由北至南分布于黑龙江中下游至今辽宁抚顺苏子河流域。其中以海西女真中的扈伦四部（即叶赫部、乌拉部、哈达部和辉发部）及建州女真较为先进，在这个时期，他们失去了自己的文字，没有自己的典籍，当然也没有自己的书面文学。

① 铁保辑：《白山诗介》序言，清嘉庆六年刻本。

明朝中后期，东北女真人的情况发生了重要变化。万历十一年（1583），建州女真人努尔哈赤起兵，开始了统一建州女真的战争。建州女真统一后，又相继统一了野人女真和海西女真的大部分。《满文老档》（天命四年档）中的记载是："迨至是年，自明国以东，至东海，朝鲜国以北，蒙古国以南，凡属女真语言之诸国，俱已征服统一。"① 这一年是万历四十七年（1619），此后努尔哈赤将主攻目标转向了辽沈地区的明军。就在这一年与明军发生了著名的"萨尔浒大战"，双方投入数十万兵力，明军大败，努尔哈赤率军进入辽沈。天命十一年（1626），努尔哈赤率军进攻宁远，明将袁崇焕顽强坚守，努尔哈赤兵败，不久去世。

努尔哈赤从起兵到去世的四十余年中，进行了一系列的军事、政治、经济和文化建设，使女真社会进入了一个新的阶段。而这一系列建设的基础，是创立了八旗制度。

八旗的建立过程，是满洲和一部分蒙古、汉人联合的过程，也是三种文化融合的过程。

努尔哈赤起兵之初，其组织形式是以"牛录"为单位的，每300人编一牛录。公元1583年至1601年之间，努尔哈赤相继统一了建州女真，打败了哈达、叶赫、辉发等九部联军，招抚了部分东海女真和黑龙江女真，兵员和人口增加很多。万历二十九年（1601）"复编三百人为一牛录"，《清太祖高皇帝实录》中的记载是："是年，上以诸国来服人众，复编三百人为一牛录，每牛录设额真一。先是，我国凡出兵校猎，不计人之多寡，各随族党屯寨而行。猎时，每人各取一矢，凡十人设长一领之。各分队伍，毋敢紊乱者，其长称为牛录额真。至是，

---

① 《满文老档》上册，第117页，中华书局1990年版。

遂以名官。”① 这是八旗建制的雏形。在公元1601年至1615年之间，女真各部多被征服统一，兵员人口急剧增加，牛录建制已不适应需要，随设黄、红、蓝、白四旗。至万历四十三年(1615)，四旗建制也不适合兵员人口扩大的实际，随将四旗分编为八旗，即每300人设一牛录（汉语定为佐领）额真，五牛录设一甲喇（汉语定为参领）额真，五甲喇设一固山（汉语“旗”之意，后汉语定为都统）额真，当时八旗之中大约有200个牛录。在编立八旗的过程中，当时一些被掳掠和招降的蒙古人、汉人、朝鲜人等等，也都被编入八旗之中，这些人即使在后来编立八旗蒙古和八旗汉军时也有一部分没有被划出八旗满洲，在编写《八旗满洲氏族通谱》时，他们成了八旗满洲中的“蒙古姓人”和“汉姓人”，成为八旗满洲的组成部分。

八旗蒙古的建立也经历了一个较长的过程。努尔哈赤建立“后金”之后，蒙古扎鲁特部、巴林部、巴岳特部、兀鲁特部、喀尔喀部、察哈尔部中的蒙古人以及居住于辽东的蒙古人不断来归服，于是将蒙古人编为牛录，这些蒙古牛录在后来编立八旗蒙古时仍有一部分留于八旗满洲之中。至皇太极天聪九年（1635）正月，随着蒙古人数的大量增加，将新归降之喀喇沁部蒙古与旧蒙古合编，按满洲之正黄、镶黄、正红、镶红、正白、镶白、正蓝、镶蓝八旗建制，正式设立蒙古八旗。

八旗汉军的编旗时间较晚，但汉人入旗的时间却很早。努尔哈赤起兵不久，一些汉人就加入到了女真人的事业中去。他们或被编入八旗包衣牛录，或成为女真官员户下人，有的也被编入八旗中的汉人牛录，在后来这些人也多被留在了八旗满洲

① 《清太祖高皇帝实录》卷3，第6页。

之内。八旗汉军的编立起始于天聪五年（1631），当时任命佟养性总管汉兵。崇德二年（1637）初设汉军，分为二旗。崇德四年（1639）分为四旗，崇德七年（1642）七月，编立汉军为八旗。顺治元年（1644）至康熙前期这段时间里，陆续将收降的明军编入八旗汉军，至此八旗汉军的规模才最后确定。

八旗蒙古、八旗汉军单独建旗以后，加上八旗满洲，实际上一共是二十四旗，“八旗”乃其总称，每旗下各有满洲、蒙古、汉军三种编制，如正黄旗下有正黄旗满洲、正黄旗蒙古、正黄旗汉军，在建制和管理方式上基本是一致的，“八旗”也就成为一个统一的整体。

从以上“八旗制度”产生的过程中，大致也可以看出这种制度的产生原因，概括起来无外乎两个方面。对外来说，需要有一种强有力的组织形式以对抗蒙古、朝鲜和明朝。对内来说，也需要有一种比较严密的制度和纪律以增强整体的统一性和战斗力。八旗制度与女真人的“猛安谋克”有一定联系，实与汉人张之洞在《八旗文经序》中所说：“本周礼乡遂为六军，六卿为六军将之遗法”① 不同，它是以女真（满洲）的组织方式发展而来的，因而也就具有了民族的和时代的特点。

八旗制度建立之后，八旗的整体意识便产生并巩固发展了起来。

八旗整体意识的产生和巩固与八旗制度本身的严密有关，也与八旗之满洲、蒙古、汉人的思想意识有关。满洲人入旗，无论是自愿加入者，还是以武力收编者，均被视为本部“一国之人”。这些人立功之后多受奖赏，委以重任，其子孙也可袭封爵位，如后金时期位居“五大臣”之一的额亦都，早年

① 盛昱、杨钟羲：《八旗文经》序言，第1页，辽沈书社1988年版。

跟随努尔哈赤，战功卓著，他的十六个儿子皆年少出征，其第十子伊尔登骁勇善战，“勇冠三军”，受到皇太极表彰，成为八旗兵之榜样。自努尔哈赤开始，每次大的战役之后，都奖惩一批官员，论功行赏，论罪受罚，使八旗将帅士卒人人效力，不敢怠慢。如天聪四年（1629）与明军作战，四大贝勒之一的阿敏弃滦州、永平、迁安、遵化四城，被论十六大罪，免死下狱，尽夺其所属人丁和财物。对在历次战役中有功之人，则给予提升官职和赐给人口、财物。爱护士卒、赏罚分明增强了满洲内部的组织纪律性和凝聚力。

八旗蒙古的主体主要是漠南蒙古诸部落之人口。漠南蒙古诸部于当时受到察哈尔林丹汗辖制，多被欺压盘剥，致使漠南蒙古诸部处于动荡之中，在这种形势之下，随着努尔哈赤势力的不断增强，漠南蒙古诸部之人于天命年间便不断主动来归顺。开始时人数不多，至天命六年（1621）以后，来归顺之蒙古人口数量越来越多。如天命七年（1622）二月，“兀鲁特部明安、索诺木、揣尔扎勒、噶尔玛、昂昆、多尔济、顾鲁、绰尔吉、奇布塔尔、青巴图鲁等十贝勒，率妇孺及一千男丁，逃来广宁城。”① 此年三月初三，努尔哈赤议定，八旗中“设诸申大臣八人，汉大臣八人，蒙古大臣八人。八大臣下，设诸申审事八人，汉审事八人，蒙古审事八人……八王之前设诸申巴克什八人，汉巴克什八人，蒙古巴克什八人。”② 从这种官职的设定中，可以看出在当时来归顺之蒙古人数量应该很多了。到了皇太极时期，漠南蒙古和右翼三部蒙古基本被征服。至天聪九年（1635）二月，正式编立八旗蒙古。自此以后，

① 《满文老档》上册，第331页，中华书局1990年版。
② 《满文老档》上册，第346页，中华书局1990年版。

八旗蒙古便成为八旗的主要力量了。他们中的许多人受到重用并被封爵。在八旗入关之后，八旗蒙古也仍然受到重视，与八旗满洲有近乎相等的地位，如在关内的直隶驻防和直省驻防中，除水师之外，多数是满、蒙古合编驻防，八旗满洲和蒙古在长期共同的军事活动和相互联姻中，结下了水乳交融的关系，八旗的整体意识自然也就十分强烈。这些人与外藩蒙古还有不同，外藩蒙古是将漠南蒙古、漠北蒙古、青海蒙古、河套等部蒙古就地编旗（西藏蒙古没有设旗），旗上设盟，以便管理，他们的首领很难进入中央政权，而八旗蒙古则是中央政权的主要支撑力量，故而八旗蒙古对八旗的感情是外藩蒙古所不能比拟的。由于八旗蒙古多是早年自愿归顺的蒙古人，所以他们在思想意识和心理感情方面，更为接近满洲。

八旗汉军的来源可分为几种情况，一种是早年自愿归顺之人和入关前自愿投顺明军官兵及世居辽东之汉人。这些人包括原明军官兵多是长年或世居于辽东，与女真（满洲）居处相近，互相比较熟悉，归顺又出于自愿，故深得信任，自是尽心竭力。如天聪年间一次委任来归汉人官职之人就有56位之多。其中给佟养性的敕书为："佟养性，尔原系抚顺城商人，因与我通好，被明帝监禁于辽东城。追获释后，来归有功，妻女为婿，授副将职。克辽东后，倘失职获罪，依法赎罪。此职子子孙孙世袭罔替。"① 这位佟养性不仅被招为"额驸"，而且总理汉民事务，后来又独领汉兵一旗，以擅长炮战著称，在大小战役中发挥了汉兵的威力，八旗汉军就是在这一旗汉兵基础上扩建而成的。

一种是入关前被俘或投降之人。这些人原来忠于明朝思想

① 《满文老档》下册，第920页，中华书局1990年版。

比较浓厚，多不愿投降，然而迫于局势不得不降。如天聪五年（1631）九月八旗兵攻大凌河城，俘获统兵主将监军太仆寺卿张春以下明军官员33名。据《满文老档》记载，初时张春不降，因“忠臣不事二主”，同时如果是兵败被杀，则“五子及三孙得生”。如果投降，则会被明朝廷满门抄斩，但是到后来张春被劝说成功，投降了后金。这种汉官一旦归降，便无退路，即使逃回明朝也要被治罪，所以投降后也就义无反顾了。这一年十月，明总兵官祖大寿率部投降，献出大凌河城，而后这批人在与明军的作战中立下了汗马功劳，至崇德七年（1642）八旗汉军正式设立之时，这些人中有一人任固山额真，有4人任梅勒章京，而八旗汉军都统一共只有8员，副都统有16员，可见所占比例之大。对投降的明军官兵的安置，也想得很周到。除给官员奴仆、田庄外，为使其安心，配以妻室。当时是“凡一品官，以诸贝勒女妻之。二品官，以国中诸贝勒、大臣女妻之”①。对于兵卒则“察民间汉人女子寡妇，酌情配给。其余者，察八贝勒下庄屯之殷实庄头的女者，即令配给。若无女子，则令收养为子，为之婚娶”②。这样一来，就会使这些人“忘其故土”，融于八旗之中。

一种是入关后收降的明军。这部分人多是在顺治初年编入八旗的，在八旗中的数量并不多。如八旗镶黄旗五参领共40个佐领，入关后新编投诚之佐领仅有4个，占十分之一。这些人的子孙长久生活在八旗环境之中，受熏染的程度很深，与其他汉军也无大区别。

八旗是一种统一的社会组织，满洲、蒙古、汉军虽然分别建旗，但从血缘关系和思想感情乃至内部关系上也并非泾渭分

①②《满文老档》下册，第1195、1196页，中华书局1990年版。

明。如咸丰年间旗人福格所著《听雨丛谈》就说："蒙古、汉军大臣著有功绩，或拨入本旗满洲（例如镶黄旗汉军拨入镶黄旗满洲即是），或抬入上三旗满洲（上三旗为镶黄、正黄、正白），及内务府人拨入外三旗满洲佐领，皆随时出于特恩。"① 清人吴振棫在《养吉斋丛录》卷一中也说："国初各部落及汉人归附者，分隶满、蒙、汉八旗。亦时有改易，如华善本隶汉军正白旗，其先苏完人，因改入满洲籍，此汉军改满洲也。和济格尔本蒙古兀鲁特人，后隶正白旗汉军，遂为何氏，此蒙古改汉军也。莽鹄立本蒙古正蓝旗人，后擢入满洲镶黄旗，此蒙古改满洲也。王国光先世为满洲，姓完颜，其父初为明千总，归附后隶正红旗汉军。乾隆十八年，命其子孙及同族仍改入满洲正红、镶白二旗，此改隶之后，继又复改也。佟国纲先世本满洲人，后率明人来归，隶汉军，国纲请仍隶满洲，部议以佟姓官多，应仍留汉军，国纲一支改隶满洲，此又或改或不改也。似此者不可枚举。"② 这便是八旗内部各旗之间的关系。另外在《八旗满洲氏族通谱》内，有满洲姓氏 636 个。满洲旗分内蒙古姓氏 233 个，满洲旗分内汉人姓氏 160 多个，满洲旗分内高丽姓氏 43 个，从这些数字中，可以看到八旗满洲组成的复杂性，以及其中满洲、蒙古、汉人之间的密切关系。

八旗内部相互通婚也是一种比较常见的现象。入关之前，满族贵族多与蒙古诸部贝勒、台吉联姻，或娶或嫁，比较普遍。入关之后，又有选秀女的制度，即每三年由八旗内各旗选送适龄女子入宫以备选择，选不上者方可再行婚嫁。这样八旗蒙古、汉军之女也多有入宫者。同时，宗室王公之女结婚也要

① 福格：《听雨丛谈》卷 1，第 3 页，中华书局 1984 年版。
② 吴振棫：《养吉斋丛录》卷 1，第 2 页，北京古籍出版社 1983 年版。

选择蒙古世族子嗣或八旗勋旧子弟。八旗上层之间也多相互通婚，亲戚关系就非常复杂。即便是八旗的下层，这种旗内通婚的现象也很平常，如据《荆州驻防八旗志》“烈女传”载，乾隆四十年（1775）旌表的5名蒙古甲兵之妻中，有3名是满洲旗之妇女，1名汉军旗之妇女①。嘉庆元年旌表的8名满洲甲兵之妻中，有3名是蒙古旗之妇女，1名汉军旗之妇女②。八旗内的通婚，使满洲、蒙古、汉军的血缘关系也逐渐接近。

以上所说的情况，都增强了八旗的整体性和整体意识。

八旗整体性的增强还有另外一些重要的原因。

八旗建立之后，起初的目标是统一东北，征服朝鲜和蒙古。势力逐渐强盛之后，目标则转换为取代明朝，统一中国。在这个过程之中，八旗整体的政治目标和政治利益是一致的，满洲、蒙古、汉军三者之间，可以说一荣俱荣，一损俱损，八旗事业的胜利和成功对满洲、蒙古和汉军有着同样重要的意义，为了维护这种利益，他们对八旗的兴衰至为关心。

以汉军为例，可以说他们对八旗的兴盛和政权的建设起到了举足轻重的作用。

在八旗之中，汉军素以火器和水师见长，汉军火炮和水师营在八旗中享有盛誉。在没有设立八旗汉军之前，佟养性自领一旗汉兵，此时他们就已经与满洲生死与共了，在多次的战役中，他们出生入死，战功著卓。在编立八旗汉军之后，在与明军的作战中更是发挥了重要作用，与八旗满洲、八旗蒙古一起，相互配合，攻坚陷阵，战绩突出，成为八旗克敌制胜的精锐部队。《清太宗实录》卷10中，曾记载了佟养性所率领的

---

①② 希元、祥亨：《荆州驻防八旗志》卷14，第231、234页，辽宁大学出版社1990年版。

汉兵炮队在天聪五年（1631）与明军的一次重要战役——攻占辽东大凌河城战役中的作用。时大凌河主帅为明朝总兵祖大寿，皇太极率兵屡战不克。大凌河城周围有军台百余座，不攻克这些军台，大凌河城也难以攻下。于是皇太极命旧汉兵载红衣炮6门，将军炮54门，往功其中之一的子章台，书中的记载是："连攻三日，发红衣大将军炮，击坏台垛，中炮死者五十七人。台内明兵惶忧不能支，乃出降。是台既下，其余各台闻风惴恐，近者归降，远者弃走。……以是久围大凌河，克成厥功者，皆因上创造红衣大将军炮故也。自此凡遇行军，必携红衣大将军炮云。"①在入关后的许多重大战役中，汉军的火炮发挥了巨大的威力。全国统一之后，在广州、福州驻防等地设立水师营。水师营多由汉军士兵充任，在海防、海关方面独当一面。以此而论，汉军以其特长，成为八旗中一支不可缺少的军事力量，并且在建立和巩固清朝的过程中成为支撑清朝政权的三大柱石之一。

在八旗政权建设的过程中，八旗中的汉军人也为此作出了极为重要的贡献。在八旗中的汉人将八旗视为一体，将明朝视为敌方，积极为八旗的政权建设出谋划策，使八旗政权逐渐成熟和完善起来。努尔哈赤建立后金政权时，参与议政的只有四贝勒、五大臣，而后为八旗之八王和八旗八位都堂，皇太极即位后无大改变，这种政权制度是很不完善的。参将宁完我依照明朝制度上疏"诸设六部，立谏臣，更馆名，置通政，辨服制等，疏经数上，而止立六部"②，由此可知六部的设立是出于宁完我的建议。天聪五年（1631），宁完我认为只设六部还

① 《清太宗实录》卷10，第5页。

② 《清太宗实录》卷10，第31页。

不完备，上疏说："创业帝王，虑国事无纲纪也，而置六部。虑六部有偏私也，而置六科。虑科臣阿党，君心宜启沃也，而置馆臣。虑下情下壅，君心受欺蔽也，而置通政。此数事，皆相因相制，缺一不可者，至于辨服制，尤为我国切要之事。……我国笔帖赫包之称，于汉言为书房。朝廷之上。岂有书房之理？官生杂处，名器未定，更易布置，止一矢口之劳，皇上何惮而不为也？通政之官不设，则叩阍吁天之路塞矣。下情上壅，而皇上不得而知。励精图治谓何，而固如是乎？至于服制一节，是皇上陶熔满汉之第一要务，满洲国人，语言既同，贵贱自别。或致凌辱，至伤心堕泪者有之。皇上遇汉官，每温慰恳至，而国人反陵轹作践，将何以示一体而招徕远人耶？宜急分辨服制，造设腰牌，此最简易，关系最大者，皇上勿再忽之也。"① 皇太极根据这些建议，于本年3月定仪仗之制，12月定朝会班次。次年1月定服饰之制。天聪十年（1636）改文馆（书房）为内三院。本年5月（崇德元年四月）设都察院，职掌监察，是为谏官。崇德三年（1638）六月更定蒙古衙门为理藩院，至此比较完备的六部两院合称"八衙门"的政权机构更加完善了。

八旗汉军在政策、策略等方面也给了八旗以重大影响。天命十一年（1626）三月汉人刘学成向努尔哈赤奏陈四事，一是要赏罚分明，二是收编汉人用以征明，三是不要烧毁所获城池，四是与明军作战不要等蒙古之马肥以后再出兵②。这些建议被努尔哈赤称许。天聪六年（1632）七月，皇太极召汉军宁完我、范文程、马国柱商议与明朝和战之事，此三人都认为

① 《清太宗实录》卷10，第31—34页。

② 《满文老档》上册，第694页，中华书局1990年版。

应该“志在取明”。皇太极主意不定，于九月又召汉军王文奎、孙应时、江云商议此事。王文奎的意见是“战则可一言而决”。孙应时的意见是“当秣马厉兵，有进无退”。江云的意见是可以先“以和议试之”，但议和很难，不如“整师而入，天下指日可得”①。崇德五年（1640）和、战之事仍未最后决定。正月都察院祖可法、张存仁、马国柱、雷兴向皇太极陈述意见，认为“讲和之事，利于彼而不利于我”，并献“断喉刺心”之策。“断喉”则指舍关外诸城而先取山海关。“刺心”指取山海关后“直捣燕京”，否定了皇太极原来设想的先攻占各城，然后再攻占京城的“剪枝伐树”的战略。同时还打消了皇太极“虑明国城池多，人民众，语言风俗不与我同，顺逆倏变，降叛靡常，恐难帖服”的顾虑②。这些汉军人的意见确定了八旗征明的战略方针，从以后事态发展来看，基本是沿着这个思路进行的。

以上这些列举的事实都表明了加入八旗的汉军人不仅认为与明朝皇帝已无君臣之分，而且也没有因为民族不同疏远满洲，他们将自己的命运利益放在了八旗的前途上。另外，还应该看到，在旗人和民人的关系当中，有三个主要区别，这就是“旗民不通婚”、“旗民不交产”和“旗民不同刑”，这就使旗人和民人之间产生了一道明显的界限。在这种情况下，八旗满洲、八旗汉军、八旗蒙古在军事、政治、经济，甚至思想感情方面就有了许多相同之处。这些相同之处，使他们的文化相互靠近，产生出一种以满洲文化为主，兼有八旗汉军和八旗蒙古文化的八旗文化，这也正是八旗文学产生发展的基础。

---

① 《清太宗实录》卷12，第18~20页。

② 《清太宗实录》卷50，第14~18页。

八旗满洲、蒙古、汉军还有共同的经济利益和经济基础，这也是构成八旗整体意识的一个重要原因。八旗是兵民合一的组织，入关之前是战时为兵，平时为民，既是战士，又是农民。每次战役胜利之后，便分得人口、牲畜及各种财物，这也是他们勇于参战的一个原因。入关之后，大量圈占土地，分给八旗之人。据《八旗通志》初集“土田志”记载，畿辅至雍正年间八旗共给地三次，如镶黄旗满洲、蒙古、汉军共得壮丁地 393 890 垧；其中第一次分地，镶黄旗满洲得地 193 860 垧；镶黄旗蒙古得地 29 905 垧；镶黄旗汉军得地 33 340 垧，基本上分配原则是计丁授田，并且旗民分屯，不许混杂相处①。另外，八旗马甲、步兵以上例有“旗饷”，旗饷分银、米两种，数额各朝略有变化，康熙九年（1670）规定京旗之前锋、护军、领催，月给饷银 4 两，甲兵月给饷银 3 两②。这使他们的生活有了基本保障。除此之外，八旗出征还有出征兵饷，受伤阵亡还有抚恤制度，立功之后也会有封赏，或给予世职爵位。故而旗人除了人身依附于八旗之外，他们的经济来源与生活也主要依靠于八旗。八旗的稳固与兴盛是旗人的保障，八旗共同的经济利益也就成为旗人凝聚成整体的一种重要因素。

总之，八旗的经济形式与民人不同，他们的经济来源与生活方式自成体系，八旗的政治、经济状况直接影响到旗人的地位和利益，在这种情况下旗人的整体意识自然会得到巩固和发展。

正是以上这些种种条件和环境构成了“八旗文学”产生的重要基础。

---

① 《八旗通志》卷 19，土田志二，第 339 页，东北师范大学出版社 1986 年版。

② 《八旗通志》卷 29，兵制四，第 550 页，东北师范大学出版社 1986 年版。

上面我们谈了八旗文学能够产生的种种原因和条件，下面从其自身发展的特点，简略论述一下八旗文学能够独立存在的理由及其价值。

说到八旗文学的独立性，我们不能不注意到这样一种事实，即八旗文学是在学习汉族文学的基础上发展起来的，它表现了中华民族文学乃至文化的融合性；但是我们也不能不注意另外一种事实，即八旗文学并没有成为汉族文学的附庸，它是借助汉族文学形式在八旗文化土壤上成长起来的文学，并对汉族文学的形式和艺术手法有所发展创造，从这个角度看，它又体现了中华民族文学的多样性。

八旗文学的独特性具体表现在这样几个方面：

——在文学形式上，八旗文学中出现了翻译文学，即以满文翻译汉文作品，这也是一种文学的再创作活动。其中的样式有三种，一种是全部用满文进行翻译，一种是满汉兼，一种是满汉合璧。

八旗作家创造了“子弟书”这种新的演唱形式，并创作了大量的“子弟书唱本”。这些唱本，一些是由八旗满洲作家创作的，还有不少是由八旗汉军作家创作的，其中很多作品直接表现了旗人的生活内容和思想感情。

八旗作家还开创用满文创作文赋予诗歌的先例。

——在作品内容与思想感情上，八旗文学表现出了与汉族文学比较显著的差别。

八旗文学的作品内容，在很多方面与汉人作品不同，此处可略举数例，如八旗作家依据他们身份地位之不同，从不同的侧面描写了旗人的社会生活和个人生活，而这种内容非有旗人之经历不能写出，曹雪芹之撰《红楼梦》就是典型的一例，其他如文康的《儿女英雄传》则又是一例，这类作品未能出自民人笔下，绝非偶然。

八旗文学的作品内容在其他方面也有独特的表现。比如他们喜欢描写边疆的风光景物，尤其是对东北的风土人情描写非常用力，与汉人到边疆后产生的离乡之苦形成鲜明的对照。他们热衷于对八旗武功战绩的歌颂，表现出强烈的旗人意识，与汉人在清初的家国沦亡之感有明显的不同。如此等等。

——在审美情趣和艺术风格上，由于八旗满洲、八旗蒙古民族性格质朴豪放，八旗汉军也多为世居辽东之人，性格与之相近，故其诗文作品，或雄浑刚健，或清旷疏放。以诗歌而论，在诗坛上形成了以旗人诗家为主的“北方诗派”，很少有浓艳靡软之作，为清代诗歌之发展别开了一种生面。

以上种种，虽仅粗略论述，然已足可证明“八旗文学”确实存在，并有相当重要的研究价值。如果我们将“八旗文学”研究得更为系统和透彻，那么对研究和认识清代文学、中国文学，甚至民族文学的相互关系，都会更有帮助。

八旗诗歌的主要风格及形成原因

八旗诗坛从顺治朝崛起，于康熙朝兴盛，至乾隆朝而繁荣，在清代诗坛上以雄富的才力和超迈的气概自成一队，既显名于当时，又影响于后世，成为中国诗坛上一支不可取代的生力军。

八旗诗歌之所以能取得辉煌的成就，并对丰富和繁荣清代诗坛作出贡献，与其具有独特的风格有着直接的关系。

有清一代，八旗诗人几近千家，如此庞大的诗人队伍，当然会在风格上有所不同，随着时代的变化和诗人经历的差别，以及他们对前代诗人不同的偏爱、不同的艺术追求，他们的诗歌在艺术风格上也各呈异彩。或以魏晋为宗，或以唐诗为重，或以宋诗为尊。魏、晋之间又有建安、太康之别，唐诗中也有初、盛、中、晚之分，宋诗中亦有北宋、南宋之不同，八旗诗人博采众长，各衷一是。细细品味，前代各个时期的诗派诗风在八旗诗坛中都有所体现。然而他们学习前人，并非邯郸学步，随踵而立，很少有刻意摹时之病，多半是取之于彼，而用之于我，以前人之艺术手法，再现八旗之精神风貌。加之八旗诗人在整个清代所处的政治地位、经济生活和思想、文化环境具有相对的独立性，在客观环境和主观意识上与汉人有鲜明的界限，所以八旗写诗虽然学习汉人，但是由于文化背景与思想意识有别于汉人，以至其诗歌从内容到风格与汉人都有所区别。从八旗诗人内部来看，他们生活在一致或者说相近的环境之中，尽管他们的诗歌在艺术风格上存在这样那样的不同，但是出于内在精神的一致性，使八旗诗歌在总体上形成了自身发展的主要倾向，也可以说是形成了诗歌艺术风格的主流，成为八旗诗歌的风格特点，这种风格特点是八旗特有的思想感情与其艺术表现方式的综合体，而不仅仅指单纯的艺术表现方式和手法。一般说来，文学风格的形成总是与作家的思想意识、感情追求和审美观念有最为直接的关系，是在这种种因素基础上形成的，是它们的外在表现，绝不是无本之木。所以作家在形成自己文学风格的时候，是以这些基本因素来规范的，绝不会游离于这些因素之外，毫无依据地形成一种文学风格。与汉人相比，八旗诗人在这方面有着相当大的一致性，他们的思想意识、感情追求和审美观念基本相同，八旗内部尽管在这些方面不可避免地存在不同程度上的差别，但是这种差别与他们同汉人之间的差别相比，就不显得那样突出了。

纵观八旗诗歌，可以明显地感觉到这些诗歌有一种鲜明的倾向，在整体上有一种突出的特点，这种倾向和特点即是八旗诗歌风格之所在。归纳起来，八旗诗歌的风格主要在雄浑豪放和清旷疏俊两个方面，多以坦荡磊落、高超刚隽之笔出之，抒发的感情也多与汉人有别。下面我们可以从尊奉不同诗派的八旗诗人的作品中，看到其极为相似的这种表现。

纳兰性德在诗歌上扬唐抑宋，他在《渌水亭杂识》中说："唐人诗宗风、骚，多比兴。宋诗比兴已少，明人诗皆赋也，便觉板腐少味。""唐人有寄托，故使事灵。后人无寄托，故使事板。"① 其《盛京》诗云："拔地蛟龙宅，当关虎豹城。山

① 纳兰性德：《通志堂集》卷18，《渌水亭杂识四》，第698页，上海古籍出版社1979年版。

连长白秀，江入混同清。庙社灵风肃，川原斗气横。煌煌开创业，万古此陪京。”他力主唐诗之风，用笔刚隽，不乏雄浑豪放之气魄。岳端赋诗推尊中唐孟郊、贾岛之寒瘦诗风，并选编《寒瘦集》刊印，其目的是“选是诗以自规”。然他的诗作于寒瘦之中乃透出雄浑豪放之气。《漠北》诗云：“落照大荒红，无林四望通。雁迷沉暮霭，犬误逐惊蓬。草秃人炊粪，天昏鬼哭风。他乡难作客，况是此乡中。”文昭学诗从唐之杜甫、王维、韦庄入手，然而他却常常能写出雄浑豪健的具有满族特色的诗歌来。《校猎行》云：“朔方健儿好驰骛，擒生日踏城南路。怒马当风势欲飞，耳立蹄驰不肯驻。长箭强弓身手热，一时杀尽平原兔。穿心贯腋血纵横，锦鞍倒挂纷无数。君不见，独孤信，会猎归来日已暮，侧帽驰马人争慕。”这类诗歌在八旗诗作中随处可见。汉军高其佩《题征南图》中云：“横探沸海掣长鲸，旋许开牙领百城。满眼青磷新战血，一隅赤子旧编氓。身当方岳为霖雨，手挽天河洗甲兵。”何溥的《送友》中云：“月上秦关频倚剑，风高瀚海正移军。”僖同格的《出塞》中云：“长林落日征云合，猎马嘶风怒不驯。”贵昌的《游猎》中云：“盘雕旋日下，怒马抱云飞。”伊福纳的《塞上词》中云：“牛羊散尽斜阳里，羌笛吹凉下古城。”永忠的《重为长剑篇，戏示臞仙兼以自嘲》中云：“男儿当作万夫豪，学书学剑真徒劳。”敦敏的《出关》中云：“黄沙空大漠，日暮一长哦。”莹川的《自题临榆关望海图小照》中云：“极天雪浪望无际，六合全归浩瀚中。渺渺蒲帆残照外，苍茫万里驾长风。”永理的《野草》中云：“牧马千群朝逐水，关门独树晚知风。”在这些雄浑豪放的诗句中，往往蕴涵着八旗统一全国的意气飞扬的自豪感。尤其令人惊叹的是，八旗妇女诗人中也不乏具有雄浑豪放风格的诗歌，与汉族妇女诗人多以浓艳娴雅见长相比，别具一格，反映出八旗诗人的总体精神。如纳兰氏的《鹰》一首云："劲风凛凛纵秋鹰，玉爪金眸正横行。原草初凋眼更疾，飞来一击鸟皆惊。"这首诗也可以说是八旗劲旅拔城破阵气势的写照。汉军高其佩之妻，亦汉军蔡毓荣女，世称季玉夫人者，其《九峰寺》有句云："赤手屠鲸千载事，白头归佛一生心。"《关锁岭》有句云："横盘石磴危通马，白裹云根倒看云。叱驭升平犹觉险，登临还忆旧将军。"汉军徐治都夫人，出身亦为汉军之许氏，《马上歌》云："快马轻刀夜斫营，健儿疾走寂无声。归来金镫齐敲响，不让须眉是此行。"这些诗也是八旗精神面貌之再现。从以上列举的诗人及其作品中我们可以发现，这些诗人尽管所处的时代不同，地位和经历不同，甚至各自尊崇的风格流派也不相同，但是他们却都能写出气势雄浑、慷慨豪壮的诗歌来，共同的思想基础成为形成这种诗风的主要原因，这种诗风也成为八旗诗歌的基调。

清旷沉着也是八旗诗歌风格的一大特色。在这类诗歌中，我们能够看到八旗诗人的另外一种精神风貌，领略到八旗诗人面对现实的态度和对人生的理解与追求，以及由此而产生的种种复杂的思想感情。而这些复杂的思想感情，无不与他们生活在八旗制度的环境中有关。也就是说他们的思想感情，是受八旗整体的政治、经济利益，以及个人在这方面的得失所制约的。因此与汉人同类的诗作相比，八旗诗人的这类诗歌就有了特定的内涵。

如果说八旗诗人雄浑豪放的诗歌所表现出的精神面貌非常一致的话，那么清旷沉着的诗歌则根据不同的诗人表现出不同的思想感情，但是这些不同的思想感情并没有超出八旗的总体思想之外，正是这些种种不同的思想感情才从不同的角度和不同的方面汇集成八旗的基本精神，反映出八旗的基本面貌。

从清初到清末，八旗中这种风格的诗作很多，难以一一例举，仅用以下诗句引证。高塞是八旗入关后最先出现的诗人中的一个，其《秋怀》中云：“终朝正兀坐，何处可招寻？极目辽天阔，幽怀秋水深。浮云窥往事，皎月对闲心。兴到一尊酒，沈酣据玉琴。”高塞是皇太极第六子，面对争夺皇位，福临登基的现实，他采取了远身避祸的态度，长期在医巫闾山吟诗作画。这首诗表现的思想感情似乎与八旗初入关时的雄壮气势不相协调，但却真实地反映了这位皇子对皇族内部的斗争以及对个人处境的态度，这种态度也是作为八旗人的皇族所特有的一种表现。岳端虽不是皇室成员，但也是皇族，康熙朝被革除爵位，心中多怀不满，诗中则多有超然出世之想。他最有名的诗作是《春郊晚眺》，其中有句云：“西岭生云将作雨，东风无力不飞花”，因而时称“东风居士”，这首诗的基调与高塞的《秋怀》甚相近似。博尔都袭封辅国将军，却无实职，虽怀壮心，无所施展，不免时感凄凉。《雨后坐闲园》中云：“密树含风冷，归云裹日斜”，《东皋野望》中云：“野色浸衣冷，溪声入户喧”，《东皋秋夜》中云：“窗前败叶随风舞，篱外寒流带月明”，这些诗句都具有清旷而又沉着的风格，透露了这位宗室诗人对自己处境的感触。恒仁是英亲王阿济格四世孙，然一生未得重用，在清中叶宗室的政治、经济地位分化之际，恒仁的心境是可以想见的。其《枫叶》一首云：“离离一树晚枫垂，摇落天教独后时。冷到吴江人去远，秋生秦塞雁来迟。暮烟疏雨偏多感，绿树青山未足奇。得句寒林休觅纸，径须拾叶一题之。”《月夜对菊》中云：“依然经雨色，好在傲霜枝。明月篱边影，何人独尔思。”《赋得梧桐月向怀中照》中云：“高梧澹疏影，一树月明中。秋色经时老，寒光入夜通。”这些诗均非单纯写景，诗人已将自己的心情与形象融入其中。

敦敏、敦诚兄弟是恒仁的侄辈，由于其祖阿济格于顺治时被赐死并削除宗籍，故其遭遇不佳。敦敏《雪中月》中云："烟散高空云敛藏，乾坤一望白茫茫。素花遥趁流辉远，皓魄寒侵冷艳光。"《古刹小憩》云："柳绕山门俯碧浔，松花一径野云深。近来颇厌新弦管，古刹禅龛听梵音。"敦诚《山月对酒》中云："四更寒吐秋山月，万壑涛生黄叶风。遥岭钟沉孤塔外，残灯人语夜厨中。"《夜景》一首云："东林一片月，西园满山雪。寒夜独自归，天地同皎洁。"以上所举都是清代宗室诗人的作品，尽管他们的经历不同，但他们的气质和诗风有许多相近之处，从一个角度显示了宗室诗人的感情追求和处世态度。

在其他八旗诗人中，也不乏这类风格的诗作。如卓奇图《题德芝麓画扇》云："野水平沙落日遥，半山红树影萧条。酒楼人倚孤尊坐，看我骑驴过板桥。"明泰《漫成》中云："余寒任在东风里，燕子来时不闭门。"图鞳布《山行遇雨》云："黄叶落不尽，荒凉蹊径微。乱山寒雨里，策蹇一人归。"汉军李锴《归雁》中云："高天残照下，万里一飞行。"《山月》中云："虚白开阴壑，清光寸寸生。人心不蒙昧，此月共分明。"伊麟《夜》中云："霜浓众叶白，月午四山明。"汉军陈景元《初秋》中云："远树流光深成火，悬崖凿壁野人家。"马长海《自题玉衡阁图》云："崦内林庐崦外溪，数峰青影压篱低。水沈一炷闲无事，人在宁堂扫燕泥。"汉军甘道渊《蓟门怀古》中云："千里风云扫，三齐草木衰。"福璐《晚入辉山过莲花泊月夜登向阳寺》云："落日散残红，拂面晚风爽。众鸟各飞还，幽人偶独往。"伊汤安《秋桑》中云："鸡鸣隔巷生凉意，鸦乱疏林淡夕烟。"这些诗句都于清旷之中透露一种沉着的情感。

当然八旗诗人清旷一类的诗作也不都是表现对社会人生的感慨，有相当一部分是反映他们内心的平稳宁静，以及对大自然风光景物的独特领会，从另一侧面显示出八旗人的精神与气质。如文明《雪霁后得发细泉》中云：“一缕流泉寒浦雪，半竿落日远云天。”塞尔登的《留村道晚归》中云：“苍茫老树接天根，风紧郊原暝色昏。”和素的《春风》中云：“晴日游丝袅，轻帆远岸移。”伊福纳的《塞上词》中云：“大野茫茫草树平，湿烟千帐雨初晴。”马长海的《登吴山》中云：“山云开晚照，江雨宿残红。”《柳泉》中云：“寒泉石壁间，古柳秋云冷。”鄂容安的《重过医巫闾山》中云：“林僻空山影，沙明见虎踪。”舒瞻的《野泊》中云：“荻苇萧萧野岸秋，满天风雨客停舟。”弘旿的《自题山水画册》中云：“水亭苍莽隔烟霞，淡淡孤村处士家。”和邦额的《泊江村》中云：“淡烟迷古渡，骤雨乱春波。”

以上我们所归纳的八旗诗歌的风格特点，是就其主要倾向其言，这种诗歌风格不仅代表了八旗诗歌风格的主流，而且最能表现他们的内在民族精神和八旗在整体利益上的一致性。下面我们对八旗诗歌形成这样风格的主要原因，简述如下。

第一，共同的政治、经济利益因素。八旗是以满、蒙、汉为主体的一种政治、军事、社会、生产相结合的社会组织，其中满族起着决定性的作用和影响。在满、蒙、汉八旗中，八旗满洲最先建立并且成为八旗的中坚和核心。八旗的作用首先表现在政治上，作为一个新兴的社会集团，它的目标是发展壮大自身力量的同时，取代明朝进而统一全国。在八旗制度逐渐形成的时候，这一目标已经被明确认识到了，而八旗满洲最先成为实现这一目标的基础力量，对于这一点，八旗满洲是充分感觉到了的。八旗蒙古和八旗汉军的建立，从政治上来说是为实现这一目标服务的，他们与八旗满洲一起生活于共同的政治环境之中。他们唯一的出路是与八旗满洲一起发展壮大，并取得政治、军事上的胜利。在长期共同生活、战斗的过程中，八旗满洲所要实现的政治目标，也就成为八旗蒙古和八旗汉军的政治目标了，他们成为八旗制度中不可分割的一部分。在与明朝作战的过程中，他们也与八旗满洲一样冲锋陷阵，得到了前所未有的政治和经济利益，这种既得利益与政治目标的结合，更使满、蒙、汉八旗成为一个牢固的政治、军事团体。这种政治、经济利益上的一致，促使他们内部形成了独特的政治关系。这种政治关系所产生的力量，甚至打破了由于民族不同所存在的隔膜，一荣俱荣的现实，使他们的思想感情逐渐贴近。尤其是在对八旗的发展壮大和对明朝作战胜利方面，他们的认识和思想感情是相当一致的。这感情表现在诗歌上，就形成了或者雄放、或者清旷的风格，充分体现出他们对在政治、军事上所取得的胜利而产生的兴奋与骄傲心理。

第二，浓郁的民族意识的制约因素。在八旗中满族起着中心和主导的作用，满族的形成又可以说与八旗制度的建立有着极为密切的关系。努尔哈赤起兵后，开始了征抚女真各部的行动，经过皇太极的努力，原来处于分散和争斗状态下的女真各部被统一起来，并将他们纳入严密的八旗制度之中。1635 年皇太极定族名为“满洲”，“女真”的称呼不再被沿用。对于以往的女真人来说，这是一个重大的变化，自此以后他们对自己有了新的认识。共同的语言、习俗以及共同的经济、文化生活等等成为他们天然的内在联系的纽带，而在八旗中的共同的政治和经济利益，则使这种联系更为密切。同时，满洲又是在与明朝的对抗过程中形成和壮大的，外部的压力增强了他们内部的凝聚力，更使他们深刻感觉到自身作为一个民族存在的意义。所以，“满洲”从她诞生之日起，就具有共同的民族心理和强烈的民族自我意识。满族作为一个新生的民族，在各个方面都处于上升的状态，入主中原、统一全国，使她一跃成为中国的统治民族，民族的发展与政治、军事上的胜利，以及经济地位的提高同步实现。在这一过程中，满族切身感觉到了自身的强大。在这种情况下，一个民族是不会不产生民族自豪感和民族自信心的，这种民族自豪感和民族自信心反映在诗歌上的时候，必然会形成雄放的风格。

作为八旗成员的蒙古和汉军，虽然没有被皇太极纳入“满洲”的范围内，但是他们在与八旗满洲长期共同生活、并肩战斗的过程中相互影响，与汉人所处的政治、经济环境以及各种待遇方面截然不同，同样是组成和维系八旗的基本力量，旗人和民人的区别使他们在心理和感情上更倾向于满族。对于八旗所取得的胜利，他们同样感到骄傲和自豪，故而他们的诗歌在内容和风格上与八旗满洲诗人基本一致，表现以满族为主的八旗总体的民族气概和民族精神。

第三，民族文化传统的制约因素。一个民族的文化传统是经过千百年演变和发展才形成的，具有鲜明的个性，集中体现了这一民族的民族性格、心理意识，以及他们对自身的认识和对外界事物的理解方式。满族的先人自古以来生活在东北的高山大岭和辽阔广袤的平原之中，严峻的生活环境和长期的渔猎生活，塑造了他们粗犷豪放的性格。这种性格与生活在秀丽江南的民族相比，形成了鲜明对照。在这种性格的基础上，满人在吸取汉文化的初期，《三国演义》成为他们最先选择，也最为喜爱的读物，位于“五虎将”之首的关羽，逐渐演变成为他们顶礼膜拜的神灵。这种自觉不自觉地崇拜以勇武著称的关羽的事实，反映出满族粗犷豪放性格中的尚武精神。而这种尚武精神主要还是来源于他们的生活环境和民族性格，因此在八旗入关之后，京师和各地的八旗驻防无不建有关帝庙。满族文化的特征，除了坚持固有的民族习俗之外，集中体现在“国语骑射”方面。这一特征被清朝历代皇帝所坚持和强调，故文人习武在满人中成为风气，同时满族中也有众多的武将善作诗文，袁枚在《随园诗话补遗》中就说：“近日满洲风雅，远胜汉人，虽司军旅，无不能诗。”① 文人习武和武将习文的现象，都说明满人在保持民族性格和民族特征方面，继承了他们的民族文化传统，他们也正是在这个基础上进行诗歌写作的。因此他们的诗歌很少像汉人的作品那样纤巧浓艳，而多以雄放、清旷的面貌出现，即使题材很小的作品，也多是如此。

八旗蒙古和八旗汉军就其文化传统来看与八旗满洲不尽相同，但是他们也都长期生活在北方的荒原峻岭之中，其性格也是以粗犷豪放为主调，在八旗中的共同生活也使他们之间相互影响，思想文化的相互渗透，使他们在用诗歌表达情感的时候在总体上趋于一致，同时也使他们的风格极为接近。

第四，对以往诗歌风格的选择和追求因素。基于以上所谈的三种因素，八旗诗人在登上诗坛的时候，面对异彩纷呈的汉族诗歌流派和风格，自觉不自觉地进行了选择。对魏晋南北朝的诗歌，他们比较喜爱阮籍和陶渊明的风格，而不喜欢齐梁和太康诗人的风格。对于唐代诗歌，他们对开元天宝间诗人和李白、杜甫、孟郊、贾岛一类诗人感兴趣，而很少有追随李商隐、温庭筠风格的诗人。对于宋诗，他们多重视苏轼和江西诗派，而对江湖诗派却从不涉足。从他们喜爱的诗人和诗歌风格来看，主要还是雄放和清旷的格调，这是八旗诗人的一种必然

---

① 袁枚：《随园诗话补遗》卷7，第742页，人民文学出版社1960年版。

选择。

但是八旗诗人的这种选择，并不出于模仿的目的，而是由于这种诗歌风格适合于他们抒发内心的种种情感，他们在诗歌中表现出的独特的八旗人的生活态度和思想感情，使他们的诗风与前代诗风的内涵已不完全雷同，他们的雄放和清旷表现的是八旗诗人的胸怀和性格，是八旗诗人对种种物象的认识和反映，是汉族诗人所不能代替的。这种内容和风格的统一，便成为八旗诗歌风格的独特之处。另外，八旗诗歌风格的形成也与他们的诗论主张相一致。他们的诗论主张最核心的部分是强调"真实"，如乾隆朝极有影响的诗人铁保和法式善即是如此。铁保在《续刻梅庵诗钞自序》中即强调诗应"随时随地，语语纪实"①，"语不雷同，愈真愈妙"。这种力主真实的诗论观点，便成为八旗诗歌风格的理论依托，使八旗诗人在真切地描述自身感受的时候，逐渐形成了具有特色的八旗诗风。

第五，八旗诗坛及清代诗坛对八旗诗歌风格的认识因素。八旗诗歌在康熙朝已经是成绩斐然，自成一队，八旗人对这种现象也有了自身认识。康熙间宗室玛尔浑就曾辑宗室人诗编为《宸襟集》。宗室文昭也辑宗室诗人二十八家编为《宸萼集》。乾、嘉间八旗诗坛已蔚为大观，铁保编辑了共134卷的八旗诗歌总集《熙朝雅颂集》。晚清之际，汉军杨钟羲撰写了《雪桥诗话》，记述了自清初至清末为数众多的八旗诗人及其作品。这些书籍的出现，表现八旗诗人对他们的诗歌成就有相当深刻的认识，并相当地重视。他们选诗和论诗的重点，在内容的表现上注重真实，在风格上则以雄放、清旷为主。《熙朝雅颂集》是铁保在《白山诗介》的基础上扩展而成的，他于《白

① 铁保：《惟清斋全集》·梅庵诗钞自序，石经堂刻本，道光二年刊。

山诗介自序》中说："读是集者，怀前辈典型，战伐之余，不废歌咏；从政之暇，抒写性情，不必沾沾于章句，而自有卓荦不可磨灭之气流露天壤。可以兴，可以观，争自策励，以勉副我国家作人右文之盛。余于此，有厚望焉。"① 这里他指出了八旗诗歌之价值在于朴实真切，而不追求辞章华丽，可谓中肯之论。

综上所述，我们可以看出八旗诗歌在清代诗坛上的确形成了自身的风格，这种风格的形成并非偶然，有着种种必然的因素制约着。就以上所列出的因素也仅是举其大凡，还有一些其他因素并未详论，如他们对诗歌功用的认识，对汉族诗坛崇尚"绮靡"的态度，以及他们特有的审美情趣等等，这些因素也都是影响他们诗歌风格的重要原因。另外，我们这里说的八旗诗歌风格，仅以其主流而论，并非否认八旗诗人还有典雅、沉郁、凄婉、浓艳一类的诗作，然而这类作品多反映的是不同境遇的诗人的个性。以清代八旗之总体精神风貌而论，其诗歌似仍以雄放、清旷更能表现其共性，此即本文论述意图之所在。

① 铁保：《惟清斋全集》·梅庵诗钞自序，石经堂刻本，道光二年刊。

满族文化研究百年

自20世纪以来，满族文化研究不断发展，到了20世纪末已经形成了相当的规模。满族文化研究的逐渐兴盛，推进了满学研究的繁荣，也使满学内涵更加清晰，体系更加完备，为满学在20世纪末成为一门显学起了促进作用。

对满族文化的研究，实际上起步很早，比如顺康间的王士禛在《居易录》中就提出了“满洲文学”这个新的概念。他评价满族诗人鄂貌图是“满洲文学之开，实自公始”的人物，从而将“满洲文学”同其他民族文学区别开来。满洲文学的实际存在和人们对它的明确认识，不仅使满族文学研究的开展成为可能，而且一直处于发展状态之中。在这种情况下，对满族文化其他方面的研究也相继开展起来。到了20世纪末，满族文化研究已形成了较为科学的体系。

纵观百年来的满族文化研究，其发展历程大致可分为四个阶段，即1900—1929年为第一阶段，1930—1948年为第二阶段，1949—1978年为第三阶段，1979—2000年为第四阶段。

从理性角度分析，前三个阶段处于现代满族文化研究的奠基期和始兴期，这主要表现在这三个阶段中虽然取得了一些研究成果，但总体上缺乏系统性、深刻性和理论的思辨性。第四个阶段是满族文化研究的繁荣期，这个阶段虽然只有20年，然而却陆续出现了一些重要的总结性的成果。同时专业研究人员迅速增多，甚至出现了许多专职科研人员，从而加速了成果整理的广度和理论研究的力度，这时期的研究也就更具有了现代学科的模式。

百年来的满族文化研究情况表明，在经历了奠基期、始兴期和繁荣期后，21 世纪必将出现满族文化研究的兴盛期，这也正是我们所期待的。

一、第一阶段的满族文化研究（1900—1929）

满族文化自有其民族特色，自满族入关之后，满族更为广泛深入地接触到了其他民族文化，尤其是汉族的文化，真正意义上的满族文人阶层开始出现，并且人数越来越多，随着文化积淀的不断深厚，满族文化成果也越来越丰富，其影响也越来越大，故而受到人们特别的注意，对满族文化的研究也随之产生并逐渐发展。

至本世纪初，清朝政权已摇摇欲坠，但满族文化已形成了自己的体系和相当的规模，学术界尤其是学术界的八旗文人，大概是既有感于八旗在政治上的衰落，又有感于满族文化以往的繁荣与今日的式微，对满族的文化成果给予了异常的关注。1900 年以来出现了一些至今看来仍很有价值的学术成果，其中主要有如下数种。

一种为资料性成果，代表作是第一部八旗文章总集《八旗文经》。《八旗文经》刊刻于 1901 年，1902 年完工。选辑者为镶白旗满洲盛昱与正黄旗汉军杨钟羲。盛昱为进士出身，官国子监祭酒，他“于学无所不窥”，“文誉海内”，是晚清一位著名学者。杨钟羲原属满洲旗人，与盛昱为表亲，也是清末民初著名的学者。他们有感于晚清以来八旗文风日衰，“人与文遂分而不可复合”局面的出现，“为述八旗文运盛衰之故”，以是书“光我桑梓”，又取“文章经国之大业”① 之意，定名为“八旗文经”。由此可见，他们选编此书的用意很深远，不仅仅是为宣扬八旗文学之成就，更是为重振民族精神和八旗文学精神。

《八旗文经》共60卷，其中选文57卷，作者考3卷、叙录1卷。共选入赋、论、序、跋、奏议、书信、记、碑、颂、传、连珠等各体文章600余篇，作者197人。

此书有如下成就与影响。其一，选文按文体排列，总览之可见八旗在各类文体中均有上佳表现，以此可知八旗文学繁盛。其二，在各类文体中，作家作品的排列顺序基本以年代先后，观之可知此种文体发展之脉络。其三，八旗中著名作家作品大多收录其中，全书基本反映出八旗在文学方面所取得的成就与概貌。其四，此书将八旗中满洲、蒙古、汉军视为一体，而以满洲为主。既反映出八旗的整体性，又突出了满洲的核心作用，可引起人们对八旗文学之外意义的思考。其五，此书附有作者考3卷，较为翔实地记述了作者的先世、旗籍、经历、官职、功绩及他们的文学作品和诗文集。对于研究了解满族文学乃至八旗文学，提供了可靠的资料。其六，是书之选编刊刻，虽在形式上为一部八旗文章总集，而实际上刻画了八旗文学发展的轨迹，表明了八旗文学在各个阶段发展状况以及所取得的成就。从以上所言来看，《八旗文经》不仅具有史料的作用，也是一部具有相当分量的文学成果，对以后的满族文学乃至八旗文学研究，起到了重要的启示和参考作用。

另一种是笔记类成果，这方面的代表是旗人所写的《天

① 盛昱、杨钟羲：《八旗文经》卷60，叙录，第479页，辽沈书社1988年版。

咫偶闻》和《雪桥诗话》。

《天咫偶闻》刻于1907年，成稿于1903年。作者震钧，瓜尔佳氏，满洲人。震钧博学，有著作十余种。

震钧祖上于后金天命二年（1617）归附努尔哈赤，其家族居沈阳30年，居京城250年，历12世，为满洲仕宦旧族。他本人历咸丰、同治、光绪、宣统四朝，民国九年（1920）去世。这种家世和个人经历使他谙熟满族文化，同时又有感于京师经历了“庚申之役”“甲申之役”“甲午战争”“庚子之变”，京城已“华屋荡为邱墟”，昔日之繁华荡然无存，为“使后人欲睹承平面目”，①他编写了这部《天咫偶闻》，其中以记八旗之人与事最详。

如书中有《满洲婚祭礼合仪礼考》一文，详细记录了满族家庭跳神、背灯、换索、祭天的程式、祭品、用具等等。在文化尤其是文学和艺术方面，此书记载的资料最为丰富。如卷3中记同治初京师旗人结“探骊吟社”，结集为《日下联吟集》，并记录了收入集中26人的姓名，由此可见晚清满族诗坛之盛况。卷5中载《八旗通志书目》之外的旗人著作500余种，可谓洋洋大观。又以记晚清满族文学家为最详细，对宝廷、志润、宗韶、遐龄、英瑞、文海、续廉、宝鋆、志锐等均有介绍。卷4中载20多位八旗妇女诗人事迹及其诗作。卷5中载多是身为布衣的“八旗高尚之士”10余人及其诗作。

在书画方面，此书对八旗书画名家的记载也较详备。如卷5中载如山“书画冠当代”。其他“铮铮有声”者，如黑蔼、赫奕、莽鹄立、高其佩、李世倬、唐岱、音布、图清格、鄂容安、阿尔稗、傅雯、瑛宝、玉辂、鄂云布、德敏等数十人，皆

① 震钧：《天咫偶闻》卷10，第224页，北京古籍出版社1982年版。

有记载。并录布颜图《画学心法》序一篇，可了解满人之画论主张及特点。其他记铁保书法为“八旗第一”，“书则最贵成邸及张天瓶”,[①] 由此可知满人在书法方面的成就及影响。又书中多有记满俗、节日之内容。记“子弟书”云，子弟书“始创于八旗子弟，其词雅训，其声和缓。有东城调、西城调之分。西城调尤缓而低，一韵萦纡良久。此等艺内城士夫从擅场，而瞽人其次也”[②]。今人研究子弟书者，几乎无不引用此段记述。《天咫偶闻》一书是晚清满族社会和文化的缩写，对今人研究满族文化颇多益处。

《雪桥诗话》有《雪桥诗话》12 卷、《雪桥诗话续集》8 卷、《雪桥诗话三集》12 卷、《雪桥诗话余集》8 卷，最早刊刻于 1913 年。作者是参与选辑《八旗文经》的杨钟羲。

杨钟羲身世在前面已略作介绍。他生于 1865 年，卒于 1939 年，进士出身，是近代著名的学者。他除与盛昱合编《八旗文经》以外，还著述并刊刻了 10 余种著作。其中《白山词介》收录八旗词人 50 余家，是第一部八旗词作总集，使八旗文学在诗、词、文方面都有总集出现。《白山词介》的选刻，对研究八旗词坛之成就影响多有帮助，也是研究八旗文学之必备的参考书。《雪桥诗话》共 4 集 40 卷，约百三十余万字，是极有参考价值的纪事体诗话，对它的评价历来很高。其价值与特色，缪荃孙在《雪桥诗话序》中已予以肯定，“此虽名诗话，固国朝之掌故书也。由采诗而及事实，由事实而详制度，详典礼。略于名大家，详于山林隐逸，尤详于满洲，直与刘京叔之《归潜志》，元遗山之《中州集》相埒。”[③] “尤详于

① 震钧：《天咫偶闻》卷 7，第 170 页，北京古籍出版社 1982 年版。

② 震钧：《天咫偶闻》卷 7，第 175 页，北京古籍出版社 1982 年版。

③ 杨钟羲：《雪桥诗话》缪荃孙序，北京古籍出版社 1989 年版。

满洲”是这部诗话的最突出特点，从古至今无出其右者。作者身为旗籍，以清朝遗民自居，别号圣遗居士，这种心理使他毕生都在搜集八旗文献，对八旗之文化尤其是文学成就尤为倾心，从他选辑《八旗文经》《白山词介》，刊刻八旗人著作，乃至前后用了十多年时间撰述《雪桥诗话》来看，无不基于这种思想。他在这方面执业之勤、成就之大，素为学界所公认。

《雪桥诗话》对研究总结八旗文学的成就与贡献在于，其一，收罗八旗诗人作品极为宏富，有些为《八旗艺文编目》所失载，如永忠之《延芬室集》，吉伦之《云水集》，廷玉之《苍雪斋稿》等等。其二，载录八旗诗人的作品数量多。八旗诗歌总集《熙朝雅颂集》仅录嘉庆初年之前去世之八旗人诗作，而《八旗艺文编目》仅载诗人别集名称与作者小传。此书不仅记载了许多八旗著名诗人及事迹，而且记录了许多鲜为人知的八旗诗人及事迹，有些虽片羽零缯，然弥足珍贵。其三，此书虽名为诗话，但却详于清代掌故，尤详于八旗掌故，可补正史之不足，可资研究八旗政治史、满族发展史、满族文化史、满族诗歌史之用。其四，此书大量记载了满汉民族关系、满汉文化关系、满汉文学关系的史料，对后人开展这方面的研究，提供了宝贵的历史资料。其五，作者采用“因人论诗，因诗及事”的笔法，持论客观平允，使人能见真貌，对读者认识清代文学及八旗文学多有裨益。

《雪桥诗话》因此而成为满学研究中的一部重要著作，对深入研究满族文学及至八旗文学作用更大。

除此之外，在这个阶段中还出现了其他一些有价值的著作。其中主要有震钧的《八旗诗媛小传》《八旗人著述存目》《国朝书人辑略》，李放的《八旗画录》《八旗书录》等。

在这个阶段，对满族文化的总结研究主要集中在文学和书画方面。这些著作的出现，为以后满族文化尤其是文学和艺术的研究奠定了基础，至今成为研究满族文化必备的参考书。

二、第二阶段的满族文化研究（1930—1948）

如果说第一阶段的满族文化研究主要是做了基础性的工作，而研究者又多是清朝满族遗民的话，那么第二阶段的研究则主要以对作家作品的个案研究为主了，研究的手段与方法与前期也有了很大不同。研究者除了中国学者之外，国外尤其是日本学者也加入了这个行列。

在此阶段出现了一些较有代表性的研究成果。

其一是张任政发表于国立北京大学 1930 年《国学季刊》第二卷第四号的《纳兰性德年谱》。

纳兰性德是清代著名的满族词人，在清代文坛上有着巨大的影响，著有《侧帽词》《饮水词》《通志堂集》。虽作品多有流传，但写作年代与其身世经历不甚清楚。张任政查阅大量资料、文集，写成《纳兰性德年谱》。全文分自序、年谱、后记、丛录、遗著考略、揆叙遗著考略、征引书目几部分。是书主要的成绩在于，其一，列出了纳兰性德家庭之世系。其二，列出了纳兰性德生年（顺治十二年）至卒年（康熙二十四年）每年之经历。第三，考证了《通志堂集》中大部分作品的写作年代。第四，详述了与其他文人交游的情况。第五，评价了纳兰性德词作的成就地位，论析了他的词作风格及产生的原因。此文征引的资料相当广泛而丰富，是系统研究纳兰性德最早的重要成果。

其二是侯堮于 1932 年发表于《燕京学报》第十二期上的《觉罗诗人永忠年谱》。

永忠是清中叶重要的宗室诗人，有作品《延芬室集》，长久以来很少有人注意到他。他的作品《延芬室集》一直未得到刊刻（1990 年方由上海古籍出版社刊印）。侯堮得其手稿而畅读，认为他的诗作成就当为宗室中一流水平，其诗多记交游及思想，为一般人所不易知者，在史料方面也多可补正史之疏漏与不足，故作永忠年谱。

永忠年谱除了系统整理了永忠创作经历、交游与艺术成就之外，特别注意到了当时环境对诗人的特殊影响，以及宗室中由此而产生的文艺思想，从较为科学的新角度给永忠以深入的论析。

此外，侯堮还在 1931 年的《燕京大学图书馆报》第九期上发表了《馆藏延芬室集稿本跋尾》和在《国立北平图书馆馆刊》第六卷第三号上发表了《熙朝雅颂集永忠诗跋》两文，介绍、评论了永忠的经历、创作情况以及纠正了一些资料的舛误之处，这些文章成为研究永忠及其作用的先导。

其三是日本人桥川时雄在 1931 年写的《满洲文学兴废考》。他写此书时已在中国生活了十多年，注意搜集文化典籍尤其是满族的文化典籍，并开展了一些调查活动，如他从《鸿雪因缘图记》的作者麟庆后人那里“抄写了他家藏的日记、家谱和一部分服官记录”。这部书的特点是：第一，从清初一直写到民国，有一定的系统性。第二，以记清末民初的作家为详细。这也许是外国人与本国人审视文坛的角度不同所致，许多在世的文人亦收入书中。如当时尚健在的杨钟羲、陈思、金毓黻、金梁等人皆是。第三，对一些重要作家如纳兰性德、法式善、铁保、盛昱、震钧、杨钟羲等作了重点介绍与评论。其不足处在于缺乏文学和学术的深刻思辨，体例粗糙而简陋，不过是对满族文学的简单介绍而已，但也应看到在此之前，尚无此类文章。

其四是1936年左右刻印的《八旗艺文编目》。《八旗艺文编目》作者为蒙古恩华。他在此书跋中说此书"草于癸酉（1933年），削稿于乙亥（1935年），丙子（1936年）录竟"①从中可知此书的成书年代，不过该书收录八旗作家一千多人，作品近两千部，非一日之功可得，开始搜集整理的年代应该更久远些。

《八旗艺文编目》是目前收录八旗作家作品目录最为丰富的著作。它所收录的八旗作家作品目录超过了《四库全书》《八旗通志·艺文志》《长白艺文志》《贩书偶记》等书中收录的八旗文学家数量。据关纪新的《八旗艺文编目检读札记》统计，该书收录八旗作家1035位，1779部作品目录，可谓洋洋大观。

《八旗艺文编目》的价值在于，第一，它是收录八旗作品目录最全的著作，从中可了解八旗文化之昌盛程度。读此编目，对八旗文化成就一目了然。第二，此编目将各种著作分为经、史、子、集四类，各方面情况清晰可见。而每类之下又按宗室、满洲、蒙古、汉军顺序排列，以及各种作家的著述情况。第三，此编目中以集部收录数目最多，显示出八旗对文学的喜爱，反映了八旗社会尚文风气的浓郁，对研究八旗文学提供了极为丰富的资料。第四，经、史、子诸类收录之作品目录，也很能反映八旗的文化状况及水平。如史部中之《皇清志纲要》《渤海国志》《蒙古源流》《西藏志》《异域风土记》《新疆回部志》，以及多种奏议、纪事，都成为展示八旗在这些方面取得成就的重要资料，从一个方面表现了八旗在文化领

① 恩华：《八旗艺文编目》跋，1936年铅印本。

域中涉猎的广泛性和独特性。第五，从编目中所列书目还可以看出清代满族吸收汉文化的广泛性与坚持本民族文化独特性的情况，从而反映出满族与汉族的文化关系。如经部中反映出满人对汉族的周易、礼记、尚书、诗经、左传、孝经等多有研究，且又有《清文左传》《清文孝经》《清文大学中庸》之类的书。在子部中既有《老子解》《校本抱朴子》一类的书，又有《满洲四礼孝》《满洲丧葬追远论》等纯为表现满族文化的著作。而《清文三国志》《清文聊斋志异》《清文西厢记》更突出地表现了满人对汉文学的喜爱程度，以及满汉两种文化的融洽关系。第六，编目中的书目之下均列作者小传，因此书收罗宏富，故所列作家较《八旗文经》更为广泛，对研究清代八旗文化之成就特点多有帮助。

其五是有关子弟书的整理研究开始出现。1935 年郑振铎编选出子弟书《东城调》和《西城调》，对子弟书的两大类别进行总结。而后 1948 年《文史杂志》六卷一期关德栋发表了《记满汉语混合的子弟书——螃蟹段儿》，对满汉语兼用的子弟书现象作了深入分析。

在这个阶段中，专业学者的介入使满族文化研究更加细微化，然而由于专注此方面研究的人数不多，故而研究成果不算丰富。尽管如此，这时期的研究成果却都很重要。

三、第三阶段的满族文化研究（1949—1978）

在这个阶段中，中国的满族文化研究并不活跃，国外也未将满族文化作为研究重点，因而成果也不很多。

有代表性的成果主要有以下数种。1954 年傅惜华编著《子弟书总目》，收子弟书 400 余种，共千数百部。1958 年莫东寅发表《清初满族的萨满教》。1962 年《文汇报》5 月 5 日发表夏承焘的《影印〈词人纳兰容若手简〉前言》和仲勉的《词人纳兰性德手简读后》。《光明日报》于1962年9月20日发表夏纬明文章《清代女词人顾太清》。在“红学”研究方面，1952年棠棣出版社出版俞平伯著《红楼梦研究》；1953年上海文艺出版社出版周汝昌著《红楼梦新证》；1957年作家出版社出版李希凡、蓝翎著《红楼梦评论集》；1959年人民文学出版社出版蒋和森著《红楼梦论稿》；1963年中华书局出版吴恩裕著《有关曹雪芹十种》等等一系列论文与著作。其中有些论文著作虽然也涉及八旗制度和旗人文化，但没有明确从满族文学角度来研究《红楼梦》（当然也有人认为它不属于满族文学）。直到1979年编写满族文学史时，才将这一问题提出，1992年周汝昌又在《满族研究》杂志上发表了《满学与红学》，更明确地将两者联系起来。

这期间还有台湾李学智于1955年发表了《清朝姓氏考》，庄吉发于1978年发表了《尼山萨满传》。苏联沃尔科娃于1961年发表《尼珊女萨满的传说》，此本影响很大，除俄文外，又有德文、英文、日文等文字本。1974年韩国成百仁发表《满洲萨满神歌》；1975年意大利乔瓦尼·斯达理发表《满族女萨满的故事》；1977年美国诺阿克、杜朗翻译《尼珊女萨满的故事》；1976年日本太田辰夫发表《满洲文学考》等等。

从这一时期的研究成果看，研究范畴和领域较为狭窄，选题较为分散。研究的理论深度较差，不过应该说沃尔科娃和太田辰夫的研究成果还是有重要表现的。沃尔科娃的研究引起了各国学者对《尼山萨满》的兴趣，并由此而加强了对这部传说的系统研究。太田辰夫对满族文学的研究，是继桥川时雄之后的又一成果，他在这一领域多少有一点孤军奋战的意味。

四、第四阶段的满族文化研究（1979—2000）

从 1979 年开始，满学研究包括满族文化研究进入了繁荣阶段。

1979 年春，中国文学规划工作会议和中国少数民族文学史编写工作会议召开，确定辽宁省承担编写《满族文学史》的任务。辽宁省组成了由领导与专家参与的编委会，由辽宁大学中文系具体组织撰写。为编写好此书，辽宁省民族事务委员会于 1979 年 12 月、1980 年 12 月、1982 年 7 月在沈阳三次举行了有全国文学界和史学界知名学者参加的“满族文学史学术讨论会”，这三次会议对推进满族文学研究乃至对推进满族文化研究，起到了极为重要的作用。后来的事实证明，当代的满族文化研究由此为发端，在数年之内便迅速发展了起来。

此时满族文化研究大致可分为两个时段，即 1979—1989 年为一段，1990—2000 年为一段。

（一）1979—1989 年的满族文化研究

此阶段以搜集、整理和个案研究为主要特征。

“满族文化”这一概念在以往并没有被明确提出，也未引起人们足够的重视，在当时甚至有人怀疑“满族文化”的存在。自从“满族文学”被提出并被确认后，满族文化的各个方面才引起人们的注意。在这种情况下，满族文化研究的首要工作是爬梳整理历史的与现实的外在表现及过去的种种成果。

在这种形势下，第一种明确标出“满族”字样的《满族文学研究》于 1982 年在沈阳由满族文学史编委会创办，开始了对满族作家作品的研究。

在《满族文学研究》创刊号上，发表了金启孮的《满族女词人顾太清和〈东海渔歌〉》、于植元的《新发现的奎照诗稿〈使青海草〉》、邓伟的《纳兰词的艺术风格和民族特色》、赵志辉的《〈儿女英雄传〉的民族特点及思想意义》、耿英的《子弟书初探》、舒乙的《老舍和满族文学及其他》、李燕光的《〈红楼梦〉作者曹雪芹是满洲旗人》、张发颖的《沈阳唐英及其剧作》等。在第二期上刊登了姜书阁的《论满族文学家纳兰性德和他的词》、朱眉叔的《评永忠和他的延芬室残稿》、关纪新的《试探老舍〈正红旗下〉的创作》、关德栋的《关于〈聊斋志异〉中的一支俗曲——读满文书札记之一》、赵展的《评价〈尼山萨满传〉》等。

1985 年，辽宁省民族研究所主办的《满族研究》创刊，其刊载的文章涵盖文学、史学、艺术、风俗、宗教、制度、语言等各个方面，不仅为满族文学研究，而且为满族历史文化研究的各个方面提供了学术阵地。在创刊号上，除了满族史方面的论文之外，发表了乌丙安的《满族神话探索》、金焘方的《满文诗〈盛京赋·颂词〉的艺术特色》、箫声的《昭梿与〈啸亭杂录〉》、赵润波的《满族民间音乐初探》、金启孮的《北京郊区的满族》、白希智的《沈城足球之始——踢形头》、姞妤的《话说旗袍》等等，内容包含了文学（包括民间文学）、音乐、宗教、风俗、体育等等方面。

而后不久，许多杂志也都开始注意发表满族文化研究方面的论文。如《民族文学研究》《满语研究》《社会科学辑刊》《辽宁大学学报》《四平民族研究》《承德师专学报》《黑龙江民族论丛》《北方民族》《中央民族大学学报》《吉林大学学报》《紫禁城》《文史知识》《浙江学刊》《学术丛刊》《内蒙古社会科学》等数十种期刊都刊登过满族文化研究方面的文章，满族文化研究很快成为学术界的热门课题，在这方面取得的众多成果，迅速被小说、戏剧、舞蹈、电影、电视所看好，一大批有关满族文化的文学艺术作品陆续出现，对深入开展满族文化研究起到了推波助澜的作用。

在这一时期对满族民间文学的搜集整理工作也全面展开。

1981年春风文艺出版社出版了中国民间文艺研究会所属辽宁、吉林、黑龙江三省分会搜集整理的《满族民间故事选》第一集，1985年出版了该故事集的第二集。两集共收满族民间故事近150篇，其中有代表性的如《天鹅仙女》《布库里雍顺》《女真定水》《童阿里阿哥》《牡丹江的传说》《天池》《白云格格》《白鹿额娘》《镜泊公主》等等。1983年上海文艺出版社出版了乌丙安等编选的《满族民间故事选》。1984年吉林人民出版社出版了富育光搜集整理的《七彩神火：满族民间传说故事》；春风文艺出版社出版了张其卓、董明整理的《满族三老人故事集》，共收满族民间故事120种。1985年北方文艺出版社出版了傅英仁整理的《满族神话故事》。1989年辽宁民族出版社出版了程书军、孟聪主编的《满族歌谣选》；还出版了博大公、季永海、赵志忠、白立元编辑的《满族民歌集》。前者收录146篇，后者收录183篇。与此同时，辽宁与河北的各满族聚居县和自治县，相继出版刊印了多种满族民间文学作品集。如辽宁省宽甸县印行了《满族歌谣集》，收录歌谣95首。另外如辽宁省本溪、桓仁、北镇、岫岩等县，也相继印行了满族民间故事和歌谣集。

在清代满族文学研究方面，除发表了数百篇学术论文之外，比较重要的成果还有1982年黄润华写的《试论满文翻译小说》。内容分为最早的满译小说、四大奇书的翻译、一批罕见小说的满译本、历史演义小说的满译本、最晚的满文刻本小说——《择翻聊斋志异》、满译小说的意义和跋共七个部分论述，这是当代以来最早关于翻译小说的论文。

1983 年，广东人民出版社出版了黄天骥著《纳兰性德和他的词》。将其生平、思想、创作情况结合时代背景，分为八个方面论述，这也是当代研究纳兰性德最早而有系统的著作。

1984 年广东人民出版社出版了冯统编的《饮水词》。作者广泛采撷，精审校订，收词共 348 首，是当时收纳兰词最多、最精确的版本。书后还收录了前人为纳兰词撰写的序跋，以及结记、评论、年谱等资料，对研究纳兰性德提供了宝贵的资料，同时也是纳兰性德研究的一项重要成果。

1984 年上海古籍出版社出版了关德栋、周中明选编的《子弟书丛钞》，共收子弟书 101 种，每篇之后均有说明和注释，编者在前言中肯定了子弟书“是道道地地来源于满族中、下层人民间的文艺”，并从五个方面评析了子弟书的积极健康的思想性，是这一时期子弟书研究的重要成果。

1986 年，宋德胤发表了《满族歌谣论》，对满族歌谣的形式、特点、内容进行了理性分析。1986 年，辽宁大学出版社出版了《满族论丛》，内收关于满族文学的论文 10 篇。其中有代表性的如朱眉叔的《奕赓》、董文成的《杰出的满族女诗人佟佳氏》、张佳生的《论纳兰性德诗的思想内容》、邓伟的《宗韶诗歌思想再论》等。

1987 年时代文艺出版社出版了张菊玲、关纪新、李红雨辑注的《清代满族作家诗词选》，共录 66 位作家的作品 301 首，从清初至清末有代表性的作家大多入选，概括了清代满族诗词的总貌和发展轨迹。书的前言对满族文学发展的经历、特点和成就，进行了详细论述。1987 年内蒙古人民出版社出版了乌拉熙春编著的《满族古神话》，共收三仙女、满洲的起源等九篇神话故事。每篇故事采用满汉文对照、罗马字转写、国际音标注音的方式排印，在形式和内容上很新颖。

1988 年辽宁人民出版社出版了于植元的《英和与奎照》，书中首次发表了奎照的作品《使青海草》，并介绍了两位作家的生平、思想和作品。

1989 年沈阳出版社出版了赵志辉、邓伟、马清福主编的《满族文学史》第一卷。此书共分六卷，是国家六五规划项目。1989 年延边大学出版社出版了马清福著《八旗诗论》。

在现代文学研究方面，1989 年辽宁人民出版社出版了关纪新编著的《满族现代文学艺术家传略》，介绍了满族人物共 104 位，给予他们文学和艺术成就以客观的评价，对了解现代满族文学家和艺术家多有帮助。

在满族艺术研究方面，也多有成果。

《满族研究》1986 年第 1 期刊登了李德撰《满族戏曲掠影》，第 3 期刊登了关世沅撰《关于满族篆书》。1987 年第 1 期刊登了李德撰《满族绘画探略》，第 3 期刊登了李德的《满族歌舞》。1989 年第 4 期刊登了宋瑛的《试谈满族民间音乐的辨析》和王纯信的《满族民间木雕》。其他期刊，如《故宫博物院院刊》《黑龙江民族论丛》《黑龙江艺术研究》等，也都刊登了不少这方面的论文。

在这个时期，满族社会风俗的研究也很有成就。

1981 年黑龙江人民出版社出版了金启孮著《满族的历史与生活：三家子调查报告》。全书分实物图、社会历史概览、满文满语、传说故事、资料五个部分。此书是作者对东北地区最有代表性的满族村进行全面调查后的成果，资料和研究价值都很高。

1985 年民族出版社出版了彭勃撰写的综合叙述满族的《满族》。同年 12 月，辽宁民族出版社出版了由王云英撰写的

《清代满族服饰》，这是第一部系统描述清代满族服饰的著作。该书附彩图 24 幅，内容分为“清代服饰与满族习俗”、“清代的民间服饰”、“清代的官服”三部分予以介绍，对满族服饰及其特点、作用进行了分析论述。

在满族社会与风俗方面，还有 1985 年辽宁人民出版社出版的《满族社会历史调查》，1986 年四川省社会科学院出版社出版的《四川省苗族傈僳族傣族白族满族社会历史调查》，1986 年天津科技出版社出版的吴正格编著《满汉全席》，1988 年华夏出版社出版庞长红著《中国满汉全席菜谱》，1989 年中国食品出版社出版的吴正格编著《清宫及满族菜点集粹》，1988 年黑龙江人民出版社出版的杨锡春著《满族风俗考》。

在满族家谱研究方面，1988 年辽宁人民出版社出版了第一部由李林主编的《满族家谱选》，同年辽宁民族出版社出版了李林等著《本溪县满族家谱研究》，从谱牒学角度对满族社会、宗教、文化、道德、人物进行了分析研究。

在 1989 年年底内蒙古大学出版社出版了金启孮的《北京郊区的满族》。其内容分为“营房中的满族”、“散居的满族”、“园寝附近的满族”三部分，对京郊满族的社会生活、社会关系、思想情感、道德风尚、民族习俗等方面做了生动的论述，是作者亲历亲见的真实史料。

在满族萨满教方面，在这一时期研究工作也开始启动。1985 年上海人民出版社出版了秋浦主编的《萨满教研究》，其中有研究满族萨满教的内容。富育光、孟慧英、王宏刚、郭淑云等人相继发表了一些研究论文。

富育光在《世界宗教研究》1987 年第 4 期上发表了《论萨满教的天穹观》。作者在多年实地调查的基础上，对萨满教的天穹观提出了个人看法，认为原始时期的天穹观是萨满教宗教思想的基础，文中引用了大量满族诸姓萨满神谕。另在《民族文学研究》1987年第3期上，发表了《满族灵禽崇拜祭俗与神话探考》。此文从满族灵禽崇拜的起因、形式、内涵及其民族文化特征角度，对这种崇拜与祭俗作了深入的探究。

这期间还出版了一部内容丰富的著作，即1989年三联书店出版了乌丙安著《神秘的萨满世界：中国原始文化根基》。

在综合方面，1989年华侨出版公司出版了滕绍箴著《清代八旗子弟》，全书十一章四十六节，全景式描写了八旗子弟在政治和文化方面的发展变化情况，以及他们的成就与弱点，采用史料极为丰富，是此书一大特点。

在国外，1985年意大利学者乔瓦尼·斯达理在威斯巴登出版了《三部未发表的满族史诗〈尼山萨满传〉手稿》，将藏于俄国圣彼得堡东方研究所的三部手稿发表，并附注释，不过并不是将它作为民间文学而是从语言、宗教角度进行研究的。

从以上介绍的论文、著作选题与研究内容看，这一时期满族文化研究的对象在外延上已经比以往更为扩大，举凡文学、书画、歌舞、音乐、风俗、宗教、体育、教育、家谱等等，都成为研究的对象与课题，而且对文人文化与民间文化同时开展了广泛的研究，这种现象在过去的满学研究中是不曾出现过的，它标志着世界满学研究尤其是中国的满学研究进入了繁荣的初期。而中国清学研究将满族用汉文创造的文化成果更广泛地纳入到满学领域的做法，对拓宽满学研究范围，深化满学的研究层次，无疑是一种重大的贡献。

鉴于这十年来满族文化研究所取得的丰硕成果，1989年10月辽宁省民族研究所主持召开了“中国首届满族文化研讨会”，意在总结十年的研究成果并促进满族文化研究各学科间的交流。这次会议国内外与会学者120余人，凡文学、史学、音乐、舞蹈、语言、风俗、书画、萨满教、建筑、宗谱等方面的学者均邀请与会，是满学研究有史以来第一次各学科学者的大聚会。这次会议对各学科学者相互吸收成果，开拓研究视野，深化研究的思路，都起到了非常重要的作用，它也因此成为当代满学研究的里程碑，并成为满学研究新阶段的开始。

（二）1990—2000 年的满族文化研究

此阶段以深化、系统研究为主要特征，同时增强了理论方面的思考。

在这个阶段，满族文化研究已逐渐走向成熟，无论从研究的对象、内容看，还是从研究的方式方法看，此时已较前一阶段有了很大变化，而且属于满族文化方面的论文和著作数量也在不断增加，形成了满族文化研究繁荣的局面。

从论文的情况看，在《满族研究》《满语研究》杂志以及其他十多种杂志上陆续刊登了大量有关满族文化方面的论文。

1992 年北京市社会科学院满学研究所出版了《满学研究》，在第一辑中，发表了马丁·嵇穆（德）的《满洲文学述略》、赵志辉的《满族文学纵横》、万依的《清代宫中的满族音乐》等等，台湾出版的《满族文化》亦刊登了有关满族文化方面的论文。而其他方面，如风俗、伦理、教育、医学、建筑、工艺、舞蹈等方面的论文，在其他刊物上也多有发表。

在对满族文化的整体研究方面，综合性内容的著作开始出现。

在这方面出版的第一部书是 1992 年辽宁民族出版社出版金启孮、张佳生主编的《满族历史与文化简编》。全书十六章，其中九章涉及满族文化，许多内容具有开拓性质，如“八旗姓氏和八旗人名”、“汉姓与 hala”、“清代满族教育”、

"满族对自然科学的贡献"等等。1997年辽宁民族出版社出版了赵展著《满族文化与宗教研究》。全书六章二十一节，主要内容为教育、文学、艺术、习俗和宗教信仰，内容广泛。1999年辽宁民族出版社出版了张佳生主编、何晓芳和关克笑副主编的《满族文化史》。全书十五章六十九节，分别从八旗制度、兵家谋略、法律制度、教育、科技、文字、文学、书画、音乐、舞蹈、民俗、萨满教、姓名、家谱、园林等方面，对满族文化进行了深入系统的论述，是第一部体系完整的满族文化史研究著作，被称为满学研究的里程碑。在民间文化研究方面，1990年吉林人民出版社出版了孟慧英著《满族民间文化论集》。书中收录了作者多篇著述，从不同的角度对满族民间文化进行了研究，其中许多资料来源于实地调查，故有较高的学术价值，对推进满族民间文化的研究起到了作用。

在满族语言与文化研究方面，赵阿平的《满语语义文化内涵探析》论文在《满语研究》1992年第2期、1993年第1期、1994年第1期、1994年第2期分四次刊载，作者运用文化语言学理论，从政治、经济、社会、信仰四个体系对满语中具有突出民族特点的部分词语的文化内涵进行了分析研究，进而揭示满语语义与满族历史文化的密切关系。这项成果是将满族语言与文化相结合研究的论文。其后，赵阿平的《满族语言与历史文化概论》于《满学研究》第六辑刊载，对满族语言与历史文化诸方面的关系、特征进行了系统、深入的探讨研究，从而揭示出满族语言与自然生态环境、物质经济文化、社会制度文化、宗教信仰文化、民族文化交往等方面的密切关系、特征及其满族语言中深蕴的民族文化内涵，提出了满族语言与文化研究的具体模式与理论方法，是对满族语言、历史、文化进行综合研究的成功探索。

在总结中国满学研究成果方面，1999 年民族出版社出版的阎崇年著《满学论集》中发表了《满学：正在兴起的国际性学科》和《中国满学研究五十年述评》，对当前的满学研究进行了全面评价，并从学科角度进行了理论阐述。

这一阶段满族作家文学研究成果显著。

在清代满族文学研究方面，1990 年中央民族学院出版社出版了张菊玲著《清代满族作家文学概论》。这是一部较为系统研究满族作家文学的著作。全书共设十六章五十三节，分别论述了满族作家文学发展历程与成就、特点，评述了纳兰性德、铁保、裕瑞、麟庆、顾太清等重要的满族作家。它是这一时期满族作家文学研究代表性成果之一。

1993 年辽宁民族出版社出版了张佳生著《清代满族诗词十论》。全书分十个方面论述满族诗词。不仅对满族诗歌和词的产生、发展作了系统描述，而且对它们的主要风格和民族特点作了深刻论析，是第一部清代满族诗词的专论之书。1997 年辽宁民族出版社又出版了张佳生著《独入佳境：满族宗室文学》一书，全书三十六节，分别论述了清代满族宗室有代表性的作家与作品，评析了他们在文学上的成就与特点、贡献，也是第一部专论满族宗室文学的著作。2000 年中国文联出版社出版了董文成主编，邓伟、张佳生任副主编的《清代满族文学史论》。全书分一二三编十三章，共四十九节，从总体上介绍评论了满族文学发展的轨迹、成就与影响，同时对满族文学研究的状况和发展趋势作了总结与预测。书后附有作者经多年搜集到的《传世清代满族文学书籍简目》，对了解、研究满族文学颇具参考作用。

在满族文学的整理和选集、评述方面，颇多成果。1990 年天津古籍出版社出版了陈桂英点校的《玉池生稿》。1992 年辽宁大学出版社出版了赵志辉、马清福、张佳生、李建堂四人点校的《熙朝雅颂集》。1993年辽沈书社出版了朱眉叔、黄岩伯、董文成、卜维义选注的《满族文学精华》，收录了127位作家的作品，对清代满族作家文学起到了简要总结之作用。1993年内蒙古人民出版社出版了王志民、王则远校注的《康熙诗词集注》，全书收康熙诗1135首，词12首，文论14篇，共63万字，其中校注45万言。1993年浙江古籍出版社出版了《蒙古东王府藏子弟书》。1994年国际文化出版公司也出版了由北京市民族古籍整理出版规划小组辑校的《清蒙古东王府子弟书》，内收子弟书297种。1994年天津古籍出版社出版了金启孮的《明善堂校笺》，收诗15卷、词3卷。1995年上海古籍出版社出版了张草纫的《纳兰词笺注》。1996年北京出版社出版了张秉戍的《纳兰词笺注》。2000年北京出版社出版了徐征等著《纳兰性德丛话》。

在当代满族作家研究方面，除了《满族研究》《民族文学研究》等杂志连续刊登了王度庐、老舍、端木蕻良等作家的研究文章之外，1993年鲁野、宁昶英主编了由辽宁民族出版社出版的《中国当代满族作家小传》。全书收录当代满族作家148位，分别介绍了他们的文学经历、主要作品与成就、影响，描绘出当代满族作家文学发展的概貌，也是对当代满族作家文学的一次总结。1996年辽宁民族出版社出版了由白长青、徐国伦编著的《中国当代文学研究资料：马加专集》，介绍了马加的生平与创作，收录了对马加作品的评论文章数十篇，是研究马加创作的重要成果与资料。1999年重庆出版社出版了关纪新著《老舍评传》。作者特别从满族历史与文化的角度，对老舍的创作经历、创作思想、创作成就进行了深入全面的评论，开辟了老舍研究的新视角。

在满族文论研究方面。1994 年中央民族大学出版社出版了王佑夫主编、李红雨和许征副主编的《清代满族诗学精华》。全书选注、评论了 36 篇满人文论，其中涉及诗、词、文、赋、小说、传奇各种文体，是对满族文论的一次初步总结。

这时期还有一些民间文学研究成果。其中比较重要的是 1991 年中央民族学院出版社出版季永海、赵志忠著《满族民间文学概论》。全书十章二十七节，主要内容包括神话、传说、故事、民歌、谚语、曲艺等。此书的出版，第一次对满族民间文学进行较为系统的整理研究。此外，1993 年辽宁民族出版社出版了赵志忠著《满谜研究》。《满谜》原为满文谜语，光绪年间本，作者对其进行了内容分类和形式方面的分类，并对其韵律特点进行了分析研究。比较珍贵的是，书后附有满、汉文对译及译文，并附《满谜》原文影印件，此书可为研究成果和资料性成果。1993 年春风文艺出版社出版了《满族民间故事选》。1999 年时代文艺出版社出版了由傅英仁讲述，宋和平、王松林整理的《东海窝集传》，全书分为三十回，15 万字，是一部流传久远、非常珍贵的民间长篇说部。1998 年由社会科学文献出版社出版的宋和平著《〈尼山萨满〉研究》，是一部学术水平很高的著作，是目前研究《尼山萨满》最为系统的一部著作。全书分为十部分，对其版本、历史性质、文学成就、与萨满教之关系、与民俗之关系等等，进行了深入研究，提出了一些个人新见。书中附有“海参崴本”译文，也独具价值。在国外，1992 年俄罗斯的圣彼得堡东方学中心学者科斯嘉·雅洪托夫整理了《尼山萨满传》，内含满文原文形译、俄文对译、注释四部分。

在满族社会与风俗方面，研究成果也很丰富。

1990年吉林出版社出版了韩耀旗、林乾著《清代满族风情》和金基浩、葛荫山主编的《满族研究文集》。1991年吉林文史出版社出版了尹郁山编著的《吉林满俗研究》，全书九章三十七节，分别介绍了吉林满族的生活、饮食、服饰、屯舍、交通、家族、祭祀、礼俗、文娱九个方面，叙述详细具体。1991年和1992年辽宁民族出版社先后出版了《丹东满族》中的岫岩专辑和凤城专辑，并出版了《丹东满族志》。1991年吉林人民出版社出版了由孙邦主编的《吉林满族》。辽宁民族出版社出版了姜相顺、佟悦、王俊编著的《辽滨塔满族家祭》，内收调查搜集到的沈阳新民市辽滨塔村保存的满族“祭仪大略”和“敬神图像”，并作阐释。1991年民族出版社出版王宏刚、富育光编著《满族风俗志》。辽宁人民出版社出版杨英杰著《清代满族风俗史》。1992年辽沈书社出版李林著《满族宗谱研究》。中国社会科学出版社出版滕绍箴著《清代八旗贤官》，全书八章三十一节。1993年吉林出版社出版王宏刚、金基浩著《满族民俗文化论》。内蒙古大学出版社出版佟靖仁著《内蒙古的满族》，对内蒙古满族的来源、分布、人口以及文化、经济情况作以介绍。1994年辽宁大学出版社出版宋德宣著《满族哲学思想研究》。广东人民出版社出版汪宗猷主编《广东满族志》。1995年上海交通大学出版社出版林苛步编著《满汉全席记略》。吉林文史出版社出版刘小萌著《满族的部落与国家》，全书四章十九节，考察论证了满族由部落到国家的历史过程及特点。1996年辽宁民族出版社出版王冬芳著《满族崛起中的女性》。辽宁古籍出版社出版了傅波、张德玉、赵维和著《满族家谱研究》，全书分十四部分，除五篇论析文章外，其余九篇都是对某一谱书如《爱新觉罗宗谱》《洪氏宗谱》《英氏宗谱》《那拉氏族谱》《瓜尔佳氏宗谱》的研究，这是近期家谱研究中较好的一部著作。1997 年辽海出版社出版了王云英著《再添秀色：满族官民服饰》，全书三十八节，系统介绍了满族服饰制度及服饰特点。商务印书馆出版了史禄国（俄）著、高丙中译《满族的社会组织：满族氏族组织研究》。1998 年北京图书馆出版社出版了刘小萌著《满族的社会与生活》，收录作者关于满族社会组织、政治及法律、八旗制度和文化方面的研究文章 25 篇，是作者多年的研究成果。1999 年抚顺市政协等单位编印了《抚顺满族民俗》。远方出版社出版了路地、赫乃炎著《一个满族家庭的变迁》，记述了现居辽宁省凤城赵氏满族家庭的百年变迁史。

满族萨满教研究成果突出。

1990 年辽宁大学出版社出版了富育光著《萨满教与神话》，此书的价值主要在首次披露了大量满族满教文化的资料，如《天宫大战》。并对种种资料进行了深入研究，提出了一些个人见解。同年吉林教育出版社出版了刘小萌、定宜庄著《萨满教与东北民族》。1991 年北京大学出版社出版了富育光、孟慧英著《满族萨满教研究》，全书九章三十二节，从萨满教的发展、祭祀、萨满、神偶、神谕、神器、萨满教观念、多神现象，以及对萨满教的思考等角度，对满族萨满教进行了阐析，其中大量资料得自于田野调查。1992 年吉林文史出版社出版了石光伟、刘厚生著《满族萨满跳神研究》，全书分三部分，分别为跳家神、放大神、祭天神。此书的价值在于译编了近百篇满语神辞，对萨满跳神作了全面系统的介绍，并在民族学、民俗学、语言学以及音乐、舞蹈方面展开了考释。1993 年社会科学文献出版社出版了宋和平译注的《满族萨满神歌译注》。此书搜集并译注了一些珍贵的萨满神歌，并对此进行了研究。1995 年辽宁人民出版社出版了姜相顺著《神秘的清宫萨满祭祀》，全书十一章四十二节。书中对清宫萨满祭祀的过程、仪式、用具、祝辞、地点，都作了详细介绍与论述，并附彩照17幅。同年辽宁人民出版社还出版了富育光、王宏刚著《萨满教女神》。此书非专论满族萨满教，而是论述了北方民族萨满信仰中的女神崇拜，资料丰富而论述深入。1999年辽宁民族出版社出版了刘桂腾著《满族萨满乐器研究》，这是第一部较为全面研究满族萨满乐器的书，它的价值不在于对乐器的描述，而在于从音乐角度对萨满乐器进行诠释。2000年吉林人民出版社出版了富育光的新著《满族萨满论》，对萨满的传承、职务、作用、地位等进行了全面论述。

在综合研究方面，1997年吉林人民出版社出版了由李治亭主编的《爱新觉罗家族全书》。全书分十册，其中六册涉及文化内容，如《家法礼仪》《诗词撷英》《文集述要》《书画揽胜》《养生妙法》《典迹备览》。

在其他方面也出现了一些成果。如体育方面，1990年河北教育出版社出版了杨清源、徐鸿昶著《塞北民族传统体育荟集》，收入满族传统和游艺项目59种。在建筑方面，1987年紫禁城出版社出版了姜相顺、佟悦著《盛京皇宫》。全面论述了今沈阳故宫的历史、建制、建筑风格、民族特点。沈阳故宫博物院院刊1996年第1期中，刊登了阎文儒的《沈阳故宫建筑考》、井晓光的《皇太极时期宫殿建筑特色探微》等一批文章。北京故宫博物院院刊也刊载了大量建筑、书画方面的论文。在艺术方面，1992年北方文艺出版社出版了王玫罡著《乾隆艺苑揽胜》，对乾隆《八旬万寿盛典》图进行了分解考释，图80幅、文80幅。对图中展示的内容，如清音会、唱连厢、道瓦喇、八角鼓、子弟书等等，都予以论述。1997年辽宁民族出版社出版了于岱岩、路地主编的《现代满族书画家传略》，共收书画家601位，介绍了他们的艺术道路、成就与特点，是收录现当代满族书画家最丰富的一部书。

另外，在近年出版的民族民间舞蹈集成中，搜集整理出大量满族民间和萨满舞蹈，尤其是广泛搜集整理了各地的满族秧歌的表演方式与特色，如20世纪90年代以来，春风文艺出版社就相继出版了《辽宁民族民间舞蹈集成》丹东卷、抚顺卷、盘锦卷等。与此同时，民族民间戏曲集成和音乐集成也相继发行，其中有众多关于满族的内容。此外，中央民族学院出版社1993年出版了关纪新主编、龚田夫副主编的《中国满族》画册，分为岁月编、风土编、艺苑编、人杰编、祈福编和附录六部分，共收珍贵照片205幅，是满族历史与文化的缩影。1996年辽宁民族出版社出版了于金兰著《中华旗袍》，分为旗袍的起源与发展、美观实用的旗袍、中华旗袍常见种类、旗袍审美漫谈四部分，收有各式旗袍彩照161幅，附录部分介绍了常见旗袍的30种剪裁方式，集审美与实用于一体。

小　　结

总结百年来的满族文化研究，大致有如下几个特点。

其一，研究者队伍逐渐发生了变化。在这百年之间，满学研究者，尤其是中国的满学研究队伍，从以清朝遗老逐渐变为现代专业学者，这在第一二三阶段表现得尤其突出，学者的参加，将满学研究特别是满族文化的研究逐渐带入了科学性较强的学科领域。到了第四个阶段，满族文化研究进入一个繁荣阶段，研究者不仅仅局限在学者的范围内，民族工作者、文艺工作者、民间文化人士、甚至一些作家，也都加入到了这个行列中来，而一些自然科学界的学者，如建筑领域，也出现了投入到满族建筑研究中来的倾向。这使以学者为主的研究队伍不仅在数量上迅速扩大，而且组成上更为丰富化，对推进满族文化研究广泛深入的发展，产生积极作用。

其二，在近百年的研究过程中，满学包括满族文化研究的概念逐渐明晰。在以往，满学的内涵界定有所局限，美国夏威夷大学陆西华博士 1989 年发表的《美国的满洲学》中的观点较有代表性。她认为：用满文作满洲研究之学，为满学。这也是国外学者较为一致的看法。但从中国近百年在满族文化方面的研究成果及研究情况来看，与这种看法有些区别。中国有些学者认为不论运用何种文字，只要是满族人创造的文化就是满族文化，而且它的下限也不仅仅局限于清代，可以延至当今乃至将来。对这种文化的研究，不必局限在仅将满文作为工具或对象，用其他文字亦无不可。诚然，满族语言文字的研究是满学研究的基础与手段，也是满学研究的标尺，但是其他方面和方法的研究也不可缺少。浩如烟海的满文档案文献存藏于中外各大图书馆、档案馆、博物馆中，被视为人类文化珍贵遗产。其内容包罗万象，丰富完备，是研究满学的第一手珍贵史料。充分利用满学史料研究满族历史文化，当是满学研究深入发展的标志。因此，满学研究的发展方向是语言、历史、文化广泛而综合的深层研究。

其三，满族文化研究的内容与对象，经历了一个由狭窄到广泛、由简单到复杂的过程。从近百年满族文化研究的情况看，1978 年以前，以整理文化成果和个案研究为主，而且满族文学研究的成果占主要部分。1978 年以后，虽然满族文学研究仍然有较多的成果，但是萨满教、音乐、舞蹈、书画、建筑、教育、体育、风俗、伦理等方面的研究也都渐次展开，民族文化关系研究已初露端倪。到了 20 世纪末，各方面的研究都达到了一定的规模，满学研究的内容对象逐渐明确和深入。

其四，满族文化的研究思路与观念逐渐成熟。在 1978 年以前，“满学”这个概念还未被研究者尤其是中国的研究者在理念的层面上所接受，因此研究者大多是从术业有专攻的本学科角度展开研究的，从民族（满族）视角开展研究的并不多见，故而在研究中多采用了传统学科如文学、史学的研究方法，这在满族文化研究方面尤其如此。而国外的研究则较少涉及文化的内容，多集中在历史、语言方面。

1978 年以后，随着人们对“民族”概念理解的愈加深刻，研究者对满族文化重视起来，以“满族”作为“文化”研究的出发点和归宿点，成为这项研究的基本思路。而从“满族”的民族性和特殊性角度展开深入的文化研究，也就成为这一时期满族文化研究的主要特征。

其五，近百年满族文化的研究状况预示着下个世纪满学研究以及满族文化研究的繁荣。从前面介绍的情况看，满族文化研究已经全面展开并取得了丰硕的成果。各方面的微观研究成果显著，宏观研究已经兴起并有一定成就。在下个世纪，系统的综合的宏观性研究将会成为研究的热点。而在 20 世纪开展较弱的满族文化与国内外其他民族文化的比较研究，以及现当代满族发展变化研究，在下个世纪也将兴起。与此同时，跨学科的研究也将成为方向。而研究观念与手段的更新，各领域如历史、语言、文化研究相互结合及其成果的相互交流与吸取，会推动满学研究向更为纵深广阔的方面发展，“满学”这一学科的学科体系与框架将会随之确立。

后　记

余初入此道之时，民族研究之风刚刚兴起，而满族研究尚处于起步阶段，有感于满族历史文化之丰富，然其研究尚未成系统，于是投身其中，几近三十年矣。

满族研究或称“满洲学”其内涵非常广泛。大体上说，可分为政治、经济、文化。从学科角度，则可分为军事、历史、语言、文学、民俗、艺术等等门类，故“满洲学”不是一个学科，而是一个领域。从目前中国学科分类和学者专业方向来看，以一人之力对“满洲学”之内容进行全方位研究是不可能之事，多于一二个方面为专攻对象，故满洲学之研究需要多学科的学者共同来完成。

在中国的民族中，满族的形成发展极具特殊性，这种特殊性表现在多方面。

“满洲”作为民族自称出现较晚，“满洲”之称出现于公元1635年，在此之前或称“女真”。从今天的视角来看，满洲还不能完全等同于女真，虽然满洲脱胎于女真，却在本质上有了诸多的变化。

从成员组成上看，到了明代，建州、海西两大部女真之范围较为清晰，然野人女真则不甚了了。而“满洲”自称出现之后，满洲之中已融入了部分蒙古人、汉人和朝鲜人，八旗内较为广泛的满蒙通婚与满汉通婚，更使满洲在血缘关系上复杂起来。自此以后满洲的组成成员，已经不能与以往之女真完全等同。从文化角度看，满洲文化与女真文化也不完全相同。满洲文化是在对女真文化继承和改良的基础上，吸收了汉族文化和蒙古族文化而形成的区别于女真文化的一种文化。这种文化兼容了女真文化、蒙古文化和汉文化的基本要素。比如它保存了女真传统的宗法制社会结构和生产生活方式，保存了传统的民族风俗和信仰习俗。但在满洲形成过程中，蒙古的社会政治制度以及语言、服饰、宗教等文化因素多被吸取，满蒙之联盟联姻更使蒙古文化渗透其中。对汉文化的吸收在满洲文化中也有鲜明表现，尤其是对汉族传统的儒家文化的吸收更具有自觉性，儒家的忠孝、等级和教育等思想和观念，都成为促进满洲文化丰富和发展的重要因素与动力。对孔子和关羽至高无上的崇拜，就是满洲文化对汉族文化吸收的典型反映。

女真文化之所以主动自觉吸取蒙古文化和汉文化，并衍变成为满洲文化，与女真文化的特性内涵有密切关系，也是女真文化能够发展成为满洲文化并能够统治中国近三百年之久的根源所在。

从文化类型上看，蒙古文化属于草原游牧文化类型，汉文化属于平原农耕文化类型。而从女真文化来看，在女真文化中兼具了游牧、渔猎和农耕三种文化因素，放养牛马，围猎采集和种植五谷，是女真人传统的生产方式。这种多元素的文化类型，决定了女真文化在密切接触蒙古文化和汉文化之际，便会具有更强的亲和力，这与蒙古的游牧文化和汉族的农耕文化的矛盾关系有所不同。中国历史上游牧文化与农耕文化长期的矛盾冲突与难以兼容性，从一个新的角度反证了女真文化能够兼容这两种文化的特殊性。正是女真文化在吸收和兼容了蒙古文化与汉文化之后形成的满洲文化，在游牧文化和农耕文化之间成为一座文化交往的桥梁，才使自古以来没有能彻底解决的不同类型民族文化冲突得到削弱，并使多种类型文化能够共存。

从满洲的民族意识角度看，也较女真民族意识发生了重大变化。满洲在形成过程中使分散的矛盾的女真各部形成为一个具有凝聚力的整体。在八旗制度制约与整合作用之下，民族的部落和部族意识逐渐减弱乃至消失。在新环境新条件下，民族整体意识、民族自我意识开始形成并逐渐强化，这与女真时期的民族意识已有了巨大的不同。

“满洲”的形成与八旗制度的存在相互作用。八旗制度建立之后，不仅促进了满洲这个民族的成熟，而且在八旗满洲、八旗蒙古、八旗汉军同时存在的条件环境下，八旗意识即旗人意识也开始萌生并最终形成。特别是在八旗入关之后，由于环境的变化，八旗的处境地位也与往日不同，旗人意识也因此而更加巩固。旗人意识、旗人观念的最终定型，应该是在乾隆二十一年（1756）八旗汉军被大规模出旗之后。被出旗之汉军多为入旗年代较晚之汉人，而绝大多数世居于辽东被称为“辽人”的汉军后裔则留在了八旗之内，经过精简之后，八旗之内多为“从龙入关”之子孙，由此八旗的整体观念不仅没有被削弱反而得到了加强。历代皇帝“八旗乃国家根本”的上谕，以及因年代久远而形成的八旗的现实关系，更使八旗意识和旗人观念深入人心。相同和相近的生产方式、生活环境与社会地位，以及逐渐融合的文化与观念，使八旗成为一个严密而独立存在的社会群体。这种超越民族界限而存在的社会集团，是在八旗制度之下实现的，《八旗通志》等官修史书的出现，也为这种现象的存在与形成原因作出了最好的说明。

八旗制度为满洲所独创，至清帝逊位，存在了长达三百年之久。

八旗是以满洲为核心，以八旗蒙古与八旗汉军为羽翼组成的等级森严、制度严密的社会群体。民族成分的多样性和管理方式的有序化，使八旗和八旗制度具有了多方面的独特性和不可取代性。这种独特性和不可取代性也就应该成为今天我们应该重视的问题。

“满洲”的诞生和八旗制度的创立在时间上相隔并不很远，那么“满洲”的形成也就不能不与八旗制度毫无关系了。

建州女真努尔哈赤起兵之后，最重要的目标是首先统一各部女真。在入关前的这段时间里，建州女真、海西女真和大部野人女真均被征服，并将大量人口迁徙至辽沈地区集中。女真人口的大量集中，为八旗制度的建立创造了基本条件，这些人也成为八旗满洲的主体。而随之对蒙古诸部的征服和对汉人的大量掳掠，则为八旗蒙古和八旗汉军的建立创造了条件。至皇太极执政时期，八旗中满洲、蒙古、汉军三位一体的局面最终形成。这种以多民族构建的八旗体制，便在长达三百年的历史发展中，衍生出了许许多多历史的、制度的、社会的和民族的现象，在这些现象的背后更有着丰富的政治的、经济的、文化的、军事的和意识观念的内涵，为后人提供了几乎难以穷尽的研究课题。

八旗制度在中国历史上产生的作用是多方面的，仅就满洲和八旗本身而言，也相当重要。

首先，八旗制度促成了满洲各部的统一。

八旗制度通过武力征服和制度整合，将分崩离析相互敌对的女真（满洲）各部纳入到新的社会体制之中。又通过打破各部社会结构和血缘关系的手段，将其分隶于各旗之中，铲除了各部族内部的宗法关系，使他们的身份由部族成员变成了旗人。又通过法律制度整合，使八旗人等有了明确的行为规范，并使原本混乱的女真社会，成为纪律严整的群体。而在八旗制度强势下实行的文化整合，不仅使满洲各部的文化实现了统一性，也使这种文化有了前所未有的丰富和发展。这种种整合带来的结果，不仅仅是形式上的统一，同时也实现了思想意识的统一。正是在这种情况之下，满洲形成为整体，并成为八旗之核心才得以实现。

其次，八旗制度将八旗满洲、八旗蒙古、八旗汉军纳为一体，使八旗真正成为多民族组成的社会实体。

八旗这样由多民族组成的稳定的并存在数百年之久的社会实体，在中国历史上从来没有过。那么这种独特的现象之所以能够出现，应该说与八旗制度有最为直接而密切的关系。八旗蒙古与八旗汉军的编建原则与管理方法，以及任职、赏罚、抚恤等等制度基本与八旗满洲一致。与外藩蒙古及直省汉人相比，八旗蒙古和八旗汉军的社会地位、社会角色、社会环境与之有很大不同，“旗人”成为他们特殊的身份象征。长期以来形成的共同的政治利益、共同的经济利益，以及相同的思想观念，使他们处于一荣俱荣、一损俱损的态势之中，而旗内长期与广泛的联姻，更使旗人内部达到了“非亲即友”的程度，超越民族界限而实现的旗人关系，便成为在八旗制度条件下出现的一种必然结果。这种旗人意识的存在与影响极为深远，以至于在八旗解体之后，“旗人”称呼不再存在的情况下，仍有大量汉军旗人后裔在今天报为“满族”，这在东北现存的“旗人”家谱中能够找到大量的证据，即便在现实生活中，也仍然能够找到许多活的例证。八旗制度在多民族共存的体制下所产生的强大的凝聚力，由此可以得到印证。

第三，八旗制度另一个重要作用，是在看似毫无条件的地方催生了一种左右了中国历史发展进程的力量。

前面提到，明代女真各部虽时有联盟，但这种联盟实在是靠不住，利益的倾斜会使他们互相间屡屡攻伐，并各自向明政权讨功邀赏，以期在女真地区成为强势部落。“强凌弱，众暴寡”成为这个时期这个民族状况的实际写照。

在局面如此混乱，生产力又如此低下的地区，何以能出现一支强大的军事力量，并在挺进关内之后迅速统一全国，开启了长达三百年的统治？

在众多的必然的和偶然的原因之中，八旗的建立和八旗制度的实施无疑是最为重要原因中的一种。

八旗的佐领、参领、旗三级建制，极适合女真原来的社会结构，以家族为基础的佐领编建方法，成为八旗稳定的基础条件。在此基础上，人口户籍管理制度将旗人固定在一定的社会结构和位置之上。人丁编审制度则使旗下各项人等均入档册，一体管理。军功制度提升了八旗的奋争精神。法律制度约束了旗人的思想与行为，奉饷制度则使旗人只能依附于八旗。如此等等，不一而足。

在这种情势之下，八旗制度使八旗形成了强大的凝聚力，并为满洲这个新兴民族的崛起和八旗这个具有旺盛生命力社会集团的兴盛，提供了最为直接有效的条件。正是八旗制度的制定与实施，在八旗中涌现出大批卓越的政治军事将领和大批睿智的文臣谋士，他们屡战屡胜的业绩和巧妙实施的策略，从一个侧面证实了八旗制度的有效与成功。正是由于八旗制度适应了东北民族兴起的历史要求，并调动了能够实现这种要求的各种有利条件与资源，故而能在短短数十年间成为强悍的政治军事力量，并能以区区十数万兵力由山海关直入中原，不仅令数十万能征惯战的李自成起义军无法抵挡，各地之残余明军也无不成摧枯拉朽之势。无数辉煌的战绩也就想当然地会成为八旗骄傲的资本和八旗兴盛的原因了。

八旗制度下的八旗在取得中央政权之后，并没有停止它挺进的脚步，八旗满洲、八旗蒙古、八旗汉军的官员被迅速派往各直省和地方为官，从而掌握了地方政权。在极具适应能力的八旗制度之下，全国的局势逐渐稳定，最终奠定了大清庞大的疆域版图，这一切也都不能不说与八旗制度有关。

当然从另一个角度看，至清中叶以后，八旗开始衰落，八旗制度的弊端开始显露，这主要与八旗制度中保存的宗法思想与宗法社会结构有关，也与仍然存在的民族矛盾有关。前一个原因是八旗制度与生俱来的痼疾，是它自身无法摆脱的束缚。八旗因此而强大，也因此而衰落，此一时彼一时也。对这种历史趋势和现象，当然也是应该在八旗制度研究之列。

正是出于以上的认识，我在长期研究满族的过程中感觉到，满族不可不研究，八旗与八旗制度亦不可不研究。研究满族不可能完全不涉及八旗，研究八旗则必要研究八旗蒙古和八旗汉军。八旗满洲、蒙古、汉军为一整体，分开研究虽无不可，但也多会留下遗憾。今人分开研究者多，整体研究者少。即使在清代，满洲人亦多以整体眼光审视八旗，如乾嘉之际满洲人铁保辑八旗满洲、蒙古、汉军诗人之作成《白山诗介》，又扩成134卷之巨的八旗人诗集，嘉庆帝钦定为《熙朝雅颂集》，皆将旗人视为一体。《八旗通志》之纂修，亦着眼于八旗整体，可见八旗之整体性原不可分割。雍正帝在纂修《八旗通志》谕旨中说："我朝立制，满洲、蒙古、汉军俱隶八旗。每旗自有都统、副都统、参领、佐领，下逮领催、闲散之人，体统则尊卑相承，形势则臂指相使。其规模宏远，条理精密，超越前古，岂可无以纪述其盛？其间伟人辈出，树宏勋而建茂绩。与夫忠臣孝子，义夫节妇，潜德幽光，足为人伦之表范者，若不为之采摭荟萃，何以昭示无穷？朕意欲论述编次，汇成八旗通志书。”① 此书论述编次对八旗满洲、蒙古、汉军一视同仁，并为汉军单独设立“循吏传”一门。对待八旗，清人尚且如此，今人更应如是。

此外，八旗与八旗制度在中国历史上极具特色，它的作用和影响都非常深远，其内涵也相当丰富。以往学界重在八旗制度史的研究方面，出版了一批颇有成果的论著。然八旗历时既久远，其所具有的内涵也甚为丰富，仅仅从制度史的角度展开似嫌不足，举凡八旗之民族关系、八旗之文化、八旗之文学、八旗之人才、八旗之意识，乃至八旗之军事、八旗之教育、八旗之艺术、八旗之法律等等，皆应展开研究，以期能对八旗有一个全面而系统的学术与理论认识，开拓和推进这一领域研究的兴起与发展。

八旗和八旗制度所涵有的丰富内容，是前人留下的历史文化遗产，其中可资研究之内容甚多甚广。我辈沉沦于学界有年，偶有心得，述之于文。今选其中十篇拙作刊版，一为希望有更多学者关注这项研究，一为期待方家之指教。至若八旗制度史之研究，一非为余之擅长，一已有众多学者致力于此，故此十论之中不再涉及。拙作中之文章并非写于一时，前后参差之处还望方家鉴察。

张佳生　记于沈阳承风堂

2008 年 1 月 8 日

① 《八旗通志》谕旨，第 1 页，东北师范大学出版社 1986 年版。